:: 中華文化促進會主持編纂

:: 國家"十一五"重點圖書出版規劃項目

:: 中國社會科學院哲學社會科學創新工程學術出版資助項目

出品人　王石　段先念

今注本二十四史

隋書

唐 魏徵等 撰

馬俊民 張玉興 主持校注

五 志[四]

中國社會科學出版社

隋書　卷二〇

志第十五

天文中[1]

二十八舍[2]

東方：角二星，爲天關，其間天門也，其内天庭也。故黄道經其中，七曜之所行也。[3]左角爲天田，爲理，主刑，其南爲太陽道。右角爲將，主兵，其北爲太陰道。[4]蓋天之三門，[5]猶房之四表。其星明大，王道太平，賢者在朝。動摇移徙，王者行。

亢四星，天子之内朝也。總攝天下奏事，聽訟理獄録功者也。一曰疏廟，主疾疫。星明大，輔納忠，天下寧，人無疾疫。動則多疾。

氐四星，王者之宿宮，后妃之府，休解之房。前二星適也，後二星妾也。將有徭役之事，氐先動。星明大則臣奉度，人無勞。

房四星爲明堂，天子布政之宮也，亦四輔也。下第一星，上將也；次，次將也；次，次相也；上星，上相也。南二星君位，北二星夫人位。又爲四表，中間爲天衢之大道，爲天闕，黃道之所經也。南間曰陽環，其南曰太陽。北間曰陰間，其北曰太陰。七曜由乎天衢，則天下平和。由陽道則主旱喪，由陰道則主水兵。亦曰天駟，爲天馬，主車駕。南星曰左驂，次左服，次右服，次右驂。亦曰天厩，又主開閉，爲畜藏之所由也。房星明則王者明。驂星大則兵起，星離則人流。又北二小星曰鉤鈐，房之鈐鍵，天之管籥，主閉藏。鍵天心也。王者孝則鉤鈐明。近房，天下同心，遠則天下不和，王者絕後。房鉤鈐間有星及疏坼，則地動河清。

心三星，天王正位也。中星曰明堂，天子位，爲大辰，主天下之賞罰。天下變動，心星見祥。星明大，天下同，暗則主暗。前星爲太子，其星不明，太子不得代。後星爲庶子，後星明，庶子代。心星變黑，大人有憂。直則王失勢，動則國有憂急，角搖則有兵，離則人流。[6]

尾九星，後宮之場，妃后之府。上第一星，后也；次三星，夫人；次星，嬪妾。第三星傍一星，名曰神宮，解衣之內室。尾亦爲九子。星色欲均明，大小相承，則後宮有叙，多子孫。星微細暗，后有憂疾。疏遠，后失勢。動搖則君臣不和，天下亂。就聚則大水。[7]

箕四星，亦後宮妃后之府。亦曰天津，一曰天雞。主八風，凡日月宿在箕、東壁、翼、軫者，風起。[8]又主口舌，主客蠻夷胡貉，故蠻胡將動，先表箕焉。星大明直則穀熟，内外有差。就聚細微，天下憂。動則蠻夷有使來。離徙則人流動，不出三日，大風。[9]

[1]天文中：《晋書·天文志》與本志的内容分類基本相同，但二志的分卷方式不同，《晋志》上卷至經星結束，而《隋志》中卷則自二十八舍開始，二十八舍、宿外諸官和天漢起止均屬經星範圍，可見本志分卷的原則以篇幅大小爲主要依據。

[2]二十八舍：下文小標題爲星官在二十八宿之外者，可見本志爲舍宿並稱。宿舍，人的住宿之處。此處借用爲月亮在黄道附近每夜處一個星座，將此星座稱爲舍或宿。

[3]“角二星”至“七曜之所行也”：角宿爲二十八宿的第一宿，具有特殊含義，它象徵着帝庭前左右的高建築物，又黄道經過其中，正是七曜出入的場所，故稱爲天門。

[4]“左角爲天田”至“其北爲太陰道”：角宿象徵蒼龍星座的兩隻角。《易·乾卦》文言“九二曰見龍在田”，正是天田星的出處。天田二星，在角宿左星的上方，故曰左角爲天田。爲理，爲理獄之官。故曰主刑。星占家將角宿左右二星比喻爲理官和武將。黄道的北面對應於左角星的南面，稱爲陽道，黄道的南面對應於左角星的北面，稱爲陰道。陽道和陰道，都是對應於月和五星而言的，它們出入其中。

[5]天之三門：黄道二十八宿中被稱爲天上的三座大門，角宿是其中之一。在角宿的南方，又另有天門二星，這個天門星，大約是因角宿爲天門而得名。本志所説天之三門，除角宿外，可能是指東井八星和南門二星。東井是南方七宿的當頭星。南門星也在角宿南方，其中南門二是全天第五大星。其實，稱爲門的星座不祇三座，天將軍十二星有軍南門一星，軫宿西南有軍門二星，庫樓星的上方有陽門二星，羽林軍南還有北落師門星一顆。

[6]“心三星”至“離則人流”：心宿三星，在中國古代受到

特别的重視。心大星即心宿二，是全天第十五大星，又稱大火，中國古代有專以觀測大火星定季節的官員，稱之爲火正，正因爲如此，它還有一個特定的名稱大辰。星占學家將心宿二比附爲天子，上星心宿一比附爲太子，下星心宿三比附爲庶子。還以其星各自明暗變化，視爲其勢力興衰的象徵。

[7]"尾九星"至"就聚則大水"：尾宿九星也較爲明亮，其中尾宿二、五、八爲2等大星。星占家將屬宿比附爲后妃之象，又比附爲天帝的九個兒子，亦稱龍有九子。

[8]"箕四星"至"風起"：星占家有一種説法，將箕看作簸箕，其簸揚穀物時便產生風，將混在穀子中的糠等雜物吹走。正是憑這一想象，箕宿口外正有一顆糠飛出。

[9]"東方"至"大風"：爲黃道帶東方蒼龍七宿。

北方：南斗六星，天廟也，丞相太宰之位，主褒賢進士，禀授爵禄，又主兵。一曰天機。南二星魁，天梁也。中央二星，天相也。北二星杓，天府庭也，亦爲天子壽命之期也。將有天子之事，占於斗。斗星盛明，王道平和，爵禄行。芒角動搖，天子愁，兵起移徙，其臣逐。[1]

牽牛六星，天之關梁，主犧牲事。其北二星，一曰即路，一曰聚火。又曰，上一星主道路，次二星主關梁，次三星主南越。搖動變色則占之。星明大，王道昌，關梁通，牛貴。怒則馬貴。不明失常，穀不登。細則牛賤。中星移上下，牛多死。小星亡，牛多疫。又曰，牽牛星動爲牛灾。[2]

須女四星，天之少府也。須，賤妾之稱，婦職之卑者也，主布帛裁製嫁娶。星明，天下豐，女功昌，國充富。小暗則國藏虛。動則有嫁娶出納裁製之事。[3]

虛二星，冢宰之官也。主北方，主邑居廟堂祭祀祝禱事，又主死喪哭泣。[4]

危三星，主天府天庫架屋，餘同虛占。星不明，客有誅。動則王者作宮殿，有土功。墳墓四星，屬危之下，主死喪哭泣，爲墳墓也。星不明，天下旱。動則有喪。

營室二星，天子之宮也。一曰玄宮，一曰清廟，又爲軍糧之府及土功事。星明國昌，小不明，祠祀鬼神不享，國家多疾。動則有土功，兵出野。離宮六星，天子之別宮，主隱藏休息之所。[5]

東壁二星，主文章，天下圖書之秘府也，主土功。星明，王者興，道術行，國多君子。星失色，大小不同，王者好武，經士不用，圖書隱。星動則有土功。離徙就聚，爲田宅事。[6]

[1]"北方"至"其臣逐"：由於兩漢以後冬至點已自牽牛移至斗宿，爲曆元起點，在星占家的心目中就顯得十分重要。雖然斗宿六星較爲暗淡，仍將其與北斗相比，將其比爲丞相、太宰之位，將有天子之事，占於南斗。

[2]"牽牛六星"至"牽牛星動爲牛災"：很多學者都認爲，中國早期二十八宿中的牛女二宿爲河鼓和織女，由於距黃道太遠纔移至牛宿和女宿，但保留了原有的名稱，這是牛女二宿名稱的來歷。盡管有些星占家將牛宿比附爲關梁，即銀河邊上的關卡和橋梁，《黃帝占》曰："牽牛，不與織女星直者，天下陰陽不和"，更可以看出牛宿和女宿之間存在的微妙關係。此處《黃帝占》所說的牽牛、織女，就是指牛宿和女宿。

　　[3]"須女四星"至"動則有嫁娶出納裁製之事"：須女即女宿，又稱婺女。本志此處特別指出，是賤妾之稱，婦職之卑者，以示與織女星的貴族身份相區別。此處牛宿和女宿，分明是一對農民夫婦的象徵。是向國家提供穀物、蔬果、布帛貢品的主要承擔者和納稅人。

　　[4]"虛二星"至"又主死喪哭泣"：前人往往將虛宿的含義解釋爲空虛之虛，並與冬季寒冷蕭索的環境相對應。我以爲這種解釋不得要領。本志説虛宿主北方邑居廟堂祭祀祝禱事。那麼，北方主祭的是什麼神呢？《禮記·月令》仲冬之月説："仲冬之月，日在斗……其日壬癸，其帝顓頊，其神玄冥，其蟲介。"冬季與北方玄武七宿相對應，介蟲即玄武。祭祀的先帝是顓頊，祭祀的神是脩。那這裏的虛宿很可能就是顓頊之頊的同音異寫。

　　[5]"營室二星"至"主隱藏休息之所"：營室二星爲天子之宮，即天帝的南宮。由於處於北方七宿，文稱玄宮。離宮爲天子別宮。其實它與營室的玄宮沒有區別，離宮六星與營室二星也緊密相連。天帝與嬪妃常通過閣道往來於紫宮和離宮別院之間。

　　[6]"北方"至"爲田宅事"：以上諸宿星官均爲北方七宿。

　　西方：奎十六星，天之武庫也。一曰天豕，亦曰封豕。主以兵禁暴，又主溝瀆。西南大星，所謂天豕目，亦曰大將，欲其明。若帝淫佚，政不平，則奎有角。角動則有兵，不出年中，或有溝瀆之事。又曰，奎中星明，水大出。[1]

　　婁三星，爲天獄，主苑牧犧牲，供給郊祀，亦爲興兵聚衆。星明，天下平和，郊祀大享，多子孫。動則有聚衆。星直則有執主之命者。就聚，國不安。[2]

　　胃三星，天之厨藏，主倉廩五穀府也。明則和平倉實，動則有輸運事，就聚則穀貴人流。

昴七星，天之耳目也，主西方，主獄事。又爲旄頭，胡星也。又主喪。昴畢間爲天街，天子出，旄頭罕畢以前驅，此其義也。黃道之所經也。昴明則天下牢獄平。昴六星皆明，與大星等，大水。七星黃，兵大起。一星亡，爲兵喪。搖動，有大臣下獄，及白衣之會。大而數盡動，若跳躍者，胡兵大起。一星獨跳躍，餘不動者，胡欲犯邊境也。[3]

畢八星，主邊兵，主弋獵。其大星曰天高，一曰邊將，主四夷之尉也。星明大則遠夷來貢，天下安。失色則邊亂。一星亡，爲兵喪。動搖，邊城兵起，有讒臣。離徙，天下獄亂。就聚，法令酷。附耳一星在畢下，主聽得失，伺愆邪，察不祥。星盛則中國微，有盜賊，邊候驚，外國反，鬭兵連年。若移動，佞讒行，兵大起，邊尤甚。[4] 月入畢，多雨。[5]

觜觿三星，爲三軍之候，行軍之藏府，主葆旅，收斂萬物。明則軍儲盈，將得勢。動而明，盜賊群行，葆旅起。動移，將有逐者。

參十星，一曰參伐，一曰大辰，一曰天市，一曰鈇鉞，主斬刈。又爲天獄，主殺伐。又主權衡，所以平理也。又主邊城，爲九譯，故不欲其動也。參，白獸之體。其中三星橫列，三將也。東北曰左肩，主左將。西北曰右肩，主右將。東南曰左足，主後將軍。西南曰右足，主偏將軍。故《黃帝占》參應七將。中央三小星曰伐，天之都尉也，主胡、鮮卑、戎狄之國，故不欲明。

七將皆明大，天下兵精也。王道缺則芒角張。伐星明與參等，大臣皆謀，兵起。參星失色，軍散。參芒角動搖，邊候有急，天下兵起。又曰，有斬伐之事。參星移，客伐主。參左足入玉井中，兵大起，秦大水，若有喪，山石爲怪。參星差戾，王臣貳。[6]

[1]"奎十六星"至"水大出"：奎宿十六星，在星占上的含義有武庫和天豕二種解釋。考古發掘證實，石器時代的先民自從飼養家豬以後，開始出現豬崇拜的痕迹。首先是人們將北斗看作豬神，有關豬神崇拜的觀念，由《明皇雜錄》一行勸玄宗大赦天下的故事中可以得到證實。奎爲天豕的觀念，可能由北斗的豬崇拜演化而來。由奎爲天豕演示出奎主溝瀆，由奎爲武庫演示出奎大星爲大將、有兵等。在奎宿十六星中，以東北方的奎宿九最爲明亮，故稱奎大星，爲 2 等星。

[2]"婁三星"至"國不安"：婁爲天獄，僅巫咸一家之説。大多數星占家都主苑牧犧牲説。它與下一宿胃宿主倉廩正好互相配合，成爲天帝的牧場和倉庫。由此在此二宿的南方更衍生出天苑、天園、天困、天倉等星座。

[3]"昴七星"至"胡欲犯邊境也"：昴宿七星，七顆星聚集在 2 度的範圍之内。故又稱昴星團。通常肉眼祇能看到七顆，而且最暗的一顆已經暗至 6 等多了。昴宿七星均不明亮，最亮的昴宿六爲 3 等星。星占家將昴宿稱爲胡人之星，由此演示出中國和西方、北方胡人政權强弱興衰的諸多判語。

[4]"畢八星"至"邊尤甚"：昴爲胡星，畢爲中國，這兩個星座在中國星占家看來是一對矛盾體，中國强盛則胡人弱，胡人强則中國受殃，均以昴宿和畢宿的光體變化爲判據。作爲中國星占家，他總是希望中國勝。畢宿八星，狀似畢網，其中畢宿五爲 1 等大星，其餘則爲 3 至 5 等小星。在畢宿瓜叉的齒尖下方，有一顆小

星叫附耳，它雖然衹是一顆 4 等小星，但中國星占家對它却十分重視，將其作爲判斷西北有無戰事的標志。畢宿諸星也是一個疏散星團，但畢大星却不屬於星團的成員，它比星團距我們的距離要近得多。

[5] 月入畢，多雨：《詩·漸漸之石》曰："月離於畢，俾滂沱矣。"朱注曰：離，月所宿也；畢，將雨之宿也。這裏講的是一句農諺，由於是詩歌，不能用太多的文字説清楚，後世注家也含糊其辭。其實，這句農諺缺少了外界條件，就會成爲一句没有意義的空話。月亮每月要經過畢宿一次，難道都要下一場大雨嗎？由此可知，詩中缺少季節月份。《月令》曰："孟秋完堤防，謹壅塞，以備水潦。"鄭注云："備八月也。八月宿直畢，畢好雨。"是説八月的時候，月亮經過畢宿就要下大雨。每年農曆八月是黄河流域下大雨的季節，故有此説。

[6] "參十星"至"王臣貳"：參宿十星，包括横三星、左右肩、左右股，稱爲七將，中央小三星稱爲伐。計爲十星。參宿十星非常明亮，七將都爲 2 等以上大星，參宿七爲 0 等星，參宿四爲 1 等星。在春季黄昏的星空中十分顯著。在星占家看來，七將都是中國的將軍，故要求其安定明大。伐星則主胡、鮮卑、戎狄。故其不欲明則對中國有利。參星差戾，王臣貳，指參星乖張，王臣反叛。按照本志的説法：參爲白獸之體。又《天官書》稱觜觿爲白虎首。那麼，觜參二宿，當爲白虎的主體。"西方"至"王臣貳"爲西方白虎七宿。

　　南方：東井八星，天之南門，黄道所經，天之亭候。主水衡事，法令所取平也。王者用法平，則井星明而端列。鉞一星，附井之前，主伺淫奢而斬之，故不欲其明。明與井齊，則用鉞，大臣有斬者，以欲殺也。月宿井，有風雨。[1]

興鬼五星，天目也，主視，明察姦謀。東北星主積馬，東南星主積兵，西南星主積布帛，西北星主積金玉，隨變占之。中央爲積尸，主死喪祠祀。一曰鈇質，主誅斬。鬼星明大，穀成。不明，人散。動而光，上賦斂重，徭役多。星徙，人愁，政令急。鬼質欲其忽忽不明則安，明則兵起，大臣誅。^[2]

柳八星，天之厨宰也，主尚食，和滋味，又主雷雨，若女主驕奢。一曰天相，一曰天庫，一曰注，又主木功。星明，大臣重慎，國安，厨食具。注舉首，王命興，輔佐出。星直，天下謀伐其主。星就聚，兵滿國門。

七星七星，^[3]一名天都，主衣裳文綉，又主急兵，守盜賊，故欲明。星明，王道昌，暗則賢良不處，天下空，天子疾。動則兵起，離則易政。

張六星，主珍寶，宗廟所用及衣服，又主天厨，飲食賞賚之事。星明則王者行五禮，得天之中。動則賞賚，離徙天下有逆人，就聚有兵。

翼二十二星，天之樂府，主俳倡戲樂，又主夷狄遠客，負海之賓。星明大，禮樂興，四夷賓。動則蠻夷使來，離徙則天子舉兵。

軫四星，主冢宰輔臣也，主車騎，主載任。有軍出入，皆占於軫。又主風，主死喪。軫星明，則車駕備。動則車騎用。離徙，天子憂。就聚，兵大起。轄星，傅軫兩傍，主王侯。左轄爲王者同姓，右轄爲異姓。星明，兵大起。遠軫凶。軫轄舉，南蠻侵。車無轄，國主憂。長沙一星，在軫之中，主壽命。明則主壽長，子孫昌。[4]

右四方二十八宿并輔官一百八十二星。

[1]"東井八星"至"有風雨"：井宿八星，在中國天文學上也較有名。它是南方七宿的帶頭星。其入星左右各四顆，排列呈井壁狀。其中井宿三爲2等星，一、四、五爲3等星。月宿井，有風雨，無典出。井與水有關，月爲陰性。二者相遇，則有風雨。據研究，按分野理論，井宿對應於關中秦之分野，源出於西周的井國。

[2]"輿鬼五星"至"大臣誅"：輿鬼即鬼宿。外四星似梯形，中央一星爲積尸氣。石氏曰："鬼宿中央色白，如粉絮者，所謂積尸氣也，一曰天尸，故主死喪。"積尸氣就是天上的雲氣，也就是西方人所説的星雲。但星占家認爲，這塊星雲既然出現在鬼宿之中，就應該是鬼氣，是一種不祥的雲氣。故星占家常用這團雲氣的明暗程度來判斷民間死人多少和水旱災害的狀況。鬼宿中的星雲，實際是一組密集狀態的恒星集團，稱爲鬼星團。在天氣晴朗的夜晚，視力好的人，還可以用肉眼看到積尸氣中的若干微星，故古人稱爲色白如粉絮狀態。

[3]七星七星：前七星爲星名，後七星爲星數。

[4]"軫四星"至"子孫昌"：軫的直接含義是車上的四根横木，故以四星爲象徵。軫既象徵輔臣，又主車騎、主軍事、也主風。但其基本的一條爲主車騎，它象徵着軍車。由於車行速則生風，軍車則象徵軍事。其兩旁又附有左右轄星，它雖不明亮但在星占上却是有無戰事的風向標。在軫宿四星的内部，又有長沙一星，主長壽。"南方"至"子孫昌"，其中諸座爲南方朱雀七宿。

星官在二十八宿之外者[1]

庫樓十星，其六大星爲庫，南四星爲樓，在角南。

一曰天庫，兵車之府也。旁十五星，三三而聚者，柱也。中央四小星，衡也。主陳兵。又曰，天庫空則兵四合。東北二星曰陽門，主守隘塞也。南門二星在庫樓南，天之外門也。主守兵。平星二星，在庫樓北，平天下之法獄事，廷尉之象也。天門二星，在平星北。[2]

亢南七星曰折威，主斬殺。頓頑二星，在折威東南，主考囚情狀，察詐僞也。

騎官二十七星，在氐南，若天子武賁，主宿衛。東端一星，騎陣將軍，騎將也。南三星車騎，車騎之將也。陣車三星，在騎官東北，革車也。

積卒十二星，在房心南，主爲衛也。他星守之，近臣誅。從官二星，在積卒西北。[3]

龜五星，在尾南，主卜，以占吉凶。傅説一星，在尾後。傅説主章祝巫官也。章，請號之聲也。主王后之內祭祀，以祈子孫，廣求胤嗣。《詩》云："克禋克祀，以弗無子。"此之象也。星明大，王者多子孫。魚一星，在尾後河中，主陰事，知雲雨之期也。星不明，則魚多亡，若魚少。動搖則大水暴出。出漢中，則大魚多死。

杵三星，在箕南，杵給庖舂。客星入杵臼，天下有急。糠一星，在箕舌前，杵西北。[4]

[1]星官在二十八宿之外者：以下諸官，爲二十八宿以南至南極附近諸星。分四象述説。

[2]"庫樓十星"至"在平星北"：庫樓十星，包括北面的六顆庫星和南面的四顆樓星。這是天帝駐兵之所。凡軍車和士兵都駐扎在內。其內有衡四星，主陳兵。在庫樓星旁有五柱星計五組十五

顆星，爲插軍旗的地方。庫樓星的四周計有四道門：其南爲南門，
其北爲天門，東北爲陽門，青丘西爲軍門。青丘爲南方蠻夷的國
號，是東甌、東越之地。從庫樓在南方七宿、面對的又是南蠻之
地，可見此處之駐兵，主要是防止南夷的。

［3］“騎官二十七星”至“在積卒西北”：此處的騎官，騎陣
將軍、車騎、積卒、從官，爲軍隊的官員和士兵，它是與庫樓的兵
營相呼應的。組成了一組完整的南方戰場的態勢。敵對一方就是南
蠻和百越。

［4］“庫樓十星”至“杵西北”：爲東方七宿以南諸星官。

鼈十四星，在南斗南。鼈爲水蟲，歸太陰。有星守
之，白衣會，主有水令。農丈人一星，在南斗西南，老
農主稼穡也。[1]狗二星，在南斗魁前，主吠守。[2]

天田九星，在牛南。羅堰九星，在牽牛東，岠馬
也，以壅畜水潦，灌溉溝渠也。[3]九坎九星，在牽牛南。
坎，溝渠也，所以導達泉源，疏瀉盈溢，通溝澮也。九
坎間十星曰天池，一曰三池，一曰天海，主灌溉事。[4]
九坎東列星：北一星曰齊，齊北二星曰趙，趙北一星曰
鄭，鄭北一星曰越，越東二星曰周，周東南北列二星曰
秦，秦南二星曰代，代西一星曰晉，晉北一星曰韓，韓
北一星曰魏，魏西一星曰楚，楚南一星曰燕。其星有
變，各以其國。[5]秦、代東三星南北列，曰離瑜。離圭
衣也，瑜玉飾，皆婦人之服星也。[6]

虛南二星曰哭，哭東二星曰泣，泣哭皆近墳墓。泣
南十三星，曰天壘城，如貫索狀，主北夷丁零、匈
奴。[7]敗臼四星，在虛危南，知凶灾。他星守之，飢

兵起。

危南二星曰蓋屋，主治宮室之官也。虛梁四星，在蓋屋南，主園陵寢廟。非人所處，故曰虛梁。

室南六星曰雷電。室西南二星曰土功吏，主司過度。

壁南二星曰土公，土公西南五星曰礔礰，礔礰南四星曰雲雨，皆在壘壁北。

羽林四十五星，在營室南。[8]一曰天軍，主軍騎，又主翼王也。壘壁陣十二星，在羽林北，羽林之垣壘也，主軍位，爲營壅也。五星有在天軍中者，皆爲兵起，熒惑、太白、辰星尤甚。北落師門一星，在羽林南。北者，宿在北方也。落，天之蕃落也。師，衆也。師門猶軍門也。長安城北門曰北落門，以象北也。主非常，以候兵。有星守之，虜入塞中，兵起。[9]北落西北有十星，曰天錢。北落西南一星，曰天綱，主武帳。北落東南九星，曰八魁，主張禽獸。客星入之，多盜賊。八魁西北三星曰鈇質，一曰鈇鉞。有星入之，皆爲大臣誅。[10]

[1]"農丈人一星"至"老農主稼穡也"：在中國星座系統中，特地設立農丈人一星，以示對農業生產的重視。它與二十八宿中的牛宿、女宿的農民家庭是對應的。

[2]狗二星，在南斗魁前，主吠守：此處的狗二星，使我們聯想到狗星東南的狗國星，二者當有連帶關係。前已述及狗國爲中國北方少數民族的地方政權，那麼狗星當屬狗國的人民。當然，此處狗二星還可以作另外的解釋，它與附近的天鷄等同屬農民飼養的

畜類。

[3]"羅堰九星"至"灌溉溝渠也"：此處的羅堰九星，就是與農丈人等農業社會相匹配的灌溉溝渠。

[4]"九坎九星"至"主灌溉事"：九坎星與羅堰星也是與農業生產相匹配的水利系統，不過羅堰是直接用來爲灌溉服務的人工渠道，而九坎則是從大的方面將各地河水相連，除用於灌溉外，還兼及引水、排水航運和水產等。疏瀉盈溢，"盈"字原作"瀛"，據《晋志》改。

[5]"九坎東列星"至"各以其國"：在天田、九坎以東，載十二諸侯國星。《涉天歌》也有簡單的陳述，但星名不全，令我們驚奇的是，《晋志》前後文都有，獨缺這十二諸侯國星。它的含義值得進一步研究，是否象徵着晋代時這十二諸侯國星名尚未形成呢？既然在天市垣中設立了二十二諸侯星，此處再設十二諸侯星又有什麼新的含義呢？我們以爲，天市垣中的二十二諸侯或地區，表明參加全國性的集市貿易的地區之多，而此處的十二諸侯國，反映的却是各地農業豐欠的狀態，作用各不相同。

[6]"秦、代東三星南北列"至"皆婦人之服星也"：在後世星圖中，離瑜三星不在秦、代東，而在晋燕之東南。離瑜三星，當與其女宿以北的離珠五星加以對比，離珠爲飾有珍珠的衣服，離瑜爲飾有美玉的衣服，均爲農民生產進貢給貴族婦女的珍貴服飾。自農丈人至此，組成了一套完整的農業社會和農業生產的系統，它爲帝王生產出糧食和布帛等生活必需品。

[7]"泣南十三星"至"主北夷丁零、匈奴"：在中國古代星官系統中，各民族和地區的分布，總是與黃道帶的四方相對應的，前已述及與北方七宿對應的犬戎，與西方七宿對應的胡人鮮卑、戎狄，與南方七宿對應的青丘南蠻東甌、東越，此處對應於北方七宿的少數民族爲匈奴和丁零。再次證明恒星分野中的四象與中國少數民族的方向分布是一致的。

[8]羽林四十五星：爲中國諸星座中星數最多的一個星座。每

三顆星爲一組，計十五組。羽林軍爲漢武帝創建的宿衛營騎。爲皇帝的護衛軍，後演變爲禁衛軍，爲皇帝的親軍。星占家將羽林軍布置在營室之南，象徵羽林軍守衛着帝王的宮殿。

　　[9]“北落師門一星”至“兵起”：北落師門爲羽林軍軍門的名稱。這個名稱比較怪，不好理解。本志解釋説，北落就是北方之義；師門即軍門。

　　[10]“龜十四星”至“皆爲大臣誅”：以上諸座，均爲二十八宿北方七宿之南諸星官。

　　奎南七星曰外屏。外屏南七星曰天溷，廁也。屏所以障之也。天溷南一星曰土司空，主水土之事故，又知禍殃也。客星入之，多土功，天下大疾。[1]婁東五星曰左更，山虞也，主澤藪竹木之屬，亦主仁智。婁西五星曰右更，牧師也，主養牛馬之屬，亦主禮義。二更，秦爵名也。[2]

　　天倉六星，在婁南，倉穀所藏也。星黃而大，歲熟。西南四星曰天庾，積厨粟之所也。天囷十三星在胃南。囷，倉廩之屬也，主給御糧也。星見則囷倉實，不見即虛。天廩四星在昴南，一曰天廥，主畜黍稷，以供饗祀，《春秋》所謂御廩，此之象也。天苑十六星，在昴畢南，天子之苑囿，養禽獸之所也，主馬牛羊。星明則牛馬盈，希則死。苑西六星曰芻藁，以供牛馬之食也。一曰天積，天子之藏府也。星盛則歲豐穰，希則貨財散。苑南十三星曰天園，植果菜之所也。[3]

　　畢附耳南八星，曰天節，主使臣之所持者也。天節下九星，曰九州殊口，[4]曉方俗之官，通重譯者也。畢柄西五星曰天陰。

　　參旗九星在參西，一曰天旗，一曰天弓，主司弓弩之張，候變禦難。玉井四星，在參左足下，主水漿，以給廚。西南九星曰九游，天子之旗也。玉井東南四星曰軍井，行軍之井也。軍井未達，將不言渴，名取此也。屏二星在玉井南，屏爲屏風。客星入之，四足蟲大疾。天厠四星，在屏東，溷也，主觀天下疾病。天矢一星在厠南，色黃則吉，他色皆凶。[5]軍市十三星，在參東南，天軍貿易之市，使有無通也。野雞一星，主變怪，在軍市中。軍市西南二星曰丈人，丈人東二星曰子，子東二星曰孫。[6]

　　[1]"天溷南一星曰土司空"至"天下大疾"：土司空一星在天溷南，在奎宿之南。主水土之事。石氏曰："司空，水土司察者，星黃潤則吉。"《巫咸贊》曰："土司空，主界域，族神，土冀。"

　　[2]"婁東五星曰左更"至"秦爵名也"：左更爲管理山的官，主管澤藪竹木，右更爲放牧牲畜之官，主管牛羊馬。

　　[3]"天倉六星"至"植果菜之所也"：天倉六星在婁南，爲穀物的倉庫，其西南爲天庾四星，爲積廚房粟米的地方。天廩四星在昴宿之南，廩即米倉。天苑十六星，在昴畢之南，爲天帝養禽獸之處，主馬牛羊。希則死，天苑星稀少，則牛馬死亡。"希"通"稀"。芻藁六星，在天苑之西，爲牛馬的食料。苑南十三星名天園，爲天帝種植蔬菜果品的場地。由此可知，在軫宿至昴宿之南的廣大區域的星空，玄武七宿之南爲農業區，白虎之奎婁胃昴之南爲天帝的倉庫和園苑區。其中土司空、左更、右更，爲這些地區的管理官員。

　　[4]"畢附耳南八星"至"曰九州殊口"：畢宿左叉下方一星

爲附耳星，附耳以南八星爲天節星，天節下九星爲九州殊口星。九州殊口者，九州之人各有不同語言，九州殊口爲溝通各地語言的譯官。

[5]“屏二星在玉井南”至“他色皆凶”：屏星、厠星、天矢星爲一組軍用厠所星。除天厠四星外，屏星爲遮擋厠所的障礙物，天矢星與天屎星異。

[6]“奎南七星曰外屏”至“子東二星曰孫”：以上星座爲西方七宿以南諸星官。

東井西南四星曰水府，主水之官也。東井南垣之東四星，曰四瀆，江、河、淮、濟之精也。[1]狼一星，在東井東南。狼爲野將，主侵掠。色有常，不欲變動也。角而變色動搖，盜賊萌，胡兵起，人相食。躁則人主不靜，不居其宮，馳騁天下。北七星曰天狗，主守財。弧九星在狼東南，天弓也，主備盜賊，常向於狼。弧矢動移，不如常者，多盜賊，胡兵大起。狼弧張，害及胡，天下乖亂。又曰，天弓張，天下盡兵，主與臣相謀。[2]弧南六星爲天社。昔共工氏之子句龍，能平水土，故祀以配社，其精爲星。老人一星在弧南，一曰南極。常以秋分之旦見于丙，春分之夕而没于丁。見則化平，主壽昌，亡則君危代天。常以秋分候之南郊。[3]

柳南六星曰外厨。厨南一星曰天紀，主禽獸之齒。

稷五星在七星南。稷，農正也。取乎百穀之長，以爲號也。

張南十四星曰天廟，天子之祖廟也。客星守之，祠官有憂。

翼南五星曰東甌，蠻夷星也。[4]

軫南三十二星曰器府，樂器之府也。青丘七星在軫東南，蠻夷之國號也。[5]青丘西（四星曰土司空，主界域，亦曰司徒。土司空北）二星曰軍門，主螢候豹尾威旗。[6]

自攝提至此，大凡二百五十四官，[7]一千二百八十三星。并二十八宿輔官，名曰經星常宿。遠近有度，小大有差。苟或失常，實表灾異。[8]

圖14　南極老人星神像（老人星的出現，是君王和國家壽昌的標志）
引自《芥子園畫譜》

[1]"東井西南四星曰水府"至"江、河、淮、濟之精也"：銀河於北方七宿箕斗處向東北流，於奎宿天船處繞過北方，經井宿向東南流，越老人星繞過南方再回到箕斗處。銀河達井宿處又開始明亮起來，井宿西南的水府四星爲主管水事的官員。井宿南面的四瀆四星，爲長江、黃河、淮河和濟河四條河流的象徵。

[2]"狼一星"至"主與臣相謀"：井宿東南天狼星，爲全天最亮的恒星，爲一4.3等。它象徵野將，即與中國敵對方的將軍。

主管侵掠之事。在天狼星的東南方，又有弧九星。弧星又名弧矢星，它的第一顆星爲箭頭，指向天狼星，其餘八星似弓狀。故古代文獻中載有弧矢射天狼之説。

[3]"老人一星在弧南"至"常以秋分候之南郊"：在弧矢星的南方，還有一顆老人星，它是全天第二亮星，達一0.9等。但由於過於偏向南方，長江以北的人很少能見到它，僅能在秋分黎明和春分黄昏的短暫時刻見到它。

[4]翼南五星曰東區，蠻夷星也：翼宿屬南方七宿，分野對應於中國南方，其相應的星座也與南方有關，故將翼南五星稱爲蠻夷星。蠻夷指南方少數民族。東區，即東甌。甘氏曰："東甌五星，在翼南。"可見本志之東區與甘氏之東甌一致。

[5]青丘七星在軫東南，蠻夷之國號也：《甘氏贊》曰："南夷，蠻貊大赫青丘。"

[6]"青丘西"至"主營候豹尾威旗"：此處曰青丘西四星曰土司空，前已述及天溷下一星曰土司空。前人對此矛盾的説法没有評説。《晋志》説法與此相同。中國星名不可能真有兩處土司空。在中國星圖上，衹標明天溷星下爲土司空，那麼，這段文字該如何解説呢？《宋史・天文志四》末尾説："軍門二星，在青丘西……主營候，設豹尾旗。"可見本志與《宋史・天文志》關於軍門二星的説法是一致的，本志曰"二星曰軍門"，《宋志》曰"軍門二星"没有差別。由此可知，所謂青丘西四星曰土司空者，爲衍文也。故括號中"四星曰土司空主界域亦曰司徒土司空北"十七字爲衍文，當删。

[7]大凡二百五十四官：諸本"官"作"宫"，今據宋小字本、元九行本改正。

[8]"東井西南四星曰水府"至"實表灾異"：以上諸座爲南方七宿以南諸星官。

天漢，起東方，[1]經尾箕之間，謂之漢津。乃分爲二道，其南經傅説、魚、天龠、天弁、河鼓，其北經龜，貫箕下，次絡南斗魁、左旗，至天津下而合南道。[2]乃西南行，[3]又分夾匏瓜，絡人星、杵、造父、騰蛇、王良、傅路、閣道北端、太陵、天船、卷舌而南行，[4]絡五車，經北河之南，入東井水位而東南行，絡南河、闕丘、天狗、天紀、天稷，在七星南而没。[5]

　　[1]天漢，起東方：《晋志》對這部分專以小目“天漢起没”標出。天漢即銀河。起東方，即銀河自下而上，升起於東方七宿。
　　[2]“乃分爲二道”至“至天津下而合南道”：晋隋二志對天漢起没的描述很具體，其中尤其對箕斗以上銀河分叉部分的描述最爲詳細，但仔細核對分叉南北各星，有些方位有問題，今以（明）梅静復《乾象圖》中銀河畫得較爲清楚的七月之圖爲例加以説明。首先説南道，其中傅説星、魚星、河鼓星確實都在銀河南道附近，描述還是較爲準確的，但另外天龠實際位於兩道之間，尤其是天弁星，確在銀道之北，就明顯地不能説在南道了。將南道諸星爲基礎與北道加以對比，問題就更多了。其一，龜星在傅説星的南方，將龜星作爲北道的起點就不準確；其二，箕宿在天龠星的下方，將天龠作爲南道星、箕宿作爲北道星就明顯不對了；第三，南斗的斗魁明顯在銀河的南岸，本志將南斗魁歸入北道實有錯誤。另外，左旗星大部分星在河中，另有兩顆是在南道，本志將其歸入北道也失當。因此，銀河的北道似乎應該是尾宿、天龠、天弁星等。
　　[3]西南：似爲東北之誤。
　　[4]傅路：諸本作“傳路”，今據《晋志》改正。
　　[5]“天漢”至“在七星南而没”：馬端臨《文獻通考》卷二八〇《象緯考三》“天漢起没”：天河亦一名天漢，起自東方箕、尾間，遂乃分爲南北道。南經傅説入魚淵，開籥載弁鳴河鼓。北經

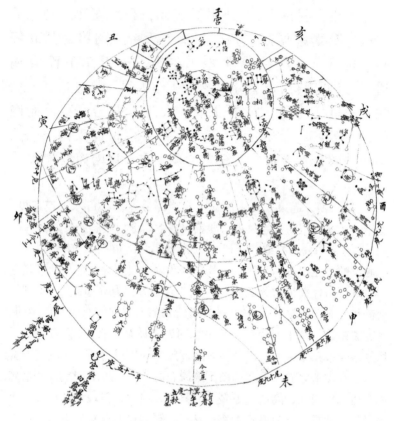

圖 15　（明）梅靜復《乾象圖》中七月之
圖上所附銀河分叉的狀況

龜宿貫箕邊，次絡斗魁冒左旗，又合南道天津湄。二道相合西南
行，分夾匏瓜絡人星，杵畔造父、騰蛇精，王良、附路、閣道平，
登此太陵泛天船，直到卷舌又南征，五車駕向北河南，東井、水位
入吾驂，水位過了東南游，經次南河向闕邱，天狗、天紀與天稷，
七星南畔天河沒。其說法與本書完全一致，祇是更具體通俗一些。

天占[1]

《鴻範五行傳》曰："清而明者，天之體也，天忽變色，是謂易常。天裂，陽不足，是謂臣强，[2]下將害上，國後分裂，其下之主當之。[3]天開見光，流血滂滂。天裂見人，兵起國亡。[4]天鳴有聲，至尊憂且驚。皆亂國之所生也。"

漢惠帝二年，天開東北，長三十餘丈，廣十餘丈。後有吕氏變亂。

晋惠帝太安二年，天中裂。穆帝升平五年，又裂，廣數丈，並有聲如雷。其後皆有兵革之應。[5]

[1]天占：是中國星占的一個門類，它與前面的經星占和下文的七曜占、妖星占、雜星占等並列，之所以這裏稱天占而其他門類不稱占，祇是爲了省約。其經星、七曜等標題雖不帶占字，但文中所述均爲星占的理論，就可明白其所述均爲相應占文。

[2]天裂，陽不足，是謂臣强：《星經》曰："天裂陽不足，皆下盛强，將害君之變也。"天裂，又稱天開眼。是黑暗的北方夜空突然出現赤色、白色等光焰，就如天開裂的狀態。據今人研究，此是地球兩極夜空因電磁效應出現的光亮。陽不足，暗示天子軟弱不够强大。强臣，控制國家實權的大臣。

[3]下將害上，國後分裂，其下之主當之：兩個下字含義不同，前一個"下"字指臣下，後一個"下"字是指星座對應的地區。整句的含義是説，出現天開裂，就將發生臣子謀害國君之事，國家將分裂，應發生在星座分野對應地區的國君身上。

[4]"天開見光"至"兵起國亡"：《天鏡》曰："天裂見光，流血汪汪；天裂見人，兵起國亡。"用字略有不同，含義則一致。

[5]"漢惠帝二年"至"其後皆有兵革之應"：列舉漢惠帝二

年（前 193）天開東北和晋惠帝太安二年（303）天裂兩個歷史應驗事例，用以説明天裂這樣的天變預示着人間政治將會有大的動亂，必須充分加以重視。

七曜[1]

日循黃道東行，一日一夜行一度，三百六十五日有奇而周天。行東陸謂之春，行南陸謂之夏，行西陸謂之秋，行北陸謂之冬。行以成陰陽寒暑之節。是故《傳》云：“日爲太陽之精，主生養恩德，人君之象也。”又人君有瑕，必露其慝，以告示焉。故日月行有道之國則光明，人君吉昌，百姓安寧。日變色，有軍軍破，無軍喪侯王。其君無德，其臣亂國，則日赤無光。日失色，所臨之國不昌。日晝昏，行人無影，到暮不止者，上刑急，下人不聊生，不出一年，有大水。日晝昏，烏鳥群鳴，國失政。日中烏見，主不明，爲政亂，國有白衣會。日中有黑子、黑氣、黑雲，乍三乍五，臣廢其主。日食，陰侵陽，臣掩君之象，有亡國，有死君，有大水。日食見星，有殺君，天下分裂。王者修德以禳之。[2]

　　[1]七曜：指日月和五星。此處講七曜的運動特性，目的衹是述説建立七曜占的理論依據。以下星雜變、流星、雲氣、十輝、雜氣等，都同此義。

　　[2]“日循黃道東行”至“王者修德以禳之”：此是日變引起的社會動亂的總叙。按中國古代傳説的觀念，日爲君象，日變將應驗在國君身上。日變有晝昏、日失色、有黑子、黑氣、黑雲、日食

等。其在國君身上的對應便是國不昌、主不明、民不聊生，國失政、臣廢主，君死、國亡等。最嚴重的情況就是發生日全食，這時星占家將要勸國君采取禳救措施。

月者，陰之精也。其形圓，其質清，日光照之，則見其明。日光所不照，則謂之魄。故月望之日，日月相望，人居其間，盡睹其明，故形圓也。二弦之日，日照其側，人觀其傍，故半明半魄也。[1]晦朔之日，日照其表，人在其裏，故不見也。其行有遲疾。其極遲則日行十二度強，極疾則日行十四度半強。遲則漸疾，疾極漸遲，二十七日半強而遲疾一終矣。[2]又月行之道，斜帶黃道。[3]十三日有奇在黃道表，又十三日有奇在黃道裏。[4]表裏極遠者，去黃道六度。[5]二十七日有奇，陰陽一終。張衡云："對日之衝，其大如日，日光不照，謂之暗虛。暗虛逢月則月食，值星則星亡。"今曆家月望行黃道，則值暗虛矣。值暗虛有表裏深淺，故食有南北多少。月爲太陰之精，以之配日，女主之象也。以之比德，刑罰之義。列之朝廷，諸侯大臣之類。故君明則月行依度，臣執權則月行失道。大臣用事，兵刑失理，則月行乍南乍北。女主外戚擅權，則或進或退。月變色，將有殃。月晝明，姦邪並作，君臣爭明，女主失行，陰國兵強，中國饑，天下謀僭。數月重見，國以亂亡。[6]

[1]"日光所不照"至"故半明半魄也"：李淳風采用劉歆的觀點，魄爲月光之黑暗部分。故曰月有半明半魄也。

[2]二十七日半強而遲疾一終矣：遲疾一終即月行快慢一周爲

27 天半多一點。這個周期就是近點月，古曆稱爲遲疾曆。

　　[3]月行之道，斜帶黃道：月道與黃道斜交，故白道半在日道裏，半在日道外。

　　[4]十三日有奇在黃道表，又十三日有奇在黃道裏：黃道北即黃道裏，黃道南即黃道表。故表者外也。月亮由黃白升交點起經降交點又回到升交點，運行一周稱之爲交點月。交點月的周期爲 27.2122 日，比近點月小一些。

　　[5]表裏極遠者，去黃道六度：白道距黃道南北的最大距離各爲六度。

　　[6]“月爲太陰之精”至“國以亂亡”：古人將太陽和月亮並稱爲大明。月亮受日光所照而放光，月與日相配，故古人以日比君，以月爲女主之象。在朝則月似諸侯大臣。故古代星占家常以月行的失當與否來預言女主或大臣行爲之得失。

　　歲星曰東方春木。於人五常，仁也；五事，貌也。[1]仁虧貌失，逆春令，傷木氣，則罰見歲星。歲星盈縮，以其舍命國。其所居久，其國有德厚，五穀豐昌，不可伐。其對爲衝，歲乃有殃。歲星安静中度，吉。盈縮失次，其國有變，不可舉事用兵。又曰，人主出象也。色欲明光潤澤，德合同。又曰，進退如度，姦邪息；變色亂行，主無福。又主福，主大司農，主齊、吴，主司天下諸侯人君之過，主歲五穀。赤而角，其國昌；赤黃而沉，其野大穰。[2]

　　熒惑曰南方夏火。禮也，視也。禮虧視失，逆夏令，傷火氣，罰見熒惑。熒惑法使行無常，出則有兵，入則兵散。以舍命國，爲亂，爲賊，爲疾，爲喪，爲飢，爲兵，居國受殃。環繞勾巳，芒角動摇變色，乍前乍後，乍左乍右，其殃愈甚。其南丈夫、北女子喪。周旋止息，乃爲死喪，寇亂其野，亡地。其失行而速，兵聚其下，順之戰勝。又曰，熒惑主大鴻臚，主死喪，主司空，又爲司馬，主楚、吳、越以南，又司天下群臣之過，司驕奢亡亂妖孽，主歲成敗。又曰，熒惑不動，兵不戰，有誅將。其出色赤怒，逆行成鉤巳，戰凶，有圍軍。鉤巳，有芒角如鋒刃，人主無出宫，下有伏兵。芒大則人民怒，君子遑遑，小人浪浪，不有亂臣，則有大喪，人欺吏，吏欺王。又爲外則兵，内則理政，爲天子之理也。故曰，雖有明天子，必視熒惑所在。其入守犯太微、軒轅、營室、房、心，主命惡之。[3]

填星曰中央季夏土。信也，思心也。仁義禮智，以信爲主，貌言視聽，以心爲政，故四星皆失，填乃爲之動。動而盈，侯王不寧。縮，有軍不復。所居之宿，國吉，得地及女子，有福，不可伐。去之，失地，若有女憂。居宿久，國福厚，易則薄。失次而上二三宿曰盈，有主命不成，不乃大水。失次而下曰縮，后戚，其歲不復，不乃天裂，若地動。一曰，填爲黄帝之德，女主之象，主德厚，安危存亡之機，司天下女主之過。又曰，天子之星也。天子失信，則填星大動。[4]

太白曰西方秋金。義也，言也。義虧言失，逆秋令，傷金氣，罰見太白。太白進退以候兵，高埤遲速，靜躁見伏，用兵皆象之，吉。其出西方，失行，夷狄敗；出東方，失行，中國敗。未盡期日，過參天，病其對國。若經天，天下革，人更王，是謂亂紀，人民流亡。晝與日爭明，强國弱，小國强，女主昌。又曰，太白大臣，其號上公也，大司馬位謹候此。[5]

辰星曰北方冬水。智也，聽也。智虧聽失，逆冬令，傷水氣，罰見辰星。辰星見，主刑，主廷尉，主燕、趙，又爲燕、趙、代以北，宰相之象，亦爲殺伐之氣，戰鬭之象。又曰，軍於野，辰星爲偏將之象，無軍爲刑事。和陰陽，應其時。不和，出失其時，寒暑失其節，邦當大饑。當出不出，是謂擊卒，兵大起。在於房心間，地動。亦曰，辰星出入躁疾，常主夷狄。又曰，蠻夷出星，亦主刑法之得失。色黃而小，地大動。[6]

[1]於人五常，仁也；五事，貌也：五星與五行、五方、五季、五常、五色、五帝等的對應關係，都是人爲分配的，没有什麽科學依據，但是，它在天文界和學術界已經普遍采用，而且廣爲流行，它們之間的對應關係，今列表陳述如下：

五星	歲星	熒惑	填星	太白	辰星
五行	木	火	土	金	水
五時	春	夏	季夏	秋	冬
五方	東	南	中	西	北
五獸	蒼龍	朱鳥	黃龍	白虎	玄武
五色	青	赤	黃	白	黑
五帝	太昊	炎帝	黃帝	少昊	顓頊
五佐	勾芒	祝融	后土	蓐收	玄冥
五常	仁	禮	信	義	智

星占家使用五星淩犯占卜時，其所考慮的基本出發點就是以上五星本身的特性在特定條件下所産生的影響。

　　[2]"歲星盈縮"至"其野大穰"：正是由於歲星具有仁這個基本特點，造成了歲星是一顆德星、吉星和福星。歲星運動到哪裏，其星座所對應的地區就有福，五穀豐登，國家安定。而與其相對的國家則有灾殃。如果歲星在這個星座中久留，則對應的地區其國有厚德，五穀豐昌。如歲星變色亂行，則所當對應的地區無福。

　　[3]"熒惑曰南方夏火"至"主命惡之"：根據該星的行爲，它是主禮之星，一切與禮有關的事情都由它主管。失去了禮，就會受到報應，就會在熒惑的運動變化上顯現出來。熒惑的不同變化，可以顯現出爲亂、爲賊、爲疾、爲喪、爲飢、爲兵等，所居之國受殃。因此，熒惑是一顆名符其實的灾星。

　　[4]"填星曰中央季夏土"至"則填星大動"：填星又叫鎮星，是主管誠信的星，它是誠信的象徵，故所居之宿國吉，可以得到土地和女子，國家有福，故別國不可以侵犯這個國家。填星在這個星宿居留時間越久，所對應的國家就越有厚福；停留的時間短則福薄。反之，也可以用填星的出没動態來檢驗帝王后妃的行爲過失，失信，則填星大動。

　　[5]"太白曰西方秋金"至"大司馬位謹候此"：太白與五常的對應上是義。這個義字的主要含義是正義。不過它在星占方面却没有太具體的對應關係。就星占而言，太白爲兵象。與兵事有關的事情，主要依靠太白來占取。其行占主要有三個方面的内容。一是太白的性狀和行度，是用兵現象的參照，進退以太白爲候。又太白出西方失行，則夷狄敗，太白出東方失行，則中國敗。其二是太白不能經天晝見。若發現經天晝見，這一定是凶象，將有天下革政、人更王、人民流亡之事發生。太白晝見，這是與日争明的反映，故問題嚴重。其三是太白出現異常天象，也是大臣有殃的表徵，這個大臣主要應在大司馬上。

　　[6]"辰星曰北方冬水"至"地大動"：辰與五常的對應關係是智。人主智虧失聽則應在辰星上。辰星又主刑事、廷尉，刑法有閃失也可從辰星的失行上反映出來。辰星亦是殺伐之星，戰鬪之象。

圖16　金星晝見與日爭光之狀（與日爭光，即象徵着爭奪帝王的統治權）

　　凡五星有色，大小不同，各依其行而順時應節。色變有類。凡青皆比參左肩，赤比心大星，黄比參右肩，白比狼星，黑比奎大星。[1]不失本色，而應其四時者，吉；色害其行，凶。

　　凡五星所出所行所直之辰，其國爲得位者，歲星以德，熒惑有禮，填星有福，太白兵强，辰星陰陽和。所行所直之辰，順其色而有角者勝，其色害者敗。居實，有德也。居虛，無德也。[2]色勝位，行勝色，行得盡勝之。營室爲清廟，歲星廟也。心爲明堂，熒惑廟也。南斗爲文太室，填星廟也。亢爲疏廟，太白廟也。七星爲員官，辰星廟也。五星行至其廟，謹候其命。[3]

凡五星盈縮失位，其精降于地爲人。歲星降爲貴臣；熒惑降爲童兒，歌謠嬉戲；填星降爲老人婦女；太白降爲壯夫，[4]處於林麓；辰星降爲婦人。吉凶之應，隨其象告。

凡五星，木與土合，爲内亂、饑；與水合，爲變謀而更事；與火合，爲饑，爲旱；與金合，爲白衣之會，合鬭，國有内亂，野有破軍，爲水。太白在南，歲星在北，名曰牡年，穀大熟。太白在北，歲星在南，年或有或無。火與金合，爲爍爲喪，不可舉事用兵。從軍爲軍憂，離之軍却。出太白陰，分宅，出其陽，偏將戰。與土合，爲憂，主孽。與水合，爲北軍，用兵舉事大敗。一曰，火與水合爲焠，不可舉事用兵。土與水合，爲壅沮，不可舉事用兵，有覆軍下師。一曰，爲變謀更事，必爲旱。與金合，爲疾，爲白衣會，爲内兵，國亡地。與木合，國饑。水與金合，爲變謀，爲兵憂。入太白中而上出，破軍殺將，客勝。下出，客亡地，視旗所指，以命破軍。環繞太白，若與鬭，大戰，客勝。凡木、火、土、金與水鬭，皆爲戰，兵不在外，皆爲内亂。凡同舍爲合，相陵爲鬭。二星相近，其殃大，相遠無傷，七寸以内必之。[5]

凡月蝕五星，其國亡。歲以饑，熒惑以亂，填以殺，太白以強國戰，辰以女亂。

凡五星入月，其野有逐相。太白，將僇。

凡五星所聚，其國王，天下從。歲以義從，熒惑以禮從，填以重從，太白以兵從，辰以法，各以其事致天下也。三星若合，是謂驚立絕行，其國外内有兵，天喪人民，改立侯王。四星若合，是謂太陽，其國兵喪並起，君子憂，小人流。五星若合，是謂易行，有德受慶，改立王者，奄有四方，子孫蕃昌；亡德受殃，離其國家，滅其宗廟，百姓離去，被滿四方。五星皆大，其事亦大；皆小，事亦小。[6]

凡五星色，其圜白，爲喪，爲旱；赤中不平，爲兵，爲憂；青爲水；黑爲疾疫，爲多死；黄爲吉。皆角，赤，犯我城；黄，地之争；白，哭泣聲；青，有兵憂；黑，有水。五星同色，天下偃兵，百姓安寧，歌舞以行，不見灾疾，五穀蕃昌。[7]

凡五星，歲，政緩則不行，[8]急則過分，逆則占；熒惑，緩則不入，急則不出，違道則占；填，緩則不還，急則過舍，逆則占；太白，緩則不出，急則不入，逆則占；辰星，緩則不出，急則不入，非時則占。五星不失行，則年穀豐昌。

凡五星分天之中，積于東方，中國；積于西方，外國。用兵者利。辰星不出，太白爲客；其出，太白爲主。出而與太白不相從，及各出一方，爲格，野有軍不戰。[9]

[1]“凡五星有色”至“黑比奎大星”：以上五色的標志星，見《史記·天官書》記載。

[2]"凡五星所出所行所直之辰"至"居虛，無德也"：這是李淳風對五星運行瞭解得更詳細之後，對五星占所作進一步的明確解釋。是以推步所得之辰，其國爲得位，即歲星得位是有德，熒惑得位則國家有禮，填星有福，太白得位之國兵強，辰星則陰陽調和即國家上下和同，社會和諧。這裏所説的所行所直，要求居實而不是居虛。

[3]"營室爲清廟"至"謹候其命"：水、金、火、木、土之五星之廟分列爲七星、亢宿、心宿、營室、南斗。這是五星之神供奉祭祀的地方。

[4]壯夫：本志諸本均作"仕夫"，據《晋志》改正。五星失位，其精降地爲人之説，衹是隨意編造，毫無根據，於中國星占也不起什麽作用。

[5]"凡五星"至"七寸以内必之"：述説五星中二星相合後在星占上的應驗。這些應驗的觀念，主要是建立在五行觀念基礎之上的。例如，水星有水的性質，火星有火的焠火，故不可舉事用兵。又如土星有土的性質，它與水星的水相遇，就將發生壅塞現象，故不可舉事用兵。按照通常的説法，兩星相遇於一宿爲合，七寸以内爲犯、爲凌、爲鬭。

[6]"凡五星所聚"至"事亦小"：以上講述五星中三星聚、四星聚、五星聚出現後社會發生的動亂情況。按星占理論，均將發生大的動亂，星愈多，星愈亮，動亂愈大。即使三星相聚，也將發生内外有兵、改立王侯的大事，五星相聚那就要發生改朝換代的大事了。

[7]"凡五星色"至"五穀蕃昌"：言五星出現不同的顏色，將發生的灾異：白色爲喪、爲旱；青色有兵憂；黑色有水灾，爲疾疫；赤色爲不平，爲憂；唯黃色爲吉。凡五星同色，則爲天下安寧、五穀繁昌、歌舞昇平的年代。

[8]凡五星，歲，政緩則不行：歲，諸本均作"爲"，今據《晋志》改正。中華本作"凡五星歲政緩則不行"。這種句讀法，

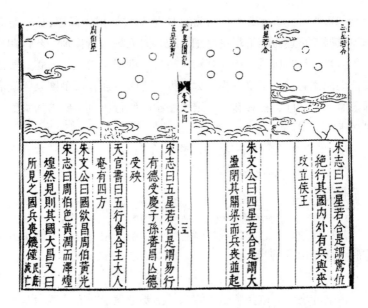

圖17　五星四星聚合圖（引自明《天元玉曆祥異賦》。文中的朱文公，可能就是明仁宗朱高熾）

就不知表達的是什麼意思了。歲政連續，按通常的理解，當爲每歲的政策，故當理解爲每歲的政策，緩了就貫徹不下去，急了則做過了頭。若作這樣理解，就完全誤解了文義。事實上，這裏是述説政策的緩急，在五星運行上的不同徵兆。故此處之歲字當是指歲星，它與以下之熒惑、填星、太白、辰星相對應。正確的句讀當爲：凡五星，歲，政緩則不行，急則過分，逆則占；熒惑，緩則不入……；填，緩則不還……太白……；辰星……。"

　　［9］野有軍不戰：自此以往，本志所載七曜文全引自《晉志》，沒有差異。

　　五星爲五德之主，[1]其行或入黃道裏，或出黃道表，猶月行出有陰陽也。終出入五常，不可以算數求也。[2]
其東行曰順，西行曰逆，順則疾，逆則遲，通而率之，
終爲東行矣。不東不西曰留。與日相近而不見，曰伏。
伏與日同度曰合。其留、行、逆、順、掩、合、犯
（法）、陵、變色、芒角，[3]凡其所主，皆以時政五常、
五官、五事之得失，而見其變。

木、火、土三星行遲，夜半經天。其初皆與日合
度，而後順行漸遲，追日不及，晨見東方。行去日稍
遠，朝時近中則留。留經旦過中則逆行。逆行至夕時近
中則又留。[4]留而又順，先遲漸速，以至于夕伏西方，
乃更與日合。金、水二星，行速而不經天。自始與日合
之後，行速而先日，夕見西方。去日前稍遠，夕時欲近
南方則漸遲，遲極則留。留而近日，則逆行而合日，在
于日後。晨見東方。逆極則留，留而後遲。遲極去日稍
遠，旦時欲近南方，則速行以追日，晨伏于東方，復與
日合。此五星合見、遲速、逆順、留行之大經也。昏旦
者，陰陽之大分也。南方者，太陽之位，而天地之經
也。七曜行至陽位，當天之經，則虧昃留逆而不居焉。
此天之常道也。三星經天，二星不經天，三天兩地之
道也。[5]

凡五星見伏留行，逆順遲速，應曆度者，爲得其
行，政合于常。違曆錯度，而失路盈縮者，爲亂行。亂
行則爲天矢彗孛，而有亡國革政，兵饑喪亂之禍云。[6]

古曆五星並順行，秦曆始有金火之逆。又甘、石並
時，自有差異。漢初測候，乃知五星皆有逆行，其後相

承罕能察。至後魏末，清河張子信，學藝博通，尤精曆數。因避葛榮亂，隱於海島中，積三十許年，專以渾儀測候日月五星差變之數，以算步之，始悟日月交道，有表裏遲速，五星見伏，有感召向背。言日行在春分後則遲，秋分後則速。合朔月在日道裏則日食，若在日道外，雖交不虧。月望值交則虧，不問表裏。又月行遇木、火、土、金四星，向之則速，背之則遲。五星行四方列宿，各有所好惡。所居遇其好者，則留多行遲，見早。遇其惡者，則留少行速，見遲。與常數並差，少者差至五度，多者差至三十許度。其辰星之行，見伏尤異。晨應見在雨水後立夏前，夕應見在處暑後霜降前者，並不見。啟蟄、立夏、立秋、霜降四氣之內，晨夕去日前後三十六度內，十八度外，有木、火、土、金一星者見，無者不見。後張胄玄、劉孝孫、劉焯等，依此差度，爲定入交食分及五星定見定行，與天密會，皆古人所未得也。[7]

　　[1]五星爲五德之主：自此以下的三段，爲《晋志》言七曜星占的補充（其中凡“五星見伏”至“兵饑喪亂之禍”數十字一段仍爲《晋志》固有）。爲天文學自南北朝以來發展後對有關星占的新認識。

　　[2]“其行或入黃道裏”至“不可以算數求也”：自北齊張子信和唐李淳風以後，天文學家事實上已經發現了五星均在類似於月亮的沿黃道南北運動的交點運動。推算月亮交點運動位置的方法，早在漢末劉洪的乾象曆中就已經創立了，但與此相類似的五星交點運動的推算方法，却在一個相當長的時間內，遲遲沒有建立起來。

這個方法，大致到明初的回回曆纔得以建立。故此處説"不可以算數求也"。

[3]其留、行、逆、順、掩、合、犯（法）、陵、變色、芒角：此句爲表示五星運行中的各種運動狀態，留爲停留，行爲行進，逆爲逆行，掩爲掩蓋，合爲兩行星同宿，犯爲相犯，陵爲凌犯（陵爲凌的假借詞），變色是行星顏色發生變化，芒角是行星發出刺眼的光芒（形容較爲明亮）。法是衍字當删除。

[4]"朝時近中則留"至"逆行至夕時近中則又留"：説在火木土三個外行星的會合運動中，早晨晨出東方後，當星近午正時出現了停留，其逆行後至傍晚時見、其午正時再次出現停留，然後再順行至伏，完成一個會合周期。

[5]"木火土三星行遲"至"三天兩地之道也"：此處概括地介紹了五星各自的會合運動狀態，其規律是水金二星不經天，火木土三星經天，總結爲三天兩地之道。

[6]"凡五星見伏留行"至"兵饑喪亂之禍云"：這幾句話，在《晋志》中即有，它説明了天體得行和亂行的區别。得行即五星按正常運動，這時天下太平，一旦發生了異常天象，社會就有亡國革政之變。

[7]"古曆五星並順行"至"皆古人所未得也"：叙述了日月五星運動的發展歷史，並重點介紹了張子信在觀測上的新發現，由此推動了曆法推步的進步。不過這段内容對推動星占理論的發展似無直接關係。

梁奉朝請祖暅，[1]天監中，受詔集古天官及圖緯舊説，撰《天文録》三十卷。逮周氏克梁，獲庾季才，[2]爲太史令，撰《靈臺秘苑》一百二十卷，占驗益備。今略其雜星、瑞星、妖星、客星、流星及雲氣名狀，次之於此云。[3]

[1]祖暅：人名。梁代天文學家，祖沖之之子。曾撰《漏經》和《天文録》三十卷，今佚。《南史》卷七二有附傳。

[2]庾季才：人名。字叔弈，曾在南朝梁、周、隋等朝做官，擅天文，曾撰《靈臺秘苑》一百二十卷，後散亡，後世有托名之作。

[3]"梁奉朝請祖暅"至"次之於此云"：爲了撰寫本志，李淳風除撰有以上恒星占、七曜占等内容外，還重點參考、引録了祖暅和庾季才的星占内容，以下雜星、瑞星、妖星、客星、流星、雲氣，主要出自他們兩人的著作。

瑞星

一曰景星，如半月，生於晦朔，助月爲明。或曰，星大而中空。或曰，有三星，在赤方氣，與青方氣相連。黄星在赤方氣中，亦名德星。二曰周伯星，黄色煌煌然，所見之國大昌。三曰含譽，光耀似彗，喜則含譽射。[1]

[1]"瑞星"至"喜則含譽射"：以往正史中的瑞星景星，祇是出自傳説中的聖王黄帝和帝堯。人們對景星形狀的描述也很模糊，至此除景星外，又新提出另二種瑞星周伯星和含譽星。周伯星的形狀爲黄色，煌煌然。有關周伯星的故事，在北宋年間還引起一場大的風波。而《晋志》中的瑞星又有四種。除景星、周伯、含譽星外，還有一顆格澤星。而格澤星，在《史記·天官書》中並不是瑞星，關於這些瑞星，在古代星占家中間尚有爭議。《隋志》和《晋志》中所用小標題令人費解，中華本的二志分類也不相同。僅就這些變異星氣而言，《晋志》用雜星氣作標題，它實際可以包括

以下瑞星、妖星、客星、流星、雲氣等。而《隋志》以星雜變爲標題，它僅包括星晝見、恒星不見、星鬭、星搖、星隕五種星變，瑞星則置於星雜變之前，以下妖星、彗星、雜妖、客星、流星、運氣，均各自成類。

星雜變

一曰星晝見。若星與日並出，名曰嫁女。星與日争光，武且弱，文且强，女子爲王，在邑爲喪，在野爲兵。又曰，臣有姦心，上不明，臣下從橫，大水浩洋。又曰，星晝見，虹不滅，臣人生明，星奪日光，天下有立王。二曰恒星不見。恒星者，在位人君之類。不見者，象諸侯之背畔，不佐王者奉順法度，無君之象也。又曰，恒星不見，主不嚴，法度消。又曰，天子失政，諸侯橫暴。又曰，常星列宿不見，象中國諸侯微滅也。三曰星鬭，星鬭天下大亂。四曰星搖，星搖人衆將勞。五曰星隕。大星隕下，陽失其位，灾害之萌也。又曰，衆星墜，人失其所也。凡星所墜，國易政。又曰，星墜，當其下有戰場，天下亂，期三年。又曰，奔星之所墜，其下有兵，列宿之所墜，滅家邦，衆星之所墜，衆庶亡。又曰，填星墜，海水泆，黃星騁，海水躍。又曰，黃星墜，海水傾。亦曰，驥星墜而勃海決。星隕如雨，天子微，諸侯力政，五伯代興，更爲盟主，衆暴寡，大并小。又曰，星辰附離天，猶庶人附離王者也。王者失道，綱紀廢，下將畔去。故星畔天而隕，以見其象。國有兵凶，則星墜爲鳥獸。天下將亡，則星墜爲飛蟲。天下大兵，則星墜爲金鐵。天下有水，則星墜爲土。國主亡，有兵，則星墜爲草木。兵起，國主亡，則星墜爲沙。星墜，爲人而言者，善惡如其言。又曰，國有大喪，則星墜爲龍。[1]

[1]“星雜變”至“則星墜爲龍”：星雜變，是指星體發生各種不同的變化，這裏記述了五種，一是恒星晝見，二是恒星不見，三是星鬭，四是星搖動，五是星隕落。所有這些星變，都足以引起天下大亂、兵起和國主亡。

妖星

妖星者，五行之氣，五星之變名，見其方，以爲殃災。各以其日五色占，知何國吉凶決矣。行見無道之國，失禮之邦，爲兵爲饑，水旱死亡之徵也。又曰，凡妖星所出，形狀不同，爲殃如一。其出不過一年，若三年，必有破國屠城。其君死，天下大亂，兵士亂行，戰死於野，積尸從橫。餘殃不盡，爲水旱兵飢疾疫之殃。又曰，凡妖星出見，長大，災深期遠；短小，災淺期近。三尺至五尺，期百日。五尺至一丈，期一年。一丈至三丈，期三年。三丈至五丈，期五年。五丈至十丈，期七年。十丈以上，期九年。審以察之，其災必應。[1]

彗星，世所謂掃星，本類星，末類彗，小者數寸，長或竟天。見則兵起，大水。主掃除，除舊布新。有五色，各依五行本精所主。史臣案，彗體無光，傅日而爲光，故夕見則東指，晨見則西指，在日南北，皆隨日光而指。頓挫其芒，或長或短，光芒所及則爲災。[2]

又曰，孛星，彗之屬也。偏指曰彗，芒氣四出曰字。[3]字者，字然非常，惡氣之所生也。内不有大亂，則外有大兵，天下合謀，暗蔽不明，有所傷害。晏子曰：“君若不改，字星將出，彗星何懼乎？”由是言之，災甚於彗。

[1]“妖星”至“其災必應”：什麼叫妖星？本志説：“五行之氣，五星之變名，見其方，以爲殃灾。”因此，妖星的觀念是明確的，它是五行之氣，是五星的變化所至。它的出現，是專門顯示灾殃的。所謂五星之變名，那麼它應該具有五星的特徵。這個特徵就是可以運動。它們區別於五星的特徵有二：一是有尾；二是出没無常。由此可以判定，古人所説的妖星，主要是指彗星。《晋志》雜星氣欄中祇有妖星、客星、流星，而無彗星，在其妖星欄二十一種中，其第一第二就是彗星和字星，足見彗星類是妖星中的主要成員。

[2]“彗星”至“光芒所及則爲灾”：妖星涉及的具體星象，首先就是彗星和字星。按照本志的説法，彗星除舊布新，見則兵起，大水。對具體的彗星而言，要依據具體情況加以選擇。古人早已明白，彗星自身不發光，傅日而爲光。對它的尾巴指向背日方向，也是很清楚的。即所謂夕見則東指，晨見則西指。灾應之地爲“光芒所及”。

[3]偏指曰彗，芒氣四出曰字：彗尾指向一方爲彗，它的光芒指向四方爲字。這是彗與字的根本區別。

歲星之精，流爲天棓、天槍、天猾、天衝、國皇、反登。一曰天棓，一名覺星，或曰天格。本類星，末鋭，長四丈。主滅兵，主奮争。又曰，天棓出，其國凶，不可舉事用兵。又曰，期三月，必有破軍拔城。又

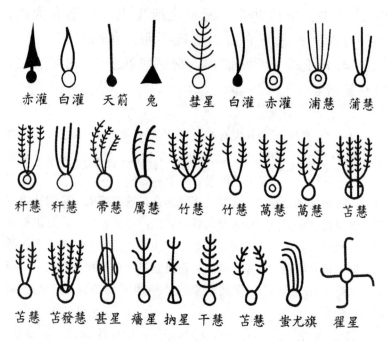

赤灌　白灌　天箭　兔　　彗星　白灌　赤灌　浦慧　蒲慧

秆慧　秆慧　帚慧　屬慧　竹慧　竹慧　蒿慧　蒿慧　苫慧

苫慧　苫發慧　甚星　瘤星　扐星　干慧　苫慧　蚩尤旗　翟星

圖18　馬王堆漢墓中《天文氣象雜占》中29種形態的彗星（摹本）

曰，天棓見，女主用事。其本者爲主人。二曰天槍，主
捕制。或曰，攬雲如牛，槍雲如馬。或曰，如槍，左右
銳，長數丈。天攬本類星，末銳，長丈。三曰天猾，主
招亂。又曰，人主自恣，逆天暴物，則天猾起。四曰天
衝，狀如人，蒼衣赤首，不動。主滅位。又曰，衝星
出，臣謀主，武卒發。又曰，天衝抱極泣帝前，血濁霧
下，天下冤。五曰國皇。或曰，機星散爲國皇。國皇之
星，大而赤，類南極老人星也。主滅姦，主內寇難。見
則兵起，天下急。或云，去地一二丈，如炬火狀。後客
星內亦有國皇，名同而占狀異。六曰反登，主夷分，皆少陽

之精，司徒之類，青龍七宿之域。有謀反，若恣虐爲害，主失春政者，以出時衝爲期。皆主君徵也。

　　熒惑之精，流爲析旦、蚩尤旗、昭明、司危、天攙。一曰析旦，或曰昭旦，主弱之符。又曰，析旦橫出，參櫂百尺，爲相誅滅。二曰蚩尤旗。或曰，旋星散爲蚩尤旗。或曰，蚩尤旗，五星盈縮之所生也。狀類彗而後曲，象旗。或曰，四望無雲，獨見赤雲，蚩尤旗也。或曰，蚩尤旗如箕，可長二丈，末有星。又曰，亂國之王，衆邪並積，有雲若植藋竹長，黃上白下，名曰蚩尤旗。主誅逆國。又曰，帝將怒，則蚩尤旗出。又曰，虐王反度，則蚩尤旗出。或曰，本類星，而後委曲，其像旗旛，可長二三丈。見則王者旗鼓，大行征伐，四方兵大起。不然，國有大喪。三曰昭明者，五星變出於西方，名曰昭明，金之氣也。又曰，赤彗分爲昭明。昭明滅光，象如太白，七芒，故以爲起霸之徵。或曰，機星散爲昭明。又曰，西方有星，望之去地可六丈而有光，其類太白，數動，察之中赤，是謂西方之野星，名曰昭明。出則兵大起。其出也，下有喪。出南方，則西方之邦失地。或曰，昭明如太白，不行，主起有德。又曰，西方有星，大而白，有角，目下視之，名曰昭明。金之精，出則兵大起。若守房心，國有喪，必有屠城。昭明下則爲天狗，所下者大戰流血。四曰司危。或曰，機星散爲司危。又曰，白彗之氣，分爲司危。司危平，以爲乖爭之徵。或曰，司危星大，有毛，兩角。又曰，司危星類太白，數動，察之而赤。司危出，强國盈，主擊强侯兵也。又曰，司危見則主失法，期八年，豪傑起，天子以不義失國。有聲之臣，行主德也。又曰，司危見，則其下國相殘賊。又曰，司危星出正西，西方之野星，去地可六丈，大而白，類太白。一曰，見，兵起强。又曰，司危出則非，其下有兵衝不利。五曰天攙，其狀白小，數動，是謂攙星，一名斬星。天攙主殺罰。[1] 又曰，天攙見，女主用事者，其本爲主人。又曰，天攙出，其下相攙，爲饑爲兵，赤地千里，枯骨籍籍。亦曰，天攙出，其國内亂。又曰，太陽之精，赤鳥七宿之域，有謀反，恣虐爲害，主失夏政。

　　填星之精，流爲五殘、六賊、獄漢、大賁、炤星、紃流、茀星、旬始、擊咎。一曰五殘。或曰，旋星散爲五殘。亦曰，蒼彗散爲五殘。故爲毁敗之徵。或曰，五殘五分。亦曰，一本而五枝也。期九年，姦興。[2] 三九二十七，大亂不可禁。又曰，五殘者，五行之變，出於東方，五殘木之氣也。一曰，五鏺又曰五殘，星出正東，東方之野星，狀類辰星，可去地六七丈，大而白，主乖亡。或曰，東方有星，望之去地可六丈，大而赤，察之中青。或曰，星表青氣如暈，有毛，其類歲星，是謂東方之野星，名曰五殘。出則兵大起。其出也，下有喪。出北則東方之邦失地。又曰，五殘出，四蕃虚，天子有急兵。或曰，五殘大而赤，數動，察之有青。又曰，五殘出則兵起。二曰六賊者，五行之氣，出於南方。或曰，六賊火之氣也。或曰，六賊星形如彗。又曰，南方有星，望之可去地六丈，赤而數動，察之有

光，其類熒惑，是謂南方之野星，名曰六賊。出則兵
起，其國亂。其出也，下有喪。出東方則南方之邦失
地。又曰，六賊星見，出正南，南方之星，去地可六
丈，大而赤，數動有光。三曰獄漢，一曰咸漢。或曰，
權星散爲獄漢。又曰，咸漢者，五行之氣，出於北方，
水之氣也。獄漢青中赤表，下有三彗從橫，主逐王刺
王。又曰，北方有星，望之可去地六丈，大而赤，數
動，察之中青黑，其類辰星，是謂北方之野星，名曰咸
漢。出則兵起，其下有喪。出西方則北方之邦失地。又
曰，獄漢動，諸侯驚，出則陰橫。四曰大賁，主暴衝。
五曰炤星，主滅邦。六曰絀流，動天下敖主伏逃。又
曰，絀流，主自理，無所逃。七曰茀星，在東南，本有
星，末類茀，所當之國，實受其殃。八曰旬始。或曰，
樞星散爲旬始。或曰，五星盈縮之所生也。亦曰，旬始
妖氣。又曰，旬始蚩尤也。又曰，旬始出於北斗旁，狀
如雄鷄。其怒青黑，象伏鼈。又曰，黃彗分爲旬始。旬
始者，今起也。狀如雄鷄，土含陽，以交白接，精象
鷄，故以爲立主之題。期十年，聖人起代。又曰，旬始
主爭兵，主亂，主招橫。又曰，旬始照，其下必有滅
王。五姦爭作，暴骨積骸，以子續食。見則臣亂兵作，
諸侯爲虐。又曰，常以戊戌日，視五車及天軍天庫中有
奇怪，曰旬始。狀如鳥有喙，而見者則兵大起，攻戰當
其首者破死。又曰，出見北斗，聖人受命，天子壽，王
者有福。九曰擊咎，出，臣下主。一曰，臣禁主，主大
兵。又曰，土精，斗七星之域，以長四方，司空之位，

有謀反恣虐者，占如上。

太白之精，散爲天杵、天梂、伏靈、大敗、司姦、天狗、天殘、卒起。一曰天杵，主并羊。二曰天梂，主擊殃。三曰伏靈，主領讒。伏靈出，天下亂復人。四曰大敗，主鬬衝。或曰，大敗出，擊咎謀。五曰司姦，主見妖。六曰天狗。亦曰，五星氣合之變，出西南，金火氣合，名曰天狗。或曰，天狗星有毛，旁有短彗，下有如狗形者，主徵兵，主討賊。亦曰，天狗流，五將鬬。又曰，西北方有星，長三丈，而出水金氣交，名曰天狗。亦曰，西北三星，大而白，名曰天狗。見則大兵起，天下饑，人相食。又曰，天狗所下之處，必有大戰，破軍殺將，伏尸流血，天狗食之。皆期一年，中二年，遠三年，各以其所下之國，以占吉凶。後流星內天狗，名同，占狀小異。七曰天殘，主貪殘。八曰卒起。卒起見，禍無時，諸變有萌，臣運柄。又曰，少陰之精，大司馬之類，白獸七宿之域，有謀反，若恣虐爲害，主失秋政者，期如上占，禍亦應之。

辰星之精，散爲枉矢、破女、拂楄、滅寶、繞廷、驚理、大奮祀。一曰枉矢。或曰，填星之變爲枉矢。又曰，機星散爲枉矢。亦曰，枉矢，五星盈縮之所生也，弓弩之像也。類大流星，色蒼黑，蛇行，望之如有毛目，長數匹，著天。主反萌，主射愚。又曰，黑彗分爲枉矢。枉矢者，射是也。枉矢見，謀反之兵合，射所誅，亦爲以亂伐亂。又曰，人君暴專己，則有枉矢動。亦曰，枉矢類流星，望之有尾目，長可一匹布，皎皎著天。見則大兵起，大將出，弓弩用，期三年。曰，枉矢所觸，天下之所伐，射滅之象也。二曰破女。破女若見，君臣皆誅，主勝之符。三曰拂樞。拂樞動亂，駭擾無調時。又曰，拂樞主制時。四曰滅寶。滅寶起，相得之。又曰，滅寶主伐之。五曰繞廷。繞廷主亂孳。六曰驚理。驚理主相署。七曰大奮祀。大奮祀主招邪。或曰，大奮祀出，主安之。太陰之精，玄武七宿之域，有謀反，若恣虐爲害，主失冬政者，期如上占，禍亦應之。又曰，五精潛潭，皆以類逆所犯，行失時指，下臣承類者，乘而害之，皆滅亡之徵也。入天子宿，主滅，諸侯五百謀。[3]

[1]主殺罰："罰"字諸本作"時"，據《晋志》改。

[2]姦興："興"字諸本作"與"，據《開元占經》改正。

[3]"歲星之精"至"諸侯五百謀"：歲星之精、熒惑之精、填星之精、太白之精、辰星之精，此處的"精"字，按通常的説法當釋作精氣。但這裏可直接釋作妖。即歲星之妖、熒惑之妖、填星之妖、太白之妖、辰星之妖。這裏傳衍的文字雖然不少，但均缺乏嚴密的理論依據。祇是依據各五星本身的特性、方向、季節的分配和對應的五行特性加以鋪陳，沒有多少科學價值。

雜妖[1]

一曰天鋒。天鋒，彗象矛鋒者也，主從橫。天下從橫，則天鋒星見。

二曰燭星，狀如太白，其出也不行，見則不久而滅。或曰，主星上有三彗上出。燭星所出邑反。又曰，燭星所燭者城邑亂。又曰，燭星所出，有大盜不成。

三曰蓬星，一名王星，狀如夜火之光，多即至四五，少即一二。亦曰，蓬星在西南，修數丈，左右銳，出而易處。又曰，有星，其色黃白，方不過三尺，名曰蓬星。又曰，蓬星狀如粉絮，見則天下道術士當有出者，布衣之士貴，天下太平，五穀成。又曰，蓬星出北斗，諸侯有奪地，以地亡，有兵起。星所居者，期不出三年。又曰，蓬星出太微中，天子立王。[2]

四曰長庚，狀如一匹布著天。見則兵起。

五曰四填，星出四隅，去地六丈餘。或曰，四填去地可四丈。或曰，四填星大而赤，去地二丈，當以夜半時出。四填星見，十月而兵起。又曰，四填星見四隅，皆爲兵起其下。[3]

六曰地維臧光。地維臧光者，五行之氣，出於四季土之氣也。又曰，有星出，大而赤，去地二三丈，如月，始出謂之地維臧光。四隅有星，望之可去地四丈，而赤黃搖動，其類填星，是謂中央之野星，出於四隅，名曰地維臧光。出東北隅，天下大水。出東南隅，天下大旱。出西南隅，則有兵起。出西北隅，則天下亂，兵大起。又曰，地維臧光見，下有亂者亡，有德者昌。[4]

七曰女帛。女帛者，五星氣合變，出東北，水木氣合也。又曰，東北有星，長三丈而出，名曰女帛，見則天下兵起，若有大喪。又東北有大星出，名曰女帛，見則天下有大喪。[5]

八曰盜星。盜星者，五星氣合之變，出東南，火木氣合也。又曰，東南有星，長三丈而出，名曰盜星，見則天下有大盜，多寇賊。

九曰積陵。積陵者，五星氣合之變，出西北，金水氣合也。又曰，西南有星，長三丈，名曰積陵，見則天下隕霜，兵大起，五穀不成，人饑。

十曰端星。端星者，五星氣合之變，出與金木水火合於四隅。又四隅有星，大而赤，察之中黃，數動，長可四丈。此土之氣，效於四季，名曰四隅端星，所出，兵大起。

十一曰昏昌。有星出西北，氣青赤以環之，中赤外青，名曰昏昌，見則天下兵起，國易政。先起者昌，後起者亡。高十丈，亂一年。高二十丈，亂二年。高三十丈，亂三年。

十二曰莘星。有星出西北，狀如有環二，名山勤。一星見則諸侯有失地，西北國。

十三曰白星。有如星非星，狀如削瓜，有勝兵，名曰白星。白星出，爲男喪。

十四曰菟昌。西北菟昌之星，有赤青環之，有殃，有青爲水。此星見，則天下改易。

十五曰格澤，狀如炎火。又曰，格澤星也，上黃下白，從地而上，下大上銳，見則不種而獲。又曰，不有土功，必有大客鄰國來者，期一年、二年。又曰，格澤氣赤如火，炎炎中天，上下同色，東西絙天，若於南北，長可四五里。此熒惑之變，見則兵起，其下伏尸流血，期三年。

十六曰歸邪，狀如星非星，如雲非雲。或曰，有兩赤彗上向，上有蓋狀如氣，下連星。或曰，見必有歸國者。

十七曰濛星，夜有赤氣如牙旗，長短四面，西南最多。又曰刀星，亂之象。又曰，遍天薄雲，四方生赤黃氣，長三尺，乍見乍没，尋皆消滅。又曰，刀星見，天下有兵，戰鬭流血。或曰，遍天薄雲，四方合有八氣，蒼白色，長三尺，乍見乍没。

[1]雜妖：雜妖星和妖星，均是各種類型的妖星。本志所述妖星，專以五行之氣和五星之精所生。其餘各種妖星則稱之爲雜妖星。本志所載雜妖星，又分爲兩類，前一類即是《史記・天官書》以來的傳統説法，《晋志》集合爲二十一種，本志抽出彗、孛等三種前置爲十八種。第二類即下文所引京房《風角書・集星章》所載妖星三十五種。

[2]“一曰天鋒”至“天子立王”：天鋒、燭星、蓬星等，這類星名，均以形狀得名。天鋒星其尾象矛鋒，天燭星其光似燭，天蓬星狀如粉絮。

[3]“五曰四填”至“皆爲兵起其下”：因星出四隅，去地六丈，故稱四隅星。

[4]地維臧光：按其解説，地維臧光源出於五行之氣中的土氣，土氣對應於土星，而地候、地維又源出於填星的異名，故有此星名。

[5]“七曰女帛”至“見則天下有大喪”：爲五行之氣合變而生，出東北，爲水木二氣相合。北方爲水，東方爲木，故曰水木合氣生成女帛妖星。自此以下至十曰端星均仿此，不再解説。

漢京房著《風角書》，有《集星章》，所載妖星，皆見於月旁，互有五色方雲，以五寅日見，各五星所生云。

天槍星生箕宿中，天根星生尾宿中，天荆星生心宿中，真若星生房宿中，天撥星生氐宿中，天樓星生亢宿中，天垣星生左角宿中，皆歲星所生也。見以甲寅日，其星咸有兩青方在其旁。

天陰星生軫宿中，晋若星生翼宿中，官張星生張宿中，天惑星生七星中，天雀星生柳宿中，赤若星生鬼宿中，蚩尤星生井宿中，皆熒惑之所生也。出在丙寅日，有兩赤方在其旁。

天上、天伐、從星、天樞、天翟、天沸、荆彗，皆鎮星之所生也。出在戊寅日，有兩黃方在其旁。

若星生參宿中，帚星生觜宿中，若彗星生畢宿中，竹彗星生昴宿中，墻星生胃宿中，欀星生婁宿中，白藿星生奎宿中，皆太白之所生也。出在庚寅日，有兩白方在其旁。

天美星生壁宿中，天毚星生室宿中，天杜星生危宿中，天麻星生虛宿中，天林星生女宿中，天高星生牛宿中，端下星生斗宿中，皆辰星之所生也。出以壬寅日，有兩黑方在其旁。

已前三十五星，即五行氣所生，皆出月左右方氣之中，各以其所生星將出不出日數期候之。當其未出之前而見，見則有水旱兵喪饑亂，所指亡國失地，王死，破軍殺將。[1]

[1]"漢京房著《風角書》"至"破軍殺將"：如前所述，雜妖星又分二類，此第二類爲京房《風角書·集星章》所載。其特點是皆見於月旁，與五色五方雲有關，爲五星所生，均以寅日見。按其解説，這類妖星共有三十五種，其中天槍星、天根星、天荆星、真若星、天撞星、天樓星、天垣星，生於東方蒼龍箕、尾、心、房、氐、亢、角宿中，皆歲星所生，以甲寅日見。天陰星、晉若星、官張星、天惑星、天雀星、赤若星、蚩尤星，生於南方朱雀軫、翼、張、星、柳、鬼、井宿中，皆熒惑星所生，以丙寅日見。天上、天伐、從星、天樞、天翟、天沸、荆彗星皆爲填星所生，見於戊寅日。若星、尋星、若彗星、竹彗星、墙星、棬星、白雚星，生於西方白虎七宿參、觜、畢、昴、胃、婁、奎宿中，皆太白所生，見於庚寅日。天美星、天蟲星、天杜星、天麻星、天林星、天高星、端下星，生於北方玄武七宿壁、室、危、虚、女、牛、斗宿中，皆爲辰星所生，見於壬寅日。以上都是嚴格按照二十八宿與五星、天干地支的對應關係分配的，其實並非星占家實際觀測所見。其中"天惑星生七星中"，諸本均作"七宿"，中華本亦誤，今按文義改正。

客星

客星者，周伯、老子、王蓬絮、國皇、温星，凡五星，皆客星也。行諸列舍，十二國分野，各在其所臨之邦，所守之宿，以占吉凶。周伯，大而色黄，煌煌然。見其國兵起，若有喪，天下饑，衆庶流亡去其鄉。<small>瑞星中名狀與此同，而占異。</small>老子，明大，色白，淳淳然。所出之國，爲饑，爲凶，爲善，爲惡，爲喜，爲怒。常出見則兵大起，人主有憂。王者以赦除咎則灾消。王蓬絮，狀如粉絮，拂拂然。見則其國兵起，若有喪，白衣之會，其邦饑亡。又曰，王蓬絮，星色青而熒熒然。所見之國，風雨不如節，焦旱，物不生，五穀不成登，蝗蟲多。國皇星，出而大，其色黃白，望之有芒角。見則兵起，國多變，若有水饑，人主惡之，眾庶多疾。溫星，色白而大，狀如風動搖，常出四隅。出東南，天下有兵，將軍出於野。出東北，當有千里暴兵。出西北，亦如之。出西南，其國兵喪並起，若有大水，人饑。又曰，溫星出東南，為大將軍服屈不能發者。出於東北，暴骸三千里。出西亦然。[1]

凡客星見其分，若留止，即以其色占吉凶。星大事大，星小事小。星色黃得地，色白有喪，色青有憂，色黑有死，色赤有兵，各以五色占之，皆不出三年。又曰，客星入列宿中外官者，各以其所出部舍官名為其事。所之者為其謀，其下之國，皆受其禍。以所守之舍為其期，以五氣相賊者為其使。

[1]"客星者"至"出西亦然"：以上占語出自黃帝占。《開元占經·客星占》引《黃帝》曰："客星者，周伯、老子、王蓬絮、國皇、溫星，凡五星，皆客星也。行諸列舍，十二國分野，各在其所臨之邦，所守之宿，以占吉凶。"又曰："客星大而色黃，煌煌然，名曰周伯，見其國兵起，若有喪，天下大饑，人民流亡，去其鄉。"又曰："客星明大白淳然，名曰老子，所出之國，為饑、為凶、為善、為惡、為喜、為怒，常出見，則兵大起，人主有憂。王者以赦除咎，則灾消。"又曰："客星狀如粉絮，拂拂然，名曰王蓬絮，見則其國兵起，若有喪，白衣會，其邦饑亡。"《荆州占》曰："王蓬絮星，色青而熒熒然，所見之國，風雨不如節，燋旱，物不生，五穀不登，多蝗蟲。"《黃帝》曰："客星出而大，其色黃白，望之上有芒角，名曰國皇。見則兵大起，國多變，若有水饑，人主

惡之，人多疾。"又曰："客星色白而大，狀如風動搖，名曰溫星。常出四隅。出東南，天下有兵，將軍出於野；出東北，有千里暴兵；出西北，亦如之；出西南，其國兵喪並起，若大水，人饑。"石氏曰："溫星出東南，爲大將軍服屈，不能發者；出於東北，暴骸三千里；西出亦然。"《黃帝》曰："客星見其分。若留止，即以其色占吉凶。星大事大，星小事小。星色黃得地，色白有喪，色青有憂，色黑有死，色赤有兵。各以五色占之，皆不出三年。"巫咸曰："客星入列宿中外官者，各以其所部舍官名，爲其事。所之者，爲其謀。其下之國，皆受其禍。以所守之舍，爲其期。以五氣相賊者爲其使。"從以上所引《開元占經》占語可以看出，本志所引客星占語，實出多家不同的觀念，李淳風將其全部吸收，融爲一體，成爲一家之說。其注文曰："瑞星中名狀與此同，而占異"，是指本志客星周伯星是凶星，而瑞星周伯星却是吉星。瑞星，諸本作"端星"，今據宋小字本和元九行本改正。

流星

流星，天使也。自上而降曰流，自下而升曰飛。大者曰奔，奔亦流星也。[1]星大者使大，星小者使小。聲隆隆者，怒之象也。行疾者期速，行遲者期遲。大而無光者，衆人之事。小而光者，貴人之事。大而光者，其人貴且衆也。乍明乍滅者，賊敗成也。[2]前大後小者，恐憂也。前小後大者，喜事也。蛇行者，姦事也。往疾者，往而不返也。長者，其事長久也。短者，事疾也。奔星所墜，其下有兵。無風雲，有流星見，良久間乃入，爲大風發屋折木。小流星百數，四面行者，庶人流移之象。流星異狀，名占不同。

今略古書及《荊州占》所載云：流星之尾，長二三丈，暉然有光竟天，其色白者，主使也，色赤者，將軍使也。流星有光，其色黃白者，從天墜有音，如炬熛火下地，野雉盡鳴，斯天保也。所墜國安有喜，若水。流星其色青赤，名曰地雁，其所墜者起兵。[3]流星有光青赤，其長二三丈，名曰天雁，軍之精華也。其國起兵，將軍當從星所之。流星暉然有光，白，長竟天者，人主之星也，主將相軍從星所之。凡星如甕者，爲發謀起事。大如桃者爲使事。流星大如缶，其光赤黑，有喙者，名曰梁星，其所墜之鄉有兵，君失地。

飛星大如缶若甕，後皎然白，前卑後高，此謂頓頑，其所從者多死亡，削邑而不戰。有飛星大如缶若甕，後皎然白，前卑後高，搖頭，乍上乍下，此謂降石，所下民食不足。飛星大如缶若甕，後皎然白，星滅後，白者曲環如車輪，此謂解銜。其國人相斬爲爵祿，此謂自相齕食。有飛星大如缶若甕，其後皎然白，長數丈，星滅後，白者化爲雲流下，名曰大滑，所下有流血積骨。有飛星大如缶若甕，後皎白，縵縵然長可十餘丈而委曲，名曰天刑，一曰天飾，將軍均封疆。[4]

天狗，狀如大奔星，色黃有聲，其止地類狗，所墜，望之如火光，炎炎衝天，其上銳，其下圓，如數頃田處。或曰，星有毛，旁有短彗，下有狗形者。或曰，星出，其狀赤白有光，下即爲天狗。一曰，流星有光，見人面，墜無音，若有足者，名曰天狗。[5]其色白，其中黃，黃如遺火狀。主候兵討賊，見則四方相射，千里破軍殺將。或曰，五將鬬，人相食，所往之鄉有流血。

其君失地，兵大起，國易政，戒守禦。餘占同前。營頭，有雲如壞山墮，所謂營頭之星，所墮，其下覆軍，流血千里。亦曰，流星晝隕，名營頭。[6]

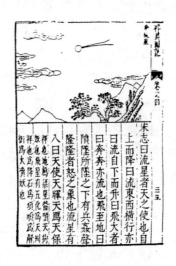

圖19　《天元玉曆祥異賦》中的流星自上而降

[1]"流星，天使也"至"奔亦流星也"：通常地説，星占家將流星看作使星，即傳達天帝旨意的星。根據流星的不同形態，又有不同的名稱：自上而降者稱爲流星，自下而上者爲飛星，大的流星又稱爲奔星。《開元占經·流星》引孟康曰："流星，光相連也，大如瓜桃，名曰使星。飛星主謀事，流星主兵事，使星主行事。以所出入宿占之。"

[2]賊敗成也：《晋志》同。中華本從宋殘本，作"賊成賊敗"。不過其義似是而非，以不改爲妥。

[3]"今略古書及《荆州占》所載云"至"其所墜者起兵"：《開元占經·流星》引《荆州占》曰："流星之尾，長二三丈，耀然

有光，竟天。其色白者，主使也。其色赤者，將軍使也。"《雒書》曰："飛星大如缶甕，而行絶迹，色如煙火。墜，名曰天保。此星所往者，其分受福有利。若有吉事，期不出年。"《文耀鈎》曰："流星有光，夜見墻垣，而有聲者，野雞盡响，名天保。所止之野大兵起。"《荆州占》曰："流星有光，黄白，從天墜，有音，如炬煙火下地，雞盡鳴，名天保也。所墜國安，有喜，若水。"中華本將"今略古書及《荆州占》所載云"一句置於上段末尾，句後用句號。這句話置於段前和段後的文義是不同的，段前是引語，段後是概括和小結。考查文義，當置於本段之前纙合文義，句末且用冒號。故中華本斷句有誤，今改正。

[4]"飛星大如缶若甕"至"將軍均封疆"：古代的天文學家對流星的大小喜歡用大如桃、缶、甕來比仿。缶和甕均爲陶器，甕比缶稍大，缶爲盛酒器，甕可盛水和糧食等。此處根據飛星前進中的不同形狀，將其分爲頓頑、降石、解銜、大滑、天刑等名稱，並附有不同的占語。

[5]"天狗，狀如大奔星"至"名曰天狗"：天狗是一大奔星，下落過程中狀如天狗，曰有面、有身、有足、有毛，其狀赤白有光。落在地面即爲石塊。

[6]流星晝隕，名營頭：流星白天隕落的，稱爲營頭星。《開元占經·流星》引《洛書摘亡辟》曰："流星晝行，亡君之誡。"甘氏曰："星晝行，名曰營首。營首所在，有流血滂沱，則天下不通。一曰大旱，赤地千里。所謂晝行者，日未入也。"巫咸曰："流星晝行，名曰爭明，其分有兵，國破君亡。"故營頭星又名營首星。

雲氣
瑞氣[1]

一曰慶雲，若煙非煙，若雲非雲，郁郁紛紛，蕭索輪囷，是謂慶雲，亦曰景雲。此喜氣也，太平之應。一曰昌光，赤如龍狀。聖人起，帝受終則見。[2]

　　妖氣

　　一曰虹蜺，日旁氣也。斗之亂精，主惑心，主內淫，主臣謀君，天子詘后妃，顓妻不一。二曰牂雲，如狗，赤色長尾，爲亂君，爲兵喪。[3]

　　[1]瑞氣：與下文妖氣當爲雲氣下的兩個子目。

　　[2]"一曰慶雲"至"帝受終則見"：瑞雲、景雲一名，正與以上瑞星、景星相對應。

　　[3]"妖氣"至"爲兵喪"：妖氣一名，又與妖星相對應。虹蜺和牂雲，均爲日旁出現的雲氣，與太陽無關，實爲地球表面的雲彩。因在日旁出現，星占家便與天子安危相聯繫。

隋書　卷二一

志第十六

天文下

十煇[1]

《周禮》，眡祲氏掌十煇之法，以觀妖祥，辨吉凶。一曰祲，謂陰陽五色之氣，祲淫相侵。或曰，抱珥背璚之屬，如虹而短是也。二曰象，謂雲如氣，成形象，雲如赤烏，夾日以飛之類是也。三曰鑴，日旁氣刺日，形如童子所佩之鑴也。四曰監，謂雲氣臨在日上也。五曰暗，謂日月蝕，或日光暗也。六曰瞢，謂瞢瞢不光明也。七曰彌，謂白虹彌天而貫日也。八曰序，謂氣若山而在日上。或曰，冠珥背璚，重疊次序，在于日旁也。九曰隮，謂暈氣也。或曰，虹也。《詩》所謂“朝隮于西”者也。十曰想，謂氣五色，有形想也，青飢，赤兵，白喪，黑憂，黃熟。或曰，想，思也，赤氣爲人獸之形，可思而知其吉凶。[2]

[1]十煇：這是《隋書·天文志》下的一個小標題，在其後包括十煇、日面雜氣、日暈等内容。其實，十煇衹是《周禮》一書中使用的十種日面雲氣，後世星占家所使用的名稱也都已改變，它實際是指日面旁邊的各種形狀的雲氣。

[2]“《周禮》”至“可思而知其吉凶”：此是專講十煇的。其十種氣煇的形狀和名稱爲一曰祲，二曰象，三曰鑴，四曰監，五曰暗，六曰瞢，七曰彌，八曰序，九曰隮，十曰想。此是《周禮》中就已記載的十煇之法。

　　自周已降，術士間出，今採其著者而言之。[1]日，君乘土而王，其政太平，則日五色。又曰，或黑或青或黄，師破。又曰，[2]游氣蔽天，日月失色，皆是風雨之候也。若天氣清静，無諸游氣，日月不明，乃爲失色。或天氣下降，地氣未升，厚則日紫，薄則日赤，若於夜則月白，皆將雨也。或天氣未降，地氣上升，厚則日黄，薄則日白，若於夜則月赤，將旱且風。亦爲日月暈之候，雨少而多陰。或天氣已降，地氣又升，上下未交則日青，若於夜則月緑色，將寒候也。或天地氣雖交而未密，則日黑，若於夜則月青，將雨不雨，變爲雰霧，暈背虹蜺。又曰，沉陰，日月俱無光，晝不見日，夜不見星，皆有雲鄣之，兩敵相當，陰相圖議也。[3]日曚曚光，士卒内亂。日薄赤，見日中烏，將軍出，旌旗舉，此不祥，必有敗亡。又曰，數日俱出若鬬，天下兵大戰。日鬬下有拔城。[4]

　　日戴者，形如直狀，其上微起，在日上爲戴。戴者德也，國有喜也。一云，立日上爲戴。青赤氣抱在日上，小者爲冠，國有喜事。青赤氣小，而交於日下，爲纓。青赤氣小而圓，一二在日下左右者，爲紐。青赤氣如小半暈狀，在日上爲負。負者得地爲喜。又曰，青赤氣長而斜倚日傍爲戟。青赤氣圓而小，在日左右爲珥。黃白者有喜。又曰有軍。日有一珥爲喜，在日西，西軍戰勝，在日東，東軍戰勝。南北亦如之，無軍而珥，爲拜將。又日旁如半環，向日爲抱。青赤氣如月初生，背日者爲背。又曰，背氣青赤而曲，外向爲叛象，分爲反城。璚者如帶，璚在日四方。青赤氣長，而立日旁，爲直。日旁有一直，敵在一旁欲自立，從直所擊者勝。日旁有二直三抱，欲自立者不成。順抱擊者勝，殺將。氣形三抱，在日四方，爲提。青赤氣橫在日上下爲格。氣如半暈，在日下爲承。承者，臣承君也。又曰，日下有黃氣三重若抱，名曰承福，人主有吉喜，且得地。青白氣如履，在日下者爲履。日旁抱五重，戰順抱者勝。日一抱一背爲破走。抱者，順氣也，背者，逆氣也。兩軍相當，順抱擊逆者勝，故曰破走。日抱且兩珥，一虹貫抱，抱至日，[5]順虹擊者勝。日重抱，內有璚，順抱擊者勝；[6]亦曰軍內有欲反者。日重抱，左右二珥，有白虹貫抱，順抱擊勝，得二將。有三虹，得三將。日抱黃白潤澤，內赤外青，天子有喜，有和親來降者。軍不戰，敵降，軍罷。色青，將喜；赤，將兵爭；白，將有喪；黑，將死。日重抱且背，順抱擊者勝，得地，若有罷師。日重抱，抱內外有璚，兩珥，順抱擊者勝，破軍，軍中不和，不相信。[7]

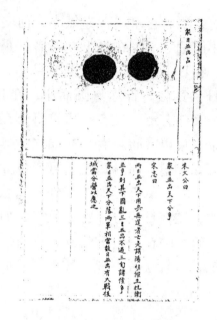

圖20　兩日並出，天下爭權之形態

[1]自周已降，術士間出，今採其著者而言之：以上數字，諸本均附於上段末尾。根據前注相同的理由，這些術士所言内容均在下面，故將其移置本段之首。

[2]“日，君乘土而王”至“師破。又曰”：以上數字，爲李淳風撰本志時，從《晉志》中引用時所加，以下至“軍中不和，不相信”，文字全同。

[3]“游氣蔽天”至“陰相圖議也”：是作者李淳風在講述日旁雲氣占以前，講述他所認識的因天氣變化而引起日面雲氣、顏色變化的科學道理。這段話與星占無直接關係。

[4]“日薄赤”至“日鬭下有拔城”：日中烏和數日俱出，一是日中見黑子，二是大氣現象引起數日並出的錯覺。此二條均與日旁氣現象無關。

[5]一虹貫抱，抱至日：有一條蜺虹，穿過日抱，發生日抱的那一天。《晉志》與本志均載有這句話。但中華本校勘記均認爲兩抱相重爲衍字，故刪掉下面抱字，成爲"一虹貫抱，至日"，這是什麼意思呢？至哪一日呢？當然是抱至日那一天。故原文不能刪。

[6]"順虹擊者勝"至"順抱擊者勝"：這句話，似乎可以連通。但若校對《晉志》，便可發現破綻。《晉志》曰："日抱且兩珥，一虹貫抱，抱至日，順虹擊者勝，〔殺將。日抱兩珥且璚，二虹貫抱至日，順虹擊者勝。日重抱，內有璚，順抱擊者勝〕。"其間漏掉"殺將。日抱兩珥且璚，二虹貫抱至日，順虹擊者勝"二十字。當補正。

[7]"日戴者"至"軍中不和，不相信"：介紹了自周代以來諸術士有關日旁雲氣的狀態和占語，其中有日戴、日抱、日冠、日纓、日紐、日負、日戟、日珥、日背、日璚、日直、日提、日格、承福、日履等。這些日旁雲氣占，在《開元占經·日占》中也有記載。

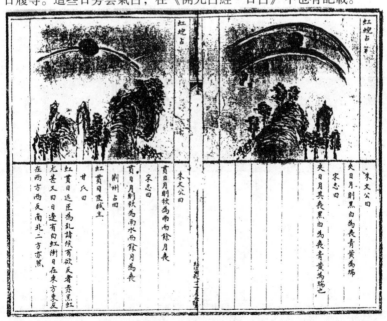

圖21　夾日蜺虹之氣和貫日蜺虹之氣

圖22　氣如赤蛇貫日之形態

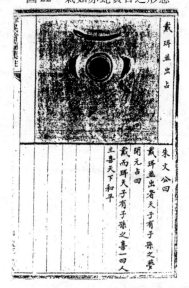

圖23　日珥、日背並出之形態

朱文公曰
抱者真必欲自立者無成
宋志曰
抱者順氣也抱多真乃謀國立為不成
兩軍相當自身雖見有抱者宜從抱而
擊無抱者當順氣而戰

圖24　日有抱氣之形態

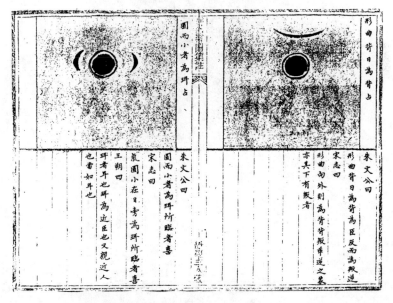

形曲背日為背占
朱文公曰
形曲背日為背為臣反而為叛逆
宋志曰
形曲向外則為背背叛乖逆之象
亦主下有叛者

圓而小者為珥占
朱文公曰
圓而小者為珥所臨者喜
宋志曰
氣圓小在日旁為珥所臨者喜
王朔曰
珥者珥也珥為近臣也又親近人
也書如珥也

圖25　日月兩珥和背氣之形態

圖26　日月氣直之形態

圖27　日月格氣之形態

日旁有氣，圓而周匝，内赤而外青，名爲暈。日暈者，軍營之象。周環匝日無厚薄，敵與軍勢齊等。若無軍在外，天子失御，民多叛。日暈有五色，有喜；不得五色，有憂。[1]凡占兩軍相當，必謹審日月暈氣，知其所起，留止遠近，應與不應，疾遲大小，厚薄長短，抱背爲多少，有無實虛久呕，密疏澤枯。相應等者勢等。近勝遠，疾勝遲，大勝小，厚勝薄，長勝短，抱勝背，多勝少，有勝無，實勝虛，久勝呕，密勝疏，澤勝枯。重背大破，重抱爲和親，抱多親者益多，背爲不和。分離相去，背於内者離於内，背於外者離於外也。[2]

凡占分離相去，赤内青外，以和相去；青内赤外，以惡相去。日暈明久，内赤外青，外人勝；内青外赤，内人勝；内黃外青黑，内人勝；外黃内青黑，外人勝；外白内青，外人勝；内白外青，内人勝，内黃外青，外人勝；内青外黃，内人勝。日暈周匝，東北偏厚，厚爲軍福，在東北戰勝，西南戰敗。日暈黃白，不闘兵未解；青黑，和解分地；色黃，土功動，人不安；日色黑，有水，陰國盛。日暈七日無風雨，兵大作，不可起，眾大敗。不及日蝕，日暈而明，天下有兵，兵罷；無兵，兵起不戰。日暈始起，前滅而後成者，後成面勝。日暈有兵在外者，主人不勝。日暈，内赤外青，群臣親外；外赤内青，群臣親内其身，身外其心。日有朝夕暈，是謂失地，主人必敗。[3]

日暈而珥，主有謀，軍在外，外軍有悔。日暈抱珥上，將軍易。日暈而珥如井幹者，國亡，有大兵交。日暈上西，將軍易，兩敵相當。日暈兩珥，平等俱起而色同，軍勢等，色厚潤澤者賀喜。日暈有直珥爲破軍，貫至日爲殺將。日暈員且戴，國有喜，戰從戴所擊者勝，得地。日暈而珥背左右，如大車輞者，兵起，其國亡城，兵滿野而城復歸。[4]

日暈，暈內有珥一抱，所謂圍城者在內，內人則勝。日暈有重抱，後有背，戰順抱者勝，得地有軍。日暈有一抱，抱爲順，貫暈內，在日西，西軍勝，有軍。[5]

日暈有一背，背爲逆，在日西，東軍勝。餘方放此。日暈而背，兵起，其分，失城。日暈有背，背爲逆，有降叛者，有反城。在日東，東有叛。餘方放此。日暈背氣在暈內，此爲不和，分離相去。其色青外赤內，節臣受王命有所之。日暈上下有兩背，無兵兵起，有兵兵入。日暈四背在暈內，名曰不和，有內亂。日暈而四背如大車輞者四提，設其國衆在外，有反臣。日暈四提，必有大將出亡者。日暈有四背璚，其背端盡出暈者，反從內起。[6]

日暈而兩珥在外，有聚雲在內與外，不出三日，城圍出戰。日暈有背珥直，而有虹貫之者，順虹擊之，大勝得地。日暈，有白虹貫暈至日，從虹所指戰勝，破軍殺將。日暈，有虹貫暈，不至日，戰從貫所擊之勝，得小將。日暈，有一虹貫暈內，順虹擊者勝，殺將。日暈，二白虹貫暈，有戰，客勝。日重暈，有四五白虹氣，從內出外，以此圍城，主人勝，城不拔。[7]

　　［１］"日旁有氣"至"不得五色，有憂"：原置於前段末尾。從各段論述內容來看，這幾句話當置於本段前。但不知從何時開始，這幾句文字錯附於前段末尾，《晋志》亦然。當調整爲是。

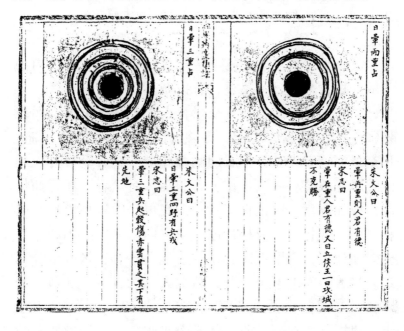

圖28　日有二重、三重日暈之狀

　　［２］"日旁有氣"至"背於外者離於外也"：分別論述日暈、日抱、日背對國家、天子、軍情影響的嚴重程度。

　　［３］"凡占分離相去"至"主人必敗"：以日暈內外顏色的變化不同區別吉凶及有關事項。

　　［４］"日暈而珥"至"兵滿野而城復歸"：本段論述日暈與日珥相對位置的不同在星占內容上的區別。

　　［５］"日暈，暈內有珥一抱"至"西軍勝，有軍"：本段論述日暈與日抱相對位置的不同在星占內容上的區別。

　　[6]"日暈有一背"至"反從内起"：本段論述日暈與日背相對位置的不同在星占内容上的區别。

　　[7]"日暈而兩珥在外"至"主人勝，城不拔"：論述在有日暈、日珥蜺虹等情况下的戰場形勢和正確的出軍方向等。

　　又日重暈，攻城圍邑不拔。日暈二重，其外清内濁不散，軍會聚。日暈三重，有拔城。日交暈無厚薄，交争，力勢均，厚者勝。日交暈，人主左右有争者，兵在外戰。日在暈上，軍罷。交暈貫日，天下有破軍死將。日交暈而争者先衰，不勝即兩敵相向。交暈至日月，順以戰勝，殺將。一法日在上者勝。日有交者，赤青如暈狀，或如合背，或正直交者，偏交也，兩氣相交也，或相貫穿，或相向，或相背也。交主内亂，軍内不和。日交暈如連環，爲兩軍兵起，君争地。日有三暈，軍分爲三。日方暈而上下聚二背，將敗人亡。日暈若井垣，若車輪，二國皆兵亡。又曰，有軍。[1]日暈不匝，半暈在東，東軍勝，在西，西軍勝。南北亦如之。日暈如車輪半，軍在外者罷。日半暈東向者，西夷羌胡來入國。半暈西向者，東夷人欲反入國。半暈北向者，南夷人欲反入國。半暈南向者，北夷人欲反入國。[2]

　　又曰，軍在外，月暈師上，其將戰必勝。月暈黄色，將軍益秩禄，得位。月暈有兩珥，白虹貫之，天下大戰。月暈而珥，兵從珥攻擊者利。月暈有蜺雲，乘之以戰，從蜺所往者大勝。月暈，虹蜺直指暈至月者，破軍殺將。[3]

[1]“又日重暈”至“又曰，有軍”：本段論述日重暈三重暈等和日交等相對位置在星占內容上的區別。《開元占經·日占》引王朔曰：“日有交：交者，青赤如暈狀，或如合背，或正、直交者。偏交者，兩氣相交也。或相貫穿，或相背交，主內亂，軍中不和。”石氏曰：“日交，人受淫勃之氣。”京氏曰：“偏交在日傍，從交在日，傍交所擊者勝。”甘氏曰：“常以九月上景候日，傍交赤雲，其下有兵。”

[2]“日暈不匝”至“北夷人欲反入國”：本段論述日暈不匝及環不齊全衹有半邊的情況下在星占上的內容。

[3]“又曰，軍在外”至“破軍殺將”：本段論述月暈不同方位在星占內容上的區別。“月暈師上”指月暈出現在軍隊的上方。“月暈而珥，兵從珥攻擊者利”，即在月有暈的情況下有珥，則兵從有珥的方向開始攻擊有利。

雜氣[1]

天子氣，內赤外黃正四方，所發之處，當有王者。若天子欲有游往處，其地亦先發此氣。或如城門，隱隱在氣霧中，恒帶殺氣森森然，或如華蓋在氣霧中，或有五色，多在晨昏見。或如千石倉在霧中，恒帶殺氣，或如高樓在霧氣中，或如山鎮。蒼帝起，青雲扶日。赤帝起，赤雲扶日。黃帝起，黃雲扶日。白帝起，白雲扶日。黑帝起，黑雲扶日。或曰氣象青衣人，無手，[2]在日西，天子之氣也。敵上氣如龍馬，或雜色鬱鬱衝天者，此帝王之氣，不可擊。若在吾軍，戰必大勝。凡天子之氣，皆多上達於天，以王相日見。[3]

凡猛將之氣如龍。兩軍相當，若氣發其上，則其將猛銳。或如虎，在殺氣中。猛將欲行動，亦先發此氣；

若無行動，亦有暴兵起。或如火煙之狀，或白如粉沸，或如火光之狀，夜照人，或白而赤氣繞之，或如山林竹木，或紫黑如門上樓，或上黑下赤，狀似黑旌，或如張弩，或如埃塵，頭銳而卑，本大而高。兩軍相當，敵軍上氣如困倉，正白，見日逾明，或青白如膏，將勇。大戰氣發，漸漸如雲，變作此形，將有深謀。凡氣上與天連，軍中有貞將，或云賢將。[4]

凡軍勝氣，如堤如坂，前後磨地，此軍士衆強盛，不可擊。軍上氣如火光，將軍勇，士卒猛，好擊戰，不可擊。軍上氣如山堤，山上若林木，將士驍勇。軍上氣如埃塵粉沸，其色黃白，旌旗無風而颺，揮揮指敵，此軍必勝。敵上有白氣粉沸如樓，繞以赤氣者，兵銳。營上氣黃白色，重厚潤澤者，勿與戰。兩敵相當，有氣如人持斧向敵，戰必大勝。兩敵相當，上有氣如蛇舉首向敵者戰勝。敵上氣如一匹帛者，此雍軍之氣，不可攻。望敵上氣如覆舟，雲如牽牛，有白氣出，似旌幟，在軍上，有雲如鬭鷄，赤白相隨，在氣中，或發黃氣，皆將士精勇，不可擊。軍營上有赤黃氣，上達於天，亦不可攻。[5]

[1] 雜氣：此處之雜氣，與本志中之雲氣不同，雲氣屬星空中的星體類，夜間觀看。此處之雜氣，主要在白天或早晨、傍晚時觀看。從高度上説，這類氣離地面不遠，或竟然與地面相連接。此處之雜氣，也有類似於地面上的雲彩處。

[2] 或曰氣象青衣人，無手：“曰”字諸本均作“日”，中華本亦作“日”，唯此處將地面之氣釋作“日氣”不通。又考《晋志》

相應處則爲"或氣象青衣人，無手"。即不用"日"，也不用"曰"，但考其文義，顯係地面之氣而非日面之氣。故當改正爲"或曰氣象青衣人，無手"。

［3］"天子氣"至"以王相日見"：這段論述天子氣即王者之氣的特徵。天子氣五色，如山鎮，有氣扶日，上達於天。

［4］"凡猛將之氣如龍"至"或云賢將"：這段論述猛將軍之氣的形狀和特徵。其氣如龍似虎，或如火煙之狀，頭鋭而卑，本大而高。

［5］"凡軍勝氣"至"亦不可攻"：這段論述勝軍之氣的形狀和特徵。其氣如堤如坂，前後磨地。軍上氣如火光。營上氣黃白色，重厚潤澤。

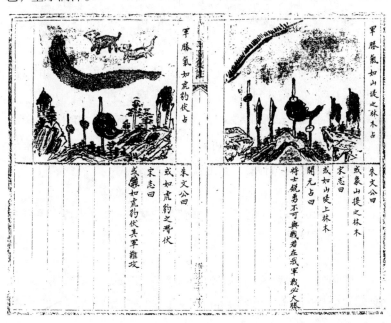

圖29　勝軍之氣的兩種形態——林木之氣和虎豹之氣

凡軍營上五色氣，上與天連，此天應之軍，不可擊。其氣上小下大，其軍日增益士卒。軍上氣如堤，以覆其軍上，前赤後白，此勝氣。若覆吾軍，急往擊之，大勝。天氣銳，黃白團團而潤澤者，敵將勇猛，且士卒能強戰，不可擊。雲如日月而赤氣繞之，如日月暈狀有光者，所見之地大勝，不可攻。

凡雲氣，有獸居上者勝。軍上有氣如塵埃，前下後高者，將士精銳。敵上氣如乳武豹伏者，難攻。軍上恒有氣者，其軍難攻。軍上雲如華蓋者，勿往與戰。雲如旌旗，如蜂向人者，勿與戰。兩軍相當，敵上有雲如飛鳥，徘徊其上，或來而高者，兵精銳，不可擊。軍上雲如馬，頭低尾仰，勿與戰。軍上雲如狗形，勿與戰。望四方有氣如赤鳥，在烏氣中，如烏人在赤氣中，如赤杵在烏氣中，如人十十五五，或如旌旗，在烏氣中，有赤氣在前者，敵人精悍，不可當。敵上有雲如山，不可説。有雲如引素，如陣前銳，或一或四，黑色有陰謀，赤色饑，青色兵有反，黃色急去。[1]

[1]“凡軍營上五色氣”至“黃色急去”：以上兩段，是對各類勝軍之氣的歸納和總結。

凡氣，上黃下白，名曰善氣。所臨之軍，欲求和退。若氣出北方，求退向北，其衆死散。向東則不可信，終能爲害。向南將死。敵上氣囚廢枯散。或如馬肝色，如死灰色，或類偃蓋，或類偃魚，皆爲將敗。軍上氣乍見乍不見，如霧起，此衰氣，可擊。上大下小，士卒日減。

凡軍營上十日無氣發，則軍必勝。而有赤白氣乍出即滅，外聲欲戰，其實欲退散。黑氣如壞山墮軍上者，名曰營頭之氣，其軍必敗。軍上氣昏發連夜，夜照人，則軍士散亂。軍上氣半而絶，一敗，再絶再敗，三絶三敗。在東發白氣者，灾深。軍上氣中有黑雲如牛形，或如猪形者，此是瓦解之氣，軍必敗。敵上氣如粉如塵者，勃勃如煙，或五色雜亂，或東西南北不定者，其軍欲敗。軍上氣如群羊群猪在氣中，此衰氣，擊之必勝。軍上有赤氣，炎降於天，則將死，士衆亂。赤光從天流下入軍，軍亂將死。彼軍上有蒼氣，須臾散去，擊之必勝。在我軍上，須自堅守。軍有黑氣如牛形，或如馬形，從氣霧中下，漸漸入軍，名曰天狗下食血，則軍破。軍上氣或如群鳥亂飛，或如懸衣，如人相隨，或紛紛如轉蓬，或如揚灰，或雲如卷席，如匹布亂穰者，皆爲敗徵。氣乍見乍沒，乍聚乍散，如霧之始起，爲敗氣。氣如繫牛，如人卧，如敗車，如雙蛇，如飛鳥，如決堤垣，如壞屋，如人相指，如人無頭，如驚鹿相逐，如兩鷄相向，皆爲敗氣。[1]

凡降人氣，如人十五五五，皆叉手低頭。又云，如人叉手相向。白氣如群鳥，趣入屯營，連結百餘里不絶，而能徘徊，須臾不見者，當有他國來降。氣如黑山，以黃爲緣者，欲降服。敵上氣青而高漸黑者，將欲死散。軍上氣如燔生草之煙，前雖銳，後必退。黑氣臨營，或聚或散，如鳥將宿，敵人畏我，心意不定，終必

逃背，逼之大勝。^[2]

　　凡白氣從城中南北出者，不可攻，城不可屠。城中有黑雲如星，名曰軍精，急解圍去，有突兵出，客敗。城上白氣如旌旗，或青雲臨城，有喜慶。黃雲臨城，有大喜慶，青色從中南北出者，城不可攻。或氣如青色，如牛頭觸人者，城不可屠。城中氣出東方，其色黃，此太一。城白氣從中出，青氣從城北入，反向還者，軍不得入。攻城圍邑，過旬雷雨者，爲城有輔。疾去之，勿攻。城上氣如煙火，主人欲出戰。其氣無極者，不可攻。城上氣如雙蛇者，難攻。赤氣如杵形，從城中向外者，內兵突出，主人戰勝。城上有雲，分爲兩彗狀，攻不可得。赤氣在城上，黃氣四面繞之，城中大將死，城降。城上赤氣如飛鳥，如敗車，及無雲氣，士卒必散。城營中有赤黑氣，如狸皮斑及赤者，並亡。城上氣上赤而下白色，或城中氣聚如樓，出見於外，城皆可屠。城營上有雲如衆人頭，赤色，下多死喪流血。城上氣如灰，城可屠。氣出而北，城可克。其氣出復入，城中人欲逃亡。其氣出而覆其軍，軍必病。氣出而高，無所止，用日久長。有白氣如蛇來指城，可急攻。白氣從城指營，宜急固守。攻城若雨霧日死風至，兵勝。日色無光爲日死。雲氣如雄雉臨城，其下必有降者。濛氛圍城而入城者，外勝，得入。有雲如立人五枚，或如三牛，邊城圍。^[3]

　　凡軍上有黑氣，渾渾圓長，赤氣在其中，其下必有伏兵。白氣粉沸起，如樓狀，其下必有藏兵萬人，皆不可輕擊。伏兵之氣，如幢節狀，在烏雲中，或如赤杵在烏雲中，或如烏人在赤雲中。[4]

[1]"凡氣，上黃下白"至"皆爲敗氣"：這兩段論述各種形態的敗軍、敗將之氣。

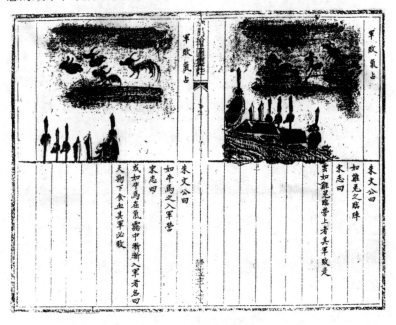

圖30　敗軍之氣的兩種形態——雞兔之氣和牛馬之氣

[2]"凡降人氣"至"逼之大勝"：本段論述各種形態的降人、降軍、降國和散敗之氣。

[3]"凡白氣從城中南北出者"至"邊城圍"：本段專門論述處於圍城下的各種形態的戰爭之氣，或勝、或降、或亡、或難攻、或勿攻等各種狀態。

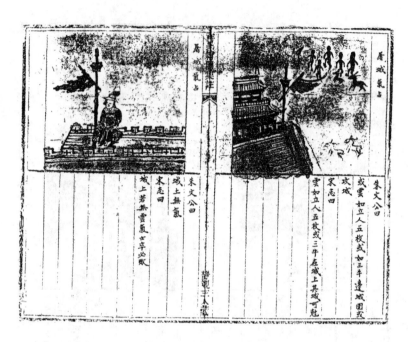

圖31　屠城之氣的兩種形態——立人之氣和無雲之氣

［4］"凡軍上有黑氣"至"或如鳥人在赤雲中"：這段專論伏兵之氣。

凡暴兵氣，白如瓜蔓連結，部隊相逐，須臾罷而復出，至八九來而不斷，急賊卒至，宜防固之。白氣如仙人衣，千萬連結，部隊相逐，罷而復興，如是八九者，當有千里兵來，視所起備之。黑雲從敵上來，之我軍上，欲襲我。敵人告發，宜備不宜戰。壬子日，候四望無雲，獨見赤雲如旌旗，其下有兵起，若遍四方者，天下盡有兵。若四望無雲，獨見黑雲極天，天下兵大起。

半天，半起。三日内有雨，灾解。敵欲來者，其氣上有
雲，下有氛零，中天而下，敵必至。雲氣如旌旗，賊兵
暴起。暴兵氣，如人持刀楯，雲如人，赤色，所臨城
邑，有卒兵至，驚怖，須臾去。赤氣如人持節，兵來未
息。雲如方虹，有暴兵。赤雲如火者，所向兵至。天有
白氣，狀如匹布，經丑未者，天下多兵。[1]

　　凡戰氣，青白如膏，將勇。大戰氣，如人無頭，如
死人臥。敵上氣如丹蛇，赤氣隨之，必大戰，殺將。四
望無雲，見赤氣如狗入營，其下有流血。[2]

　　凡連陰十日，晝不見日，夜不見月，亂風四起，欲
雨而無雨，名曰蒙，臣謀君。故曰，久陰不雨臣謀主。
霧氣若晝若夜，其色青黃，更相掩冒，乍合乍散，臣謀
君，逆者喪。山中冬霧十日不解者，欲崩之候。視四方
常有大雲，五色具者，其下有賢人隱也。青雲潤澤蔽
日，在西北爲舉賢良。雲氣如亂穰，大風將至，視所從
來避之。雲甚潤而厚，大雨必暴至。四始之日，有黑雲
氣如陣，厚重大者，多雨。氣若霧非霧，衣冠不雨而
濡，見則其城帶甲而趣。日出没時，有雲橫截之，白者
喪，烏者驚。三日内雨者各解。有黑氣入營者，兵相
殘。有赤青氣入營者，兵弱。有雲如蛟龍，所見處將軍
失魄。有雲如鵠尾，來蔭國上，三日亡。有雲如日月
暈，赤色，其國凶。青白色，有大水。有雲狀如龍行，
國有大水，人流亡。有雲赤黃色，四塞終日，竟夜照地
者，大臣縱恣。有雲如氣，昧而濁，賢人去，小人
在位。

凡白虹者，百殃之本，衆亂所基。霧者，衆邪之氣，陰來冒陽。

凡遇四方盛氣，無向之戰。甲乙日青氣在東方，丙丁日赤氣在南方，庚辛日白氣在西方，壬癸日黑氣在北方，戊己日黃氣在中央。四季戰當此日氣，背之吉。日中有黑氣，君有小過而臣不諫，又掩君惡而揚君善，故日中有黑氣不明也。

凡白虹霧，姦臣謀君，擅權立威。晝霧夜明，臣志得申，夜霧晝明，臣志不申。霧終日終時，君有憂。色黃小雨。白言兵喪，青言疾，黑有暴水，赤有兵喪，黃言土功，或有大風。

凡夜霧，白虹見，臣有憂。晝霧白虹見，君有憂。虹頭尾至地，流血之象。

凡霧氣不順四時，逆相交錯，微風小雨，爲陰陽氣亂之象。從寅至辰巳上，周而復始，爲逆者不成。積日不解，晝夜昏暗，天下欲分離。

凡霧四合，有虹各見其方，隨四時色吉，非時色凶。氣色青黃，更相掩覆，乍合乍散，臣欲謀君，爲逆者不成，自亡。

凡霧氣四方俱起，百步不見人，名曰晝昏，不有破國，必有滅門。

凡天地四方昏濛若下塵，十日五日以上，或一日，或一時，雨不霑衣而有土，名曰霾。故曰，天地霾，君臣乖，大旱。[3]

[1]"凡暴兵氣"至"天下多兵":本段專門論述各種形態的暴兵之氣。暴兵者,突然出現的軍事行動。

圖32　暴兵之氣的兩種形狀——赤杵氣和火雲氣

[2]"凡戰氣"至"其下有流血":這段論戰氣和大戰氣的形態。

[3]"凡連陰十日"至"天地霾,君臣乖,大旱":這幾段專門論述連陰天、晝不見日、夜不見月、亂風四起、霧氣若晝、黑氣入營、白虹霧見、霧氣四方、百步不見人、昏濛若下塵等狀態下的戰場形勢。

凡海傍蜃氣,象樓臺,廣野氣,成宮闕。北夷之氣,如牛羊群畜穹閭,南夷之氣,類舟船幡旗。[1]自華以南，氣下黑上赤。嵩高、三河之郊，氣正赤。恒山之北，氣青。勃、碣、海、岱之間，氣皆正黑。江湖之間，氣皆白。[2]東海氣如圓簦。附漢、河水，氣如引布。江、漢氣勁如杼。濟水氣如黑狐。滑水氣如狼白尾。淮南氣如帛。少室氣如白兔青尾。恒山氣如黑牛青尾。東夷氣如樹，西夷氣如室屋，南夷氣如闍臺，或類舟船。[3]陣雲如立垣，杼軸雲類軸搏，兩端銳。忬雲如繩，居前亘天，其半半天，其翳者類闕旗，故鈎雲勾曲。諸此雲見，以五色占而澤搏密。其見，動人及有兵，必起合鬬。其直，雲氣如三匹帛，廣前銳後，大軍行氣也。韓雲如布，趙雲如牛，楚雲如日，宋雲如車，魯雲如馬，衛雲如犬，周雲如車輪，秦雲如行人，魏雲如鼠，鄭、齊雲如絳衣，越雲如龍，蜀雲如囷。[4]車氣乍高乍下，往往而聚。騎氣卑而布，卒氣搏。前卑後高者疾，前方而高，後銳而卑者却。其氣平者，其行徐。前高後卑者，不止而返。校騎之氣正蒼黑，長數百丈，游兵之氣如彗掃，一云長數百丈，無根本。喜氣上黃下白，怒氣上下赤，憂氣上下黑，土功氣黃白，徙氣白。

　　凡候氣之法，氣初出時，若雲非雲，若霧非霧，髣髴若可見。初出森森然，在桑榆上，高五六尺者，是千五百里外。平視則千里，舉目望則五百里。仰瞻中天，則百里內。平望桑榆間二千里，登高而望，下屬地者，三千里。[5]

　　凡欲知我軍氣，常以甲巳日及庚、子、辰、戌、午、未、亥日，及八月十八日，去軍十里許，登高望之可見，依別記占之。百人以上皆有氣。

凡占灾異，先推九宮分野，六壬日月，不應陰霧風雨而陰霧者，乃可占。對敵而坐，氣來甚卑下，其陰覆人，上掩溝蓋道者，是大賊必至。敵在東，日出候。在南，日中候。在西，日入候。在北，夜半候。王相色吉，囚死色凶。

凡軍上氣，高勝下，厚勝薄，實勝虛，長勝短，澤勝枯。我軍在西，賊軍在東，氣西厚東薄，西長東短，西高東下，西澤東枯，則知我軍必勝。[6]

凡氣初出，似甑上氣，勃勃上升。氣積爲霧，霧爲陰，陰氣結爲虹蜺暈珥之屬。

凡氣不積不結，散漫一方，不能爲灾。必須和雜殺氣，森森然疾起，乃可論占。軍上氣安則軍安，氣不安則軍不安。氣南北則軍南北，氣東西則軍亦東西。氣散則爲軍破敗。

候氣，常以平旦、下晡、日出沒時處氣，以見知大。占期内有大風雨久陰，則灾不成。故風以散之，陰以諫之，雲以幡之，雨以厭之。[7]

[1]“凡海傍蜃氣”至“類舟船幡旗”：從海邊的海市蜃樓現象加以引申，説明一個地方有一個地方的氣、有一個地方特點。即北夷之氣如群畜穹廬，南夷之氣類舟船。

[2]“自華以南”至“江湖之間，氣皆白”：此是根據各個地域的實際情況加以描述，與傳統的五方色不協調。

[3]“東海氣如圓簦”至“或類舟船”：又以動物用品或建築，類比各地氣之不同。圓簦，是一種帶把的笠，類似於雨傘。闍臺，

城門上的臺。

　　[4]"韓雲如布"至"蜀雲如囷"：一個地域以一種物品相比，這是李淳風寫本志時的創造。

　　[5]"車氣乍高乍下"至"下屬地者，三千里"：此處車氣、騎氣、校騎之氣、望氣之高下遠近，在《史記·天官書》中已有類似的説法，但不完全一致。

　　[6]"凡軍上氣，高勝下"至"則知我軍必勝"：高勝下、厚勝薄、實勝虛、長勝短、澤勝枯，是古代星占家望氣判斷軍情的一個基本原則。

　　[7]"占期内有大風雨久陰"至"雨以厭之"：此處幡之即擋之，厭之即壓之。總之認爲，在占期内有大風雨久陰，則不成災。

　　五代灾變應[1]
　　梁武帝天監元年八月壬寅，熒惑守南斗。占曰："糴貴，五穀不成，大旱，多火灾，吳、越有憂，宰相死。"是歲大旱，米斗五千，人多餓死。其二年五月，尚書范雲卒。[2]

　　二年五月丙辰，月犯心。占曰："有亂臣，不出三年，有亡國。"其四年，交州刺史李凱舉兵反。七月丙子，太白犯軒轅大星。

　　四年六月壬戌，歲星晝見。占曰："歲色黃潤，立竿影見，大熟。"是歲大穰，米斛三十。又曰："星與日爭光，武且弱，文且强。"自此後，帝崇尚文儒，躬自講説，終於太清，不修武備。八月庚子，老人星見。占曰："老人星見，人主壽昌。"自此後，每年恒以秋分後見於參南，至春分而伏。武帝壽考之象云。[3]

　　七年九月己亥，月犯東井。占曰："有水灾。"其年京師大水。

十年九月丙申，天西北隆隆有聲，赤氣下至地。占曰："天狗也，所往之鄉有流血，其君失地。"其年十二月，馬仙琕大敗魏軍，斬馘十餘萬，克復朐山城。[4]十二月壬戌朔，日食，在牛四度。

十三年二月丙午，太白失行，在天關。占曰："津梁不通，又兵起。"其年填星守天江。占曰："有江河塞，有決溢，有土功。"其年，大發軍衆造浮山堰，以堨淮水。至十四年，填星移去天江而堰壞，奔流決溢。

十四年十月辛未，太白犯南斗。

十七年閏八月戊辰，月行掩昴。

[1]五代災變應：五個朝代災異變化在星占上的應驗。《晋志》相應部分的標題爲"史傳事驗"即歷史事件在星占上的應驗。其文義完全一致。祇是《晋志》是記載魏晋的星占應驗，本書在星占上的應驗包括南北朝時南方的梁代、陳代和北方的北齊、北周，還有統一後的隋代。據此統計，當爲五代，正與這個標題相合。晋以前的災變應，《晋志》中已有記載；劉宋的災變應在《宋書·天文志》；齊代的災變應，載在《南齊書·天文志》；魏的災變應，已載在《魏書·天象志》，故從梁代開始記述。

[2]"梁武帝天監元年八月壬寅"至"尚書范雲卒"：是説梁天監元年（502）八月壬寅這一天，發生了熒惑守候在南斗星的天象。這時星占家作出占説："該年糧價貴，五穀不收，地區大旱，多處發生火災，吳越地區有憂，宰相死。"最終得到的驗辭爲：是歲大旱，米價每斗高達五千，人多餓死。第二年五月，尚書范雲去世。從以上驗辭與占辭核對來看，星占家所作幾項預言幾乎都應驗了。梁國的首都在建康（南京），位於吳地。尚書即宰相，故可以

説全部應驗。當然不是信口胡言，還是有一定依據的，這個依據就是本志以上所載七曜占、恒星占、妖星占、雜星占、流星占、客星占、日月食占、十輝占、雲氣占等。這些星占占辭，也即星占理論，雖然對民間是保密的，但對中央政權、尤其是對皇帝並不保密，故星占家並不能胡亂編造星占預言來蒙騙皇帝。對於這些星占理論，皇帝雖然不能精通，但多少也是知道一些的。這裏先解説一下爲什麼星空出現熒惑犯南斗，就會發生以上灾害？首先，本志南斗條説："南斗六星，天廟也，丞相太宰之位……中央二星，天相也……將有天子之事，占於斗。斗星盛明，王道平和，爵禄行。芒角動搖，天子愁，兵起移徙，其臣逐。"又斗宿與牛宿經常是聯繫在一起的，這兩個星宿也交織在一起，本志牛宿説：牽牛六星"不明失常，穀不登"。又《春秋緯》曰："熒惑入南斗，先潦後大旱。"《海中占》曰："熒惑守南斗，旱，多火灾。"陳卓曰："熒惑守南斗，五穀不成。"再看本志七曜中關於熒惑占的説法：熒惑"爲亂，爲賊，爲疾，爲喪，爲饑，爲兵，居國受殃"。可見熒惑是一顆典型的灾星，賊亂之星，所見之國有灾。故灾害落在對應的國家梁國。由以上占語可以看出，星占家所作預言，是合於中國星占傳統理論的。必須指出，星占家在建立星占理論時，往往備有數套互不相關的灾異供星占家選擇。例如，就熒惑犯南斗而言，除以上占辭外，還有亡國、主死、大臣反、其國絶嗣等占辭，對某具體異常天象出現時，星占術士就會根據當時實際政治狀態作出最佳選擇。但即使這樣，星占術士選擇不當也是經常發生的。但據各《天文志》所載占辭，大多預言得很準，這是爲什麼呢？原因是星占術士對預言相合的事例作了大量誇張的宣傳，史臣編寫《天文志》時也作了有利於星占預言的選擇。自此以下天象記事的格式大多與此一致，不再一一重複解説，僅擇重要記事和典型事例作出注釋。

　　[3]"八月庚子，老人星見"至"武帝壽考之象云"：人們於梁天監四年八月庚子看到了老人星，星占家的占辭曰："老人星見，人言壽昌。"也就是説，老人星是長壽之星，看到了老人星，就象

徵着皇帝長壽。漢朝就有於二月春分夕和八月秋分晨觀看老人星以判斷壽昌的習俗。當時都城在長安洛陽，緯度較高，難以得見，現都城遷到長江以南的建康，雖然也不可能經常看到，但在春秋分時看到的機會就多一些了。故此處驗辭説："自此後，每年恒以秋分後見於參南，至春分而伏。武帝壽考之象。"説老人星見，是梁武帝長壽的徵兆，這是星占家恭維梁武帝的套話。但梁武帝蕭衍（464—549）共活了八十五歲，確實長壽。

[4] "十年九月丙申" 至 "克復朐山城"：據記載該年（511）九月丙申有天狗即隕失落在北魏境内，占曰 "所往之鄉有流血，其君失地"。結果果然於當年梁將馬仙琕克復朐山（即今連雲港西南的錦屏山）城。這個占辭也是符合星占理論的，不過其下落之鄉衹是泛指北魏國土而已。

普通元年春正月丙子，日有食之。占曰："日食，陰侵陽，陽不克陰也。爲大水。"其年七月，江、淮、海溢。九月乙亥，有星晨見東方，光爛如火。占曰："國皇見，有内難，有急兵反叛。"其三年，義州刺史文僧朗以州叛。

四年十一月癸未朔，日有食之，太白晝見。

六年三月丙午，歲星入南斗。庚申，月食。五月己酉，太白晝見。六月癸未，太白經天。九月壬子，太白犯右執法。

七年正月癸卯，太白歲星在牛相犯。占曰："其國君凶，易政。"明年三月，改元，大赦。大通元年八月甲申，月掩填星。閏月癸酉，又掩之。占曰："有大喪，天下無主，國易政。"其後中大通元年九月癸巳，上又幸同泰寺捨身，王公以一億萬錢奉贖。十月己酉還宮，大赦，改元。中大通三年，太子薨，皆天下無主、易政及大喪之應。[1]

中大通元年閏月壬戌，熒惑犯鬼積尸。占曰：“有大喪，有大兵，破軍殺將。”其二年，蕭玩帥衆援巴州，爲魏梁州軍所敗，玩被殺。

四年七月甲辰，星隕如雨。占曰：“星隕，陽失其位，灾害之象萌也。”又曰：“星隕如雨，人民叛，下有專討。”又曰：“大人憂。”其後侯景狡亂，帝以憂崩，人衆奔散，皆其應也。

五年正月己酉，長星見。

六年四月丁卯，熒惑在南斗。占曰：“熒惑出入留舍南斗中，有賊臣謀反，天下易政，更元。”[2]其年十二月，北梁州刺史蘭欽舉兵反，後年改爲大同元年。

大同三年三月乙丑，歲星掩建星。占曰：“有反臣。”其年，會稽山賊起。其七年，交州刺史李賁舉兵反。

五年十月辛丑，彗出南斗，長一尺餘，東南指，漸長一丈餘。十一月乙卯，至婁滅。占曰：“天下有謀王者。”其八年正月，安成民劉敬躬挾左道以反，黨與數萬。其九年，李賁僭稱皇帝於交州。

太清二年五月，兩月見。占曰：“其國亂，必見於亡國。”

三年正月壬午，熒惑守心。占曰：“王者惡之。”乙酉，太白晝見。占曰：“不出三年，有大喪，天下革政更王，强國弱，小國强。”三月丙子，熒惑又守心。占曰：“大人易政，主去其宮。”又曰：“人饑亡，海内哭，天下大潰。”是年，帝爲侯景所幽，崩。七月，九江大饑，人相食十四五。九月戊午，月在斗，掩歲星。占曰：“天下亡君。”其後侯景篡殺。[3]

簡文帝大寶元年正月丙寅，月晝光見。占曰：“月晝光，有隱謀，國雄逃。”又云：“月晝明，姦邪並作，擅君之朝。”其後侯景篡殺，皆國亂亡君。大喪更政之應也。

元帝承聖三年九月甲午，月犯心中星。占曰：“有反臣，王者惡之，有亡國。”其後三年，帝爲周軍所俘執，陳氏取國，梁氏以亡。

[1]“大通元年八月甲申”至“易政及大喪之應”：這裏記載了一件非常有趣的故事，大通元年（527）八月甲申，月掩填星，閏月癸酉又掩之。占曰：“有大喪，天下無主，國易政。”月掩填星就是填星被月亮掩蓋，這是很少見到的天象。在一年中兩次發生月掩填星就更爲少見了。星占家作出的占辭是：有大喪，國無主，國易政。大喪是指皇帝死，當然儲君死亦可稱大喪。國無主，即國家沒有皇帝了，即老皇帝死了，或是不當皇帝了。國易政，即政權發生了改變，通常是指更換了帝王或宰輔。本志雖然記載了恒星占、七曜占、妖、雜星占、流星占、客星占等，却沒有記載日占和月占，月掩填星，當載在月占中。《開元占經·月占》引《河圖帝覽嬉》曰：“填星入月中，臣賊其主。”《黃帝占》曰：“若貴人絶嗣，不出其年，王者當之。”這些占語，確實與本志的占辭一致。本志驗辭曰：“中大通元年九月癸巳，上又幸同泰寺捨身，王公以一億萬錢奉贖。十月己酉還宮，大赦，改元。中大通三年，太子薨，皆天下無主、易政及大喪之應。”

　　[2]"六年四月丁卯"至"天下易政，更元"：熒惑在南斗即守南斗。在中大通年間再次發生這種天象。本志的占辭説有賊臣謀反，天下易政更元。本志没有驗辭。這次熒惑在南斗的異常天象，在《通鑑》卷一五六《梁紀》中却作了更爲有趣的記載："熒惑入南斗，去而復還，留止六旬。上以諺云'熒惑入南斗，天子下殿走'，乃跣而下殿以禳之。及聞魏主西奔，慚曰：'虜亦應天象邪！'"

　　[3]"三年正月壬午"至"其後侯景篡殺"：太清三年（549）正月壬午，發生了熒惑守心的天象。三月丙子，熒惑又守心。星占家作出的占辭爲"大人易政，主去其宫"，"人饑亡，海内哭，天下大潰"。本志有關熒惑守心的占辭較爲簡單，袛是説犯心"主命惡之"。不過，《開元占經·熒惑占》却有豐富的記載，其引陳卓曰："熒惑留心，近臣爲亂。"《黄帝占》曰："熒惑宿心，色青有喪，色赤有兵。"《文耀鈎》曰："熒惑與心合，主死，不死出走。又曰易帝。"果然不出所料，蕭衍在這次侯景叛亂中被囚死亡。人相食十四五，"五"字底本原作"年"，今據《梁書》卷四《簡文帝紀》改。

　　陳武帝永定三年九月辛卯朔，月入南斗。占曰："月入南斗，大人憂。"一曰："太子殃。"後二年，帝崩，太子昌在周爲質，文帝立。後昌還國，爲侯安都遣盗迎殺之。

　　三年五月丙辰朔，日有食之。占曰："日食君傷。"又曰："日食帝德消。"[1]六月庚子，填星鉞與太白并。[2]占："太白與填合，爲疾爲内兵。"

　　文帝天嘉元年五月辛亥，熒惑犯右執法。占曰："大臣有憂，執法者誅。"後四年，司空侯安都賜死。

九月癸丑，彗星長四尺，見芒，指西南。占曰：“彗星見則敵國兵起，得本者勝。”[3]其年，周將獨孤盛領衆趣巴湘，侯瑱襲破之。

二年五月己酉，歲星守南斗。六月丙戌，熒惑犯東井。七月乙丑，熒惑入鬼中。戊辰，熒惑犯斧質。十月，熒惑行在太微右掖門内。

三年閏二月己丑，熒惑逆行，犯上相。甲子，太白犯五車、填星。七月，太白犯輿鬼。八月癸卯，月犯南斗。丙午，月犯牽牛。庚甲，太白入太微。十一月丁丑，月犯畢左股。辛巳，熒惑犯歲星。戊子，月犯角。庚寅，月入氐。

四年六月癸丑，太白犯右執法。七月戊子，熒惑犯填星。八月甲午，熒惑犯軒轅大星。丁未，太白犯房。九月戊寅，熒惑入太微，犯右執法。癸未，太白入南斗。占曰：“太白入斗，天下大亂，將相謀反，國易政。”又曰：“君死，不死則廢。”又曰：“天下受爵禄。”其後安成王爲太傅，廢少帝而自立，改官受爵之應也。辛卯，熒惑犯左執法。十一月辛酉，熒惑犯右執法。甲戌，月犯畢左股。

[1]“三年五月丙辰朔”至“日食帝德消”：這與《乙巳占》“德傷則亡，故日食”的説法是一致的。還有一種傳統的説法是陰侵陽。

[2]填星鎮與太白并：填星在鎮星處與太白星重叠在一起。

[3]得本者勝：彗星出現，互相敵對的國家兵起，彗頭對應的國家勝利，彗星對應、掃過的國家失敗。

五年正月甲子，月犯畢大星奎。丁卯，月犯星。[1]四月庚子，太白歲星合在奎，金在南，木在北，相去二尺許。[2]壬寅，月入氐，又犯熒惑，太白歲星又合，在婁，相去一尺許。癸卯，月犯房上星。五月庚午，熒惑逆行二十一日，犯氐東南、西南星。[3]占曰："月有賊臣。"又曰："人主無出，廊廟間有伏兵。"[4]又曰："君死，有赦。"後二年，少帝廢之應也。六月丙申，月犯亢。七月戊寅，月犯畢大星。閏十月庚申，月犯牽牛。丙子，又犯左執法。十一月乙未，月食畢大星。

六年正月己亥，太白犯熒惑，相去二寸。占曰："其野有兵喪，改立侯王。"三月丁卯，日入後，衆星未見，有流星白色，大如斗，從太微間南行，尾長尺餘。占曰："有兵與喪。"四月丁巳，月犯軒轅。占曰："女主有憂。"五月丁亥，太白犯軒轅。占曰："女主失勢。"又曰："四方禍起。"其後年，少帝廢，廢後慈訓太后崩。六月己未，月犯氐。辛酉，有彗長可丈餘。占曰："陰謀姦宄起。"一曰："宮中火起。"後安成王錄尚書、都督中外諸軍事，廢少帝而自立，陰謀之應。八月戊辰，月掩畢大星。丙子，月與太白並，光芒相着，在太微西蕃南三尺所。九月辛巳，熒惑犯左執法。癸未，太白犯右執法。辛卯，犯左執法。乙巳，月犯上相，太白犯熒惑。其夜，月又犯太白。占曰："其國內外有兵喪，改立侯王。"明年，帝崩，又少帝廢之應也。

七年二月庚午，日無光，烏見。占曰："王者惡之。”其日庚午，吳、楚之分野。[5]四月甲子，日有交暈，白虹貫之。是月癸酉，帝崩。

廢帝天康元年五月庚辰，月犯軒轅女御大星。[6]占曰：“女主憂。”後年，慈訓太后崩。癸未，月犯左執法。

光大元年正月甲寅，月犯軒轅大星。占曰：“女主當之。”八月戊寅，月食哭星。占曰：“有喪泣事。”明年，太后崩，臨海王薨，哭泣之應也。壬午，鎮星辰星合於軫。九月戊午，辰星太白相犯。占曰：“改立侯王。”己未，月犯歲星。占曰：“國亡君。”十二月辛巳，月又犯歲星。辛卯，月犯建星。占曰：“大人惡之。”

二年正月戊申，月掩歲星。占曰：“國亡君。”五月乙未，月犯太白。六月丙寅，太白犯右執法。壬子，客星見氐東。八月庚寅，月犯太微。九月庚戌，太白逆行，與鎮星合，在角。占曰：“爲白衣之會。”又曰：“所合之國，爲亡地，爲疾兵。”戊午，太白晝見。占曰：“太白晝見，國更政易王。”十一月丙午，歲星守右執法，甲申，月犯太微東南星。戊子，太白入氐。十二月甲寅，慈訓太后廢帝爲臨海王，太建二年四月薨，皆其應也。

宣帝太建七年四月丙戌，有星孛于大角。占曰：“人主亡。”五月庚辰，熒惑犯右執法。壬子，又犯右執法。

十年二月癸亥，日上有背。[7]占曰：“其野失地，有叛兵。”甲子，吳明徹軍敗於呂梁，將卒並爲周軍所虜。

來年，淮南之地，盡没于周。十月癸卯，月食熒惑。占曰：“國敗君亡，大兵起，破軍殺將。”來年三月，吳明徹敗於吕梁，十三年帝崩，敗國亡君之應也。

十一年四月己丑，歲星太白辰星合于東井。

十二年二月壬寅，白虹見西方。占曰：“有喪。”其後十三年帝崩。十月戊午，月犯牽牛吳越之野。占曰：“其國亡，君有憂。”後年帝崩。辛酉，歲星犯執法。十二月癸酉，辰星在太白上。甲戌，辰星太白交相掩。占曰：“大兵在野，大戰。”辛巳，彗星見西南。占曰：“有兵喪。”明年帝崩，始興王叔陵作亂。

後主至德元年正月壬戌，蓬星見。占曰：“必有亡國亂臣。”後帝於太皇寺捨身作奴，以祈冥助，不恤國政，爲施文慶等所惑，以至國亡。[8]

[1]“五年正月甲子”至“丁卯，月犯星”：這是一個連續的月行記錄，正月甲子日月在畢宿大星處。以下“奎”字爲衍文。奎宿在畢宿前二宿，與此無關，當爲下句中奎字衍入。正月甲子後二日爲丁卯，月行二十餘度至星宿。這個星字當釋爲星宿。

[2]“四月庚子”至“相去二尺許”：庚子這一天，太白與歲星相遇在奎宿，太白在南，歲星在北，兩星相距約二尺，即緯度相距約二度。

[3]熒惑逆行二十一日，犯氐東南、西南星：熒惑逆行從氐宿東南星、西南星旁通過。

[4]人主無出，廊廟間有伏兵：皇帝不要外出，注意廊廟裏有伏兵害主。這是星占家據熒惑作出的占語。驗辭皇帝並未受到殺害，但最終少帝仍然被廢。

[5]“七年二月庚午”至“吳、楚之分野”：烏見，是日中見

黑子。言七年二月庚午這一天見日中有黑子，對皇帝不利。但其下
"其日庚午，吳、楚之分野"九字，疑爲衍文。因爲前已説了二月
庚午，下面就不必再重複了。吳楚之分野是無的放矢。這時太陽即
不在吳楚之分野，也無其他異常天象出現在此，故這九字當删。

　　[6]月犯軒轅女御大星：軒轅大星爲軒轅十四、女御爲軒轅之
附座。故這句話當調整爲：月犯軒轅大星、女御。

　　[7]日上有背：即太陽旁出現背氣。本志十輝説："日一抱一背
爲破走。抱者，順氣也，背者，逆氣也。"《開元占經·日占》引
京氏曰："日中赤外青，曲向外，名爲背。"蔡伯喈曰："气見於日
傍，外曲曰背。"

　　[8]"後主至德元年正月壬戌"至"以至國亡"：陳後主是一
個昏傭的皇帝，不懂得治理國家，衹懂得寫詩作畫。當國家敗亡日
顯之時，竟然不恤國政，捨身於太皇寺作奴，以祈冥助，這種愚腐
思想更加速了國家的滅亡。

　　魏普泰元年十月，歲星熒惑填星太白聚於觜參，色
甚明大。占曰："當有王者興。"其月，齊高祖起於信
都，至中興二年春而破尒朱兆，遂開霸業。[1]

　　魏武定四年九月丁未，高祖圍玉壁城，有星墜於
營，衆驢皆鳴。占曰："破軍殺將。"高祖不豫，五年正
月丙午崩。[2]

　　齊文宣帝天保元年十二月甲申，熒惑犯房北頭第一
星及鈎鈐。占曰："大臣有反者。"其二年二月壬辰，[3]
太尉彭樂謀反，誅。

　　八年二月己亥，歲星守少微，經六十三日。占曰：
"五官亂。"五月癸卯，歲星犯太微上將。占曰："大將
憂，大臣死。"其十年五月，誅諸元宗室四十餘家，乾

明元年，誅楊遵彦等，皆五官亂，大將憂，大臣死之應也。[4]

八年七月甲辰，月掩心星。占曰："人主惡之。"十年十月，帝崩。

九年二月，熒惑犯鬼質。占曰："斧質用，有大喪。"三月甲午，熒惑犯軒轅。占曰："女主惡之。"其十年五月，誅魏氏宗室，十月帝崩，斧質用，有大喪之應也。

十年六月庚子，填星犯井鉞，與太白并。占曰："子爲玄枵，齊之分野，君有戮死者，大臣誅，斧鉞用。"其明年二月乙巳，太師常山王誅尚書令楊遵彦、右僕射燕子獻、領軍可朱渾天和、侍中宋欽道等。八月壬午，廢少帝爲濟南王。[5]

廢帝乾明元年三月甲午，熒惑入軒轅。占曰："女主凶。"後太寧二年四月，太后崩。

肅宗皇建二年四月丙子，日有食之。子爲玄枵，齊之分野。[6]七月乙丑，熒惑入鬼中，戊辰，犯鬼質。占曰："有大喪。"十一月，帝以暴疾崩。

武成帝河清元年七月乙亥，太白犯輿鬼。占曰："有兵謀，誅大臣，斧質用。"其年十月壬申，冀州刺史平秦王高歸彦反，段孝先討禽，斬之於都市，又其二年，殺太原王紹德，皆斧質用之應也。八月甲寅，月掩畢。占曰："其國君死，大臣有誅者，有邊兵大戰，破軍殺將。"其十月，平秦王歸彦以反誅，其三年，周師與突厥入并州，大戰城西，伏屍流血百餘里，皆其應也。

四年正月己亥，太白犯熒惑，相去二寸，在奎。甲辰，太白、熒惑、歲星合在婁。占曰："甲爲齊。[7]三星若合，是謂驚立絕行，其分有兵喪，改立侯王，國易政。"三月戊子，慧星見。占曰："除舊布新，有易王。"至四月，傳位於太子，改元。

[1]"魏普泰元年十月"至"遂開霸業"：這説在魏普泰元年（531）十月，歲星、熒惑、填星、太白，四大行星聚會於觜參宿，這當有王者興的吉兆，當月，齊高祖高歡，起兵於信都，遂開霸業。

[2]"魏武定四年九月丁未"至"五年正月丙午崩"：言東魏武定四年（546）九月丁未有流星墜於高祖營，預示着齊高祖將於五年崩。這兩條記事的紀年雖記於魏，但實寫北齊開國之事。

[3]壬辰：底本作"壬申"，中華本校勘記云："'辰'原作'申'，據《北齊書·文宣帝紀》改。此月乙亥朔，有'壬辰'，無'壬申'。"今從改。

[4]"八年二月己亥"至"大臣死之應也"：歲星守少微，占曰"五官亂"；歲星犯太微上將，占曰"大將憂，大臣死"。應在文宣帝天保十年（559）誅諸元宗室四十餘家和廢帝乾明元年（560）誅楊遵彦等大臣。太微垣，國家權政之所在，歲星犯之，故有此應。

[5]"十年六月庚子"至"廢少帝爲濟南王"：填星犯井鉞，應在大臣誅，斧鉞用。但"子爲言桴，齊之分野，君有戮死者"，似無出處。異常天象出現在井宿，不當在齊。此占似有不當之處。若以庚子的子作爲出處，則與分野無關。

[6]"肅宗皇建二年"至"齊之分野"：此説與上注所引，皆以干支之子釋爲子方，在星占上有誤。

[7]甲爲齊：甲辰日，太白、熒惑、歲星聚合於婁，是謂驚立絕行。爲改王易政之候。但此處又以甲辰之甲釋爲星占上之甲方，又誤。

後主天統元年六月壬戌，[1]彗星見於文昌，長數寸，入文昌，犯上將，然後經紫微宮西垣入危，漸長一丈餘，指室壁。後百餘日，在虛危滅。占曰：“有大喪，有亡國易政。”其四年十二月，太上皇崩。[2]

三年五月戊寅，甲夜，西北有赤氣竟天，夜中始滅。十月丙午，天西北頻有赤氣。[3]占曰：“有大兵大戰。”後周武帝總衆來伐，大戰，有大兵之應也。

四年六月，彗星見東井。占曰：“大亂，國易政。”七月，孛星見房心，白如粉絮，大如斗，東行。八月，入天市，漸長四丈，犯瓠瓜，歷虛危，入室，犯離宮。九月入奎，至婁而滅。孛者，孛亂之氣也。占曰：“兵喪並起，國大亂易政，大臣誅。”其後，太上皇崩。至武平二年七月，領軍庫狄伏連、治書侍御史王子宜，[4]受琅邪王儼旨，矯詔誅錄尚書、淮南王和士開於南臺，伏連等即日伏誅，右僕射馮子琮賜死。此國亂之應也。

五年二月戊辰，歲星逆行，掩太微上將。占曰：“天下大驚，四輔有誅者。”五月甲午，熒惑犯鬼積尸。甲，齊也。占曰：“大臣誅，兵大起，斧質用，有大喪。”[5]至武平二年九月，誅琅邪王儼，三年五月，誅右丞相、咸陽王斛律明月，四年七月，誅蘭陵王長恭，皆懿親名將也。四年十月，又誅崔季舒等，此斧質用之應也。

武平三年八月癸未，填星、歲星、太白合於氐，宋之分野。占曰："其國內外有兵喪，改立侯王。"[6]其四年十月，陳將吳明徹寇彭城，右僕射崔季舒，國子祭酒張雕，黃門裴澤、郭遵，尚書左丞封孝琰等，諫車駕不宜北幸并州。帝怒，並誅之，內外兵喪之應也。九月庚申，月在婁，食既，至旦不復。占曰："女主凶。"其三年八月，廢斛律皇后，立穆后。四年，又廢胡后爲庶人。十一月乙亥，天狗下西北。占曰："其下有大戰流血。"後周武帝攻晉州，進兵平并州，大戰流血。

三年十二月辛丑，日食歲星。占曰："有亡國。"至七年，而齊亡。

四年五月癸巳，熒惑犯右執法。占曰："大將死，執法者誅，若有罪。"其年，誅右丞相斛律明月，明年，誅蘭陵王長恭，後年，誅右僕射崔季舒，皆大將死，執法誅之應也。

[1]後主：即北齊後主高緯。　天統：北齊後主高緯年號（565—569）。

[2]"後主天統元年"至"太上皇崩"：彗星在星占上爲除舊布新，占曰有大喪，亡國易政，理所當然應在太上皇，即武成帝高湛。

[3]"三年五月戊寅"至"天西北頻有赤氣"：均爲北極光出現。甲夜相當於初庚。

[4]王子宜：《北齊書》卷八《後主紀》"宜"作"宜"。

[5]"五月甲午"至"有大喪"：即熒惑犯鬼宿中的積尸氣，其所用占辭合適。但以甲午日之甲判定在齊，未見以往星占家有此用法。

[6]"武平三年八月癸未"至"改立侯王"：星合於氐宿，宋之分野。陳兵攻彭城，齊危，帝欲北逃避兵，故有大臣進諫被誅。導致武平七年（576）國亡。

周閔帝元年五月癸卯，太白犯軒轅。占曰："太白行軒轅中，大臣出令。"又曰："皇后失勢。"辛亥，熒惑犯東井北端第二星。占曰："其國亂。"又曰："大旱。"其年九月，冢宰護逼帝遜位，幽於舊邸，月餘殺崩，司會李植、軍司馬孫恒及宮伯乙弗鳳等被誅害。其冬大旱。皆大臣出令、大臣死、旱之應也。

明帝二年三月甲午，熒惑入軒轅。占曰："王者惡之，女主凶。"其月，王后獨孤氏崩。六月庚子，填星犯井鉞，與太白并。占曰："傷成於鉞，君有戮死者。"其年，太師宇文護進食，帝遇毒崩。[1]

武帝保定元年九月乙巳，客星見於翼。十月甲戌，日有食之。戊寅，熒惑犯太微上將，合爲一。

二年閏正月癸巳，太白入昴。二月壬寅，熒惑犯太微上相。三月壬午，熒惑犯左執法。七月乙亥，太白犯輿鬼。九月戊辰，日有食之，既。十一月壬午，熒惑犯歲星於危南。

三年三月乙丑朔，日有食之。九月甲子，熒惑犯太微上將。占曰："上將誅死。"十月壬辰，熒惑犯左執法。

四年二月庚寅朔，日有食之。甲午，熒惑犯房右驂。三月己未，熒惑又犯房右驂。占曰："上相誅，車馳人走，天下兵起。"其年十月，冢宰晉公護率軍伐齊。

十二月，柱國、庸公王雄力戰死之，遂班師。兵起將死之應也。八月丁亥，朔，日有蝕之。

五年正月辛卯，白虹貫日。占曰：“爲兵喪。”甲辰，太白、熒惑、歲星合於婁。六月庚申，慧星出三台，入文昌，犯上將，後經紫宮西垣入危，漸長一丈餘，指室壁，後百餘日稍短，長二尺五寸，在虛危滅，齊之分野。七月辛巳，朔，日有食之。

天和元年正月己卯，日有食之。十月乙卯，太白晝見，經天。

二年，正月癸酉朔，日有食之。五月己丑，歲星與熒惑合在井宿，相去五尺。井爲秦分。占曰：“其國有兵，爲饑旱，大臣匿謀，下有反者，若亡地。”閏六月丁酉，歲星、太白合，在柳，相去一尺七寸。柳爲周分。占曰：“爲内兵。”又曰：“主人凶憂，失城。”是歲，陳湘州刺史華皎率衆來附，遣衛公直將兵援之，因而南伐。九月，衛公直與陳將淳于量戰于沌口，王師失利。元定、韋世冲以步騎數千先度，遂没陳。七月庚戌，太白犯軒轅大星，相去七寸。占曰：“女主失勢，大臣當之。”又曰：“西方禍起。”其十一月癸丑，太保、許公宇文貴薨，大臣當之驗也。十月辛卯，有黑氣一，大如杯，在日中。甲午，又加一，經六日乃滅。占曰：“臣有蔽主之明者。”[2] 十一月戊戌朔，日有食之。庚子，熒惑犯鈎鈐，去之六寸。占曰：“王者有憂。”又曰：“車騎驚，三公謀。”

三年三月己未，太白犯井北轅第一星。占曰：“將軍惡之。"其七月壬寅，隋公楊忠薨。四月辛巳，太白入輿鬼，犯積尸。占曰："大臣誅。"又曰："亂臣在內，有屠城。"六月甲戌，彗見東井，長一丈，上白下赤而銳，漸東行，至七月癸卯，在鬼北八寸所乃滅。占曰："爲兵，國政崩壞。"又曰："將軍死，大臣誅。"七月己未，客星見房心，白如粉絮，大如斗，漸大，東行；八月，入天市，長如匹所，復東行，犯河鼓右將；癸未，犯瓠瓜，又入室，犯離宮；九月壬寅，入奎，稍小；壬戌，至婁北一尺所滅。凡六十九日。占曰："兵起，若有喪，白衣會，爲饑旱，國易政。"又曰："兵犯外城，大臣誅。"

[1]"周閔帝元年五月癸卯"至"帝遇毒崩"：這時有閔帝元年（557）五月癸卯太白犯軒轅，九月宇文護逼囚殺帝，明帝二年（558）三月甲午熒惑入軒轅，其年宇文護進毒害帝，連殺二帝的殘暴行逕。對於這二次異常天象的出現，星占家的占辭爲大臣出令，王者惡之，女主凶。導致大臣專權，連殺二帝，王后崩的結局。

[2]"十月辛卯"至"臣有蔽主之明者"：言天和二年（567）十月辛卯見日中有黑氣一，大如杯。甲午日，又增加了一個，經過六天後纔息滅。這是太陽上出現的黑子。星占家占曰：有臣蔽主之明。其年十一月戊戌朔日食，亦占曰王者有憂。均在大臣專權。

四年二月戊辰，歲星逆行，掩太微上將。占曰："天下大驚，國不安，四輔有誅，必有兵革，天下大赦。"庚午，有流星，大如斗，出左攝提，流至天津滅，有聲如雷。五月癸巳，熒惑犯輿鬼。甲午，犯積尸。占曰："午，秦也。大臣有誅，兵大起。"後三年，太師、大冢宰、晉國公宇文護以不臣誅，皆其應也。

五年正月乙巳，月在氐，暈，有白虹長丈所貫之，而有兩珥連接，規北斗第四星。占曰："兵大起，大戰，將軍死於野。"是冬，齊將斛律明月寇邊，於汾北築城，自華谷至於龍門。其明年正月，詔齊公憲率師禦之。三月己酉，憲自龍門度河，攻拔其新築五城，兵起大戰之應也。

六年二月己丑夜，有蒼雲，廣三丈，經天，自戌加辰。四月戊寅朔，日有蝕之。己卯，熒惑逆行，犯輿鬼。占曰："有兵喪，大臣誅，兵大起。"其月，又率師取齊宜陽等九城。六月，齊將攻陷汾州。六月庚辰，熒惑太白合，在張宿，相去一尺。占曰："主人兵不勝，所合國有殃。"

建德元年三月丙辰，熒惑、太白合璧。占曰："其分有兵喪，不可舉事，用兵必受其殃。"又曰："改立侯王，有德者興，無德者亡。"其月，誅晉公護、護子譚公會、莒公至、崇業公静等，大赦。癸亥，詔以齊公憲爲大冢宰，是其驗也。[1]七月丙午，辰與太白合於井，相去七寸。占曰："其下之國，必有重德致天下。"後四年，上帥師平齊，致天下之應也。九月己酉，月犯心中星，相去一寸。占曰："亂臣在傍，不出五年，下有亡國。"後周武伐齊，平之，有亡國之應也。

二年二月辛亥，白虹貫日。占曰："臣謀君，不出三年。"又曰："近臣爲亂。"後年七月，衛王直在京師舉兵反。癸亥，熒惑掩鬼西北星。占曰："大賊在大人之側。"又曰："大臣有誅。"四月己亥，太白掩西北星，壬寅，又掩東北星。占曰："國有憂，大臣誅。"六月丙辰，月犯心中後二星。[2]占曰："亂臣在傍，不出三年，有亡國。"又曰："人主惡之。"九月癸酉，太白犯左執法。占曰："大臣有憂，執法者誅，若有罪。"十一月壬子，太白掩填星，在尾。占曰："填星爲女主，尾爲後宮。"明年皇太后崩。[3]

　　三年二月戊午，客星大如桃，青白色，出五車東南三尺所，漸東行，稍長二尺所；至四月壬辰，入文昌；丁未，入北斗魁中，後出魁，漸小。凡見九十三日。占曰："天下兵起，車騎滿野，人主有憂。"又曰："天下有亂，兵大起，臣謀主。"其七月乙酉，衛王直在京師舉兵反，討擒之，廢爲庶人。至十月，始州民王軌擁衆反，討平之。四月乙卯，星孛於紫宮垣外，大如拳，赤白，指五帝座，漸東南行，稍長一丈五尺；五月甲子，至上台北滅。占曰："天下易政，無德者亡。"後二年，武帝率六軍滅齊。[4]十一月丙子，歲星與太白相犯，光芒相及，在危。占曰："其野兵，人主凶，失其城邑。危，齊之分野。"後二年，宇文神舉攻拔陸渾等五城。十二月庚寅，月犯歲星，在危，相去二寸。占曰："其邦流亡，不出三年。"辛卯，月行在營室，食太白。占曰："其國以兵亡，將軍戰死。營室，衛也，地在齊境。"後齊亡入周。

[1]"四年二月戊辰"至"是其驗也":"四年二月戊辰,歲星逆行,掩太微""五月癸巳,熒惑犯輿鬼""六年四月己卯,熒惑逆行,犯輿鬼""建德元年三月丙辰,熒惑、太白合璧",以上占均曰四輔有誅、大臣有誅、大臣誅、改立侯王、有德者興、無德者亡。直至建德元年(572)三月,皇室與宇文護集團的這場矛盾纔得以解決,結果是宇文護及其主要集團成員被殺,兵權纔得以鞏固。

[2]月犯心中後二星:月亮掩犯心宿中間大星和下面一顆心宿二,象徵天子受到侵犯,故曰亂臣在傍、有亡國。

[3]"十一月壬子"至"明年皇太后崩":太白掩填星在尾,是多重女主、後宮的身份,即填星和尾宿均爲後宮之象,故必爲後宮有殃,驗辭明年皇太后崩。

[4]"三年二月戊午"至"武帝率六軍滅齊":這裏記載了兩次彗星的出現,一次是建德三年二月戊午,另一次是四月乙卯。彗星既是除舊布新之象,又是兵象。導致衛王直反被廢爲庶人和齊國被滅。

四年三月甲子,月犯軒轅大星。占曰:"女主有憂,又五官有亂。"

五年十月庚戌,熒惑犯太微西蕃上將星。占曰:"天下不安,上將誅,若有罪,其止。"

六年二月,皇太子巡撫西土,仍討吐谷渾。[1]八月,至伏俟城而旋。吐谷渾寇邊,天下不安之應也。六月庚午,熒惑入鬼。占曰:"有喪旱。"其七月,京師旱。十月戊午,歲星犯大陵。又己未、庚申,月連暈,規昴、畢、五車及參。[2]占曰:"兵起爭地。"又曰:"王自將兵。"又曰:"天下大赦。"癸亥,帝率眾攻晉州。是日虹見晉州城上，首向南，尾入紫宮，長十餘丈。庚午，克之。丁卯夜，白虹見，長十餘丈，頭在南，尾入紫宮中。占曰：“其下兵戰流血。”又曰：“若無兵，必有大喪。”至六年正月，平齊，與齊軍大戰。十一月稽胡反，齊王討平之。

七年四月，[3]先此熒惑入太微宮二百日，犯東蕃上相，西蕃上將，句巳往還。[4]至此月甲子，出端門。占曰：“爲大臣代主。”[5]又曰：“臣不臣，有反者。”又曰：“必有大喪。”後宣、武繼崩，高祖以大運代起。十月癸卯，月食，熒惑在斗。占曰：“國敗，其君亡，兵大起，破軍殺將。斗爲吳、越之星，陳之分野。”[6]十一月，陳將吳明徹侵呂梁，徐州總管梁士彥出軍與戰，不利。明年三月，鄖公王軌討擒陳將吳明徹，俘斬三萬餘人。十一月甲辰，晡時，[7]日中有黑子，大如杯。占曰：“君有過而臣不諫，人主惡之。”十二月癸丑，流星大如月，西流有聲，蛇行屈曲，光照地。占曰：“兵大起，下有戰場。”戊辰平旦，有流星大如三斗器，色赤，出紫宮，凝著天，乃北下。占曰：“人主去其宮殿。”是月，營州刺史高寶寧據州反。其明年五月，帝總戎北伐。後年，武帝崩。

宣政元年正月丙子，月食昴。占曰：“有白衣之會。”又曰：“匈奴侵邊。”其月，突厥寇幽州，殺略吏人。五月，帝總戎北伐。六月，帝疾甚，還京，次雲陽而崩。[8]六月壬午，癸丑，木火金三星合，在井。占曰：“其國霸。”又曰：“其國外內有兵喪，改立侯王。”是月，幽州人盧昌期據范陽反，改立王侯，兵喪之驗也。七年辛丑，月犯心前星。占曰：“太子惡之，若失位。”後靜帝立爲天子，不終之徵也。[9]丙辰，熒惑、太白合，在七星，相去二尺八寸所。占曰：“君憂。”又曰：“其國有兵，改立王侯，有德興，無德亡。”後年，改置四輔官，傳位太子，改立王侯之應也。己未，太白犯軒轅大星。占曰：“女主凶。”後二年，宣帝崩，楊后令其父隋公爲大丞相，總軍國事。隋氏受命，廢后爲樂平公主，餘四后悉廢爲比丘尼。八月庚辰，太白入太微。占曰：“爲天下驚。”又曰：“近臣起兵，大臣相殺，國有憂。”其後，趙、陳等五王爲執政所誅，大臣相殺之應也。九月丁酉，熒惑入太微西掖門，庚申，犯左執法，相去三寸。占曰：“天下不安，大臣有憂。”又曰：“執法者誅，若有罪。”是月，汾州稽胡反，討平之。十一月，突厥寇邊，圍酒泉，殺略吏人。明年二月，殺柱國、郯公王軌。皆其應也。十二月癸未，熒惑入氐，守犯之三十日。占曰：“天子失其宮。”又曰：“賊臣在內，下有反者。”又曰：“國君有繫饑死，若毒死者。”靜帝禪位，隋高祖幽殺之。[10]

[1]六年二月，皇太子巡撫西土，仍討吐谷渾：據中華本，下文載該年正月大戰平齊，與二月撫西土矛盾。又《周書》本紀在五年，故此處之六年當五年之誤。

[2]月連暈，規昴、畢、五車及參：接連發生月暈之事，並且窺測昴宿、畢宿、五車星和參宿。規，爲窺的假借詞，窺，爲從隱僻處察看之義，此處對月亮作了擬人化的描寫。

[3]七年四月：諸本作"七年四月"，中華本改作六年四月，未説明理由。由於以上已有六年八月、十一月、十二月之事，此當爲七年四月。

[4]句巳：屈曲之狀。巳似蛇形。中華本誤作句已。

[5]"七年四月"至"爲大臣代主"：自此接連發生熒惑入太微、犯上相、上將、出端門，在星占上爲大臣代主之兆。

[6]斗爲吳、越之星，陳之分野：從星占分野上説，斗宿對應於吳越之地。但現在這個地域是陳國，故曰陳之分野。在星占理論上，角亢氐對應於鄭陳之國，星占上所指之陳，爲春秋時淮陽之陳國，與本志之陳代有別。

[7]晡時：下午 3—5 時。

[8]"宣政元年正月丙子"至"次雲陽而崩"：月食昴，昴爲胡人之星，故這個異常天象對應於胡人匈奴侵邊。月食昴又應在白衣會，即有大喪，即帝王薨的代名詞。故有帝北伐戎而後崩之應。

[9]"月犯心前星"至"不終之徵也"：月犯心前星，即月犯心宿上星。根據星占學家的説法，心前星爲太子，今月犯之，太子有憂，故即使繼位了也會有不終之徵。

[10]"十二月癸未"至"隋高祖幽殺之"：《開元占經·熒惑占》引甘氏曰："熒惑入天子宮，天子失其宮。"甘氏曰："熒惑入氐，留守二十日，不下，當有賊臣在內；下，有反者。三十日不下，其國兵起，人主當之。氐爲天子之宮，罰星入之，不祥之徵，所守之國，其君死。"熒惑又稱罰星，氐宿爲天子之宮。熒惑犯天子之宮，象徵着天子失其宮，也就是不在其位了。最終靜帝被迫禪位，爲隋高祖幽殺而死。

宣帝大成元年正月丙午、癸丑，日皆有背。[1]占曰："臣爲逆，有反叛，邊將去之。"又曰："卿大夫欲爲主。"其後，隋公作霸，尉迥、王謙、司馬消難各舉兵反。

　　大象元年四月戊子，太白、歲星、辰星合，在井。占曰："是謂驚立，是謂絕行，其國內外有兵喪，改立王公。"又曰："其國可霸，修德者強，無德受殃。"其五月，趙、陳、越、代、滕五王並入國。[2]後二年，隋王受命，宇文氏宗族相繼誅滅。[3]六月丁卯，有流星一，大如雞子，出氐中，西北流，有尾迹，長一丈所，入月中，即滅。占曰："不出三年，人主有憂。"又曰："有亡國。"靜帝幽閉之應也。己丑，有流星一，大如斗，色青，有光明照地，出營室，抵壁入濁。七月壬辰，熒惑掩房北頭第一星。占曰："亡君之誡。"又曰："將軍為亂，王者惡之，大臣有反者，天子憂。"其十二月，帝親御驛馬，日行三百里。四皇后及文武侍衛數百人，並乘馹以從。房為天駟，熒惑主亂，此宣帝亂道德，馳騁車騎，將亡之誡。八月辛巳，熒惑犯南斗第五星。占曰："且有反臣，道路不通，破軍殺將。"尉迥、王謙等起兵敗亡之徵也。九月己酉，太白入南斗魁中。占曰："天下有大亂，將相謀反，國易政。"又曰："君死，不死則疾。"又曰："天下爵祿。"皆高祖受命、群臣分爵之徵也。十月壬戌，歲星犯軒轅大星。占曰："女主憂，若失勢。"周自宣政元年，熒惑、太白從歲星聚東井。大象元年四月，太白、歲星、辰星又聚井。十月，歲星守軒轅。其年，又守翼。東井，秦分，翼，楚分，漢東為楚地，軒轅后族，隋以后族興於秦地之象，而周之后妃失勢之徵也。[4]乙酉，熒惑在虛，與填星合。占曰：

"兵大起，將軍爲亂，大人惡之。"是月，相州段德舉謀反，伏誅。其明年三月，杞公宇文亮舉兵反，擒殺之。

二年四月乙丑，有星大如斗，出天廚，流入紫宮，抵鈎陳乃滅。占曰："有大喪，兵大起，將軍戮。"又曰："臣犯上，主有憂。"其五月，帝崩，隋公執國政，大喪、臣犯主之應。趙王、越王以謀執政被誅。又荊、豫、襄三州諸蠻反，尉迥、王謙、司馬消難各舉兵畔，不從執政，終以敗亡。皆大兵起、將軍戮之應也。五月甲辰，有流星一，大如三斗器，出太微端門，流入翼，色青白，光明照地，聲若風吹幡旗。占曰："有立王，若徙王。"又曰："國失君。"其月己酉，帝崩，劉昉矯制，以隋公受遺詔輔政，終受天命，立王、徙王、失君之應也。七月壬子，歲星、太白合於張，有流星，大如斗，出五車東北流，光明燭地。九月甲申，熒惑、歲星合于翼。

靜帝大定元年正月乙酉，歲星逆行，守右執法，熒惑掩房北第一星。占曰："房爲明堂，布政之宮，無德者失之。"二月甲子，隋王稱尊號。[5]

[1]日皆有背：太陽圓面旁都有背氣。背氣，弧狀之氣背向太陽圓面。星占家理解爲與天子背向，爲反叛之義。

[2]趙、陳、越、代、滕五王並入國：即本志上文所載"趙、陳等五王爲執政所誅，大臣相殺之應也"。

[3]後二年，隋王受命，宇文氏宗族相繼誅滅：自建德元年晉公護、譚公會、莒公至、崇業公靜被殺、宣政元年（578）周武帝崩，至大定元年（581）靜帝禪位，象徵宇文氏宗族的滅亡，隋代

興起。

[4]“周自宣政元年”至“而周之后妃失勢之徵也”：熒惑、太白從歲星聚東井，太白、歲星、辰星聚東井，皆爲東井之地當有王者興之兆。應在隋當興起於秦。歲星守軒轅象徵隋以后族興。歲星守翼，又是周代后妃失勢之徵。這是因爲，在星分野上，東井爲秦分，翼爲楚分，隋以秦興，周以楚滅。

[5]“熒惑掩房北第一星”至“隋王稱尊號”：房宿爲明堂，即帝王頒布政令的地方，是權政的象徵，今受到侵犯，象徵着帝王失去政權，故有隋王稱尊之應。

高祖文皇帝開皇元年三月甲申，太白晝見。占曰：“太白經天晝見，爲臣强，爲革政。”四月壬午，歲星晝見。占曰：“大臣强，有逆謀，王者不安。”其後，劉昉等謀反，伏誅。[1]十一月己巳，有流星，聲如隤墻，光燭地。占曰：“流星有光有聲，名曰天保，所墜國安有喜。”其九年，平陳，天下一統。五年八月戊申，有流星數百，四散而下。占曰：“小星四面流行者，庶人流移之象也。”其九年，平陳，江南士人，悉播遷入京師。[2]

八年二月庚子，填星入東井。占曰：“填星所居有德，利以稱兵。”其年大舉伐陳，克之。十月甲子，有星孛于牽牛。占曰：“臣殺君，天下合謀。”又曰：“內不有大亂，則外有大兵。牛，吳、越之星，陳之分野。”後年，陳氏滅。

九年正月己巳，白虹夾日。占曰：“白虹銜日，臣有背主。”又曰：“人主無德者亡。”是月，滅陳。

十四年十一月癸未，有彗星孛于虛危及奎婁，[3]齊、魯之分野。其後魯公虞慶則伏法，齊公高熲除名。

十九年十二月乙未，星隕於渤海。占曰：“陽失其位，灾害之萌也。”又曰：“大人憂。”

二十年十月，太白晝見。占曰：“大臣强，爲革政，爲易王。”右僕射楊素，熒惑高祖及獻后，[4]勸廢嫡立庶。其月乙丑，廢皇太子勇爲庶人。明年改元。皆陽失位及革政易王之驗也。

仁壽四年六月庚午，有星入于月中。占曰：“有大喪，有大兵，有亡國，有破軍殺將。”七月乙未，日青無光，八日乃復。占曰：“主勢奪。”又曰：“日無光，有死王。”甲辰，上疾甚，丁未，宮車晏駕。漢王諒反，楊素討平之。皆兵喪亡國死王之應。

[1]劉昉等謀反，伏誅：楊堅取得政權，劉昉矯詔隋公輔政功勞甚大。楊堅取得帝位後的當年，就用逆謀的罪名誅殺了劉昉。看來楊堅對劉昉這個人是不放心的。殺劉昉作爲天象上的預兆，爲三月甲申太白晝見和四月壬午歲星晝見。太白和歲星晝見，是與日爭明，於此也可見其中的含義。

[2]“十一月己巳”至“悉播遷入京師”：這裏記載了開皇元年十一月己巳和五年八月戊申流星雨，其驗辭爲陳被隋平定，國家歸於統一。星占家認爲這是兩次流星的應驗。通常地說，流星爲信使、爲兵象。將滅陳統一中國這樣的大事歸因於兩次流星顯象，理由不大充分。

[3]有彗星孛于虛危及奎婁：本書卷二《高祖紀下》載“虛危”作“角亢”。不知孰是。

[4]熒惑高祖及獻后：迷惑高祖及獻后。此處“熒惑”二字爲

動詞，非爲星名。

煬帝大業元年六月甲子，熒惑入太微。占曰：“熒惑爲賊，爲亂入宮，宮中不安。”

三年三月辛亥，長星見西方，竟天，干歷奎婁、角亢而没；至九月辛未，轉見南方，亦竟天，又干角亢，頻掃太微帝座，干犯列宿，唯不及參、井。經歲乃滅。占曰：“去穢布新，天所以去無道，建有德，見久者灾深，星大者事大，行遲者期遠。兵大起，國大亂而亡。餘殃爲水旱饑饉，土功疾疫。”其後，築長城，討吐谷渾及高麗，兵戎歲駕，略無寧息。水旱饑饉疾疫，土功相仍，而有群盜並起，邑落空虛。[1]九年五月，禮部尚書楊玄感於黎陽舉兵反。丁未，熒惑逆行入南斗，色赤如血，如三斗器，光芒震耀，長七八尺，於斗中句巳而行。占曰：“有反臣，道路不通，國大亂，兵大起。”斗，吳、越分野，玄感父封於越，後徙封楚地，又次之，天意若曰，使熒惑句巳之，除其分野。[2]至七月，宇文述討平之。其兄弟悉梟首車裂，斬其黨與數萬人。其年，朱燮、管崇亦於吳郡擁衆反。此後群盜屯聚，剽略郡縣，屍橫草野，道路不通，齎詔敕使人，皆步涉夜行，不敢遵路。

十一年六月，有星孛于文昌東南，長五六寸，色黑而銳，夜動搖，西北行，數日至文昌，去宮四五寸，不入，[3]却行而滅。占曰：“爲急兵。”其八月，突厥圍帝於雁門，從兵悉馮城禦寇，矢及帝前。七月，熒惑守羽林。占曰："衛兵反。"十二月戊寅，大流星如斛，墜賊盧明月營，破其衝輣，壓殺十餘人。占曰："奔星所墜，破軍殺將。"其年，王充擊盧明月城，破之。

十二年五月丙戌朔，日有食之，既。占曰："日食既，人主亡，陰侵陽，下伐上。"其後宇文化及等行殺逆。癸巳，大流星隕于吳郡，爲石。占曰："有亡國，有死王，有大戰，破軍殺將。"其後大軍破逆賊劉元進于吳郡，斬之。八月壬子，有大流星如斗，出王良閣道，聲如隤墻；癸丑，大流星如甕，出羽林。九月戊午，有枉矢二，出北斗魁，委曲蛇形，注於南斗。占曰："主以兵去，天之所伐。"[4]亦曰："以亂代亂，執矢者不正。"後二年，化及殺帝僭號，王充亦於東都殺恭帝，篡號鄭。皆殺逆無道，以亂代亂之應也。

十三年五月辛亥，大流星如甕，墜於江都。占曰："其下有大兵戰，流血破軍殺將。"六月，有星孛于太微五帝座，色黃赤，長三四尺所，數日而滅。占曰："有亡國，有殺君。"明年三月，宇文化及等殺帝也。十一月辛酉，熒惑犯太微，日光四散如流血。占曰："賊入宮，主以急兵見伐。"又曰："臣逆君。"明年三月，化及等殺帝，諸王及幸臣並被戮。[5]

[1]"三年三月辛亥"至"邑落空虛"：隋煬帝繼位之後，好大喜功，築長城，開運河，征高麗，討吐谷渾，兵戎歲駕，略無寧日，農田荒蕪，國庫空虛，人民處於水深火熱之中。星占家將楊廣這一系列倒行逆施、違反民意的政策與星空中出現大彗星相聯繫。預言爲兵大起，國大亂而亡。

　　[2]"九年五月"至"除其分野"：大業九年五月丁未，熒惑
逆行入南斗，於斗中屈曲而行。正好在該月禮部尚書楊玄感舉兵
反。由於楊玄感被封於越，這時星占家正好與楊玄感的起兵相繫，
因爲斗宿正好對應於吳越之地。熒惑在其分野遲遲不出，句巳而
行，在星占術上顯現的問題就更爲嚴重。當然，本志在這裏還使用
了一些誇張不實之詞，如說熒惑色赤如血，如三斗器，光芒震耀，
長七八尺。有誰見過熒惑的光芒長達七八尺？衹是用於說明天象顯
現之緊迫而已。

　　[3]去宮四五寸，不入：言彗星現文昌，西北行，至紫宮垣墻
外四五寸而滅。

　　[4]"九月戊午"至"天之所伐"：枉矢爲流星。言有兩顆流
星屈曲蛇行於北斗和南斗之間，爲帝宮權政受到侵犯，皇帝將跟兵
丁一起消亡。

　　[5]"六月，有星孛于太微五帝座"至"諸王及幸臣並被戮"：
六月彗星犯太微，國家權政受到侵犯。明年三月熒惑又犯太微，象
徵賊兵侵犯朝廷。對應於宇文化及殺帝及諸王、幸臣。

隋書　卷二二

志第十七

五行上[1]

　　《易》以八卦定吉凶,[2]則庖犧所以稱聖也。[3]
《書》以九疇論休咎,[4]則大禹所以爲明也。[5]《春秋》
以灾祥驗行事,則仲尼所以垂法也。[6]天道以星象示廢
興,則甘、石所以先知也。[7]是以祥符之兆可得而言,[8]
妖訛之占所以徵驗。[9]夫神則陰陽不測,天則欲人遷善。
均乎影響,殊致同歸。漢時有伏生、董仲舒、京房、劉
向之倫,[10]能言灾異,顧盼六經,[11]有足觀者。

　　[1]《漢書》始設《五行志》,以五行(木、火、土、金、水)
與五事(貌、言、視、聽、思)和皇極相配搭,解釋地、人、天三
界各種灾異現象,以天人感應、天譴灾異説爲框架,彙集伏勝、歐
陽生、大小夏侯以下及劉向、劉歆父子等諸家《尚書》、《春秋》、
《易》學而成(參見王愛和《古代中國宇宙觀與政治文化的演變》,
劍橋大學出版社 2000 年版)。其論述架構,先"經"(《洪範》);
其次"傳"(伏勝《尚書大傳》之《洪範傳》,簡稱《洪範五行

傳》）；其次“説”（引述歐陽生、大小夏侯、劉向、劉歆等諸家詮釋）；再次例證，列舉春秋六國至秦漢的種種符瑞、災異案例，分門別類，説明其預兆靈驗之處，再引述董仲舒、劉向、劉歆、京房、班固等詮釋具體解説。其後歷代修史，多沿用這一體例。唐代官修梁、陳、北齊、北周、隋諸史，以《隋書》十志總述五朝典章制度，《五行志》爲李淳風所撰。所以《隋書·五行志》所記災異現象，雖以隋代史事爲詳，也兼叙梁、陳、北齊、北周。

[2]八卦：《周易》中的八種由三個陰陽符號組成的基本圖像。古人不僅用它占卜吉凶，也認爲乾坤象徵天地，餘六卦象徵風雷水火山澤，八卦象徵各種自然和社會人事現象，成爲自然界和人類社會一切現象的概括。《易·繫辭上》説八卦的來源及功用是：“易有太極，是生兩儀，兩儀生四象，四象生八卦，八卦定吉凶，吉凶生大業”“以通神明之德，以類萬物之情”，認爲八卦兆象能够揭示人事與自然的各種情境。

[3]庖犧：又作伏義、伏戲、庖犧、包義、宓犧、虙戲、犧皇等，即太昊，或稱黃熊氏。傳説中人類的始祖。相傳爲風姓，都於陳（今河南淮陽縣）。始作八卦，教民結繩，以作網罟，捕魚獵獸，嫁娶以儷皮爲禮，又創製琴瑟。晋人皇甫謐《帝王世紀》、王嘉《拾遺記》及唐人司馬貞《三皇本紀》叙述其傳説事迹。

[4]九疇：亦稱九章，《尚書·洪範》中的重要内容。《漢書·律曆志上》：“箕子言大法九章。”顏師古注：“大法九章即《洪範》九疇也。”九疇，即九類。一曰五行，即金木水火土；二曰敬用五事，即貌言視聽思；三曰農用八政，即食、貨、祀、司空、司徒、司寇、賓、師；四曰協用五紀，即歲月日星辰曆數；五曰建用皇極，即不偏不倚地統治臣民；六曰乂用三德，即正直、剛克、柔克；七曰明用稽疑，即用占卜決疑難、測吉凶；八曰念用庶徵，即以雨、暘、燠、寒、風等天時現象反映人事的休咎；九曰嚮用五福，威用六極，即賜以壽、富、康寧、攸好德、考終命五福；示以凶短折、疾、憂、貧、惡、弱六極。九疇爲帝王施政規定了一個經典模

式，故曰"帝王之應明"。一般認爲歷代正史《五行志》以《洪範》九疇爲基本理論和根本大綱，其實祇是選擇五行（第一疇）、五事（第二疇）、皇極（第五疇）、庶徵（第八疇）等四疇，與自然、人事、天象相對應，以建構天人感應宇宙觀的詮釋體系。

[5]大禹：傳說中的治水英雄、夏部落首領。《洪範》九疇即假托是天帝賜給大禹的施政大綱。

[6]仲尼：孔子的字。

[7]甘、石：指戰國時齊人甘德與魏人石申，皆擅星占術。甘德，又稱甘公，著《天文星占》八卷，已佚。石申，曾與甘德共同記録黃道附近恒星的位置，及其與北極的距離，製成世界上最早的恒星表。甘德《天文星占》與石申所作《天文》八卷，後人合稱《甘石星經》。二人事迹見《史記·天官書》。

[8]祥符：指吉祥的徵兆。

[9]妖：妖言，具煽動性的不祥之辭。　訛：訛言，民間流傳的有怪異色彩的謠言。

[10]伏生：人名。即伏勝，又稱虙生，濟南（今山東章丘市西）人。秦博士，漢初今文《尚書》的最早傳播者。事見《史記》卷一二一《儒林列傳》。　董仲舒：人名。廣川（今河北冀州市）人，西漢今文經學家，精擅《公羊春秋》學。傳見《漢書》卷五六。　京房：人名。本姓李，字君明，推音律自定爲京氏。東郡頓丘（今河南清豐縣西南）人。西漢元帝時爲郎、魏郡太守。治易學，師從焦延壽，善言灾異，撰有《周易章句》《易傳》《易飛候》《易（妖）占》《風角要占》等，多亡佚。傳見《漢書》卷七五。

劉向：人名。西漢宗室，著名經學家、目録學家、文學家。著有《洪範五行傳論》，以洪範五行説解釋《穀梁春秋》。《漢書·五行志》多引其説，唐以後已佚。《漢書》卷三六有附傳。

[11]六經：指《詩》《書》《禮》《樂》《易》《春秋》六部儒家經典。亦稱六藝。《樂》早佚，漢朝尊《詩》《書》《禮》《易》《春秋》爲五經，立於學官。

劉向曰："君道得則和氣應，休徵生。君道違則乖氣應，咎徵發。"[1]夫天有七曜，地有五行。[2]五事愆違則天地見異，[3]況於日月星辰乎？況於水火金木土乎？若梁武之降號伽藍，[4]齊文宣之盤游市里，[5]陳則蔣山之鳥呼曰"奈何"，[6]周則陽武之魚乘空而鬪，[7]隋則鵲巢韛帳，[8]火炎門闕，[9]豈唯天道，亦曰人妖，[10]則祥眚呈形，[11]于何不至？亦有脫略政教，張羅樽稻，[12]崇信巫史，[13]重增愆罰。

[1]"君道得"至"咎徵發"：這句話未見《漢書》等諸《五行志》引述，可能是《洪範五行傳論》佚文。休徵，吉祥的徵兆。孔穎達《尚書·洪範》正義："叙美行之驗。"咎徵，過失的報應，灾禍應驗。孔穎達《尚書·洪範》正義："叙惡行之驗。"

[2]七曜：日、月和金、木、水、火、土五星。　五行：水、火、木、金、土。先秦指五材（如《洪範》），以稱構成各種物質的五種基本元素，彼此間無相生相克關係。在《五行志》論述中，一般代指各種自然現象，與後來指宇宙運行動力、影響天地間一切活動與人類命運的五行，有很大區別。

[3]五事：九疇之二曰敬用五事，即君主的貌、言、視、聽、思。在《五行志》論述中，一般指各種人事現象。

[4]梁武：即南朝梁武帝蕭衍。紀見《梁書》卷一至三。　降號伽藍：指梁武帝因篤信佛法，在位期間數次捨身出家，迫使群臣、朝廷捐巨資予寺院以"贖回"皇帝。詳《梁書》卷三《武帝紀下》。伽藍，原指衆園或僧院，後引申爲佛寺。

[5]齊文宣：即北齊文宣帝高洋。繼其父高歡、兄高澄爲東魏權臣，然後廢孝静帝自立，國號齊。紀見《北齊書》卷四。　盤游市里：文宣帝即位六七年後自矜功業，沉溺酒色，有時更會在市里

街巷厮混，甚至露體亂逛。詳見《北齊書·文宣帝紀》。

　　[6]蔣山之鳥：《南史》卷一〇《陳後主紀》："蔣山衆鳥鼓兩翼以拊膺，曰：'奈何帝！奈何帝！'"本志下文亦載其事。蔣山，即鍾山，又名紫金山，在今江蘇南京市東北。

　　[7]陽武之魚：本志下文載："後周大象元年六月，陽武有鯉魚乘空而鬪。"《周書》《北史》不載其事。

　　[8]鵲巢蕭帳：發生在隋煬帝大業十三年（617）。本志下文載其事。

　　[9]火炎門闕：本書卷四《煬帝紀下》大業十二年："顯陽門災"。本志下文亦載其事。

　　[10]人妖：亦作"人祅"，指人事方面的反常現象、人爲的灾禍。上述灾異徵兆，有人禍，有羽蟲魚火之孽。此處概稱"人妖"，强調妖自人興。

　　[11]祥眚（shěng）：祥，這裏指由外産生的凶灾、妖異。眚，本義爲目疾、隱疼，引申爲由内産生的怪異。

　　[12]張羅樽糈：安排祭祀。樽，杯盞。糈，祭神用的清米。

　　[13]巫史：泛指術數之士。巫，古代從事求神占卜等活動的人。史，掌管天文、星象、曆數、史册的人。

　　昔懷王事神而秦兵逾進，[1]萇弘尚鬼而諸侯不來。[2]性者，生之静也；欲者，心之使也。置情攸往，引類同歸。雀乳於空城之側，[3]鵒飛于鼎耳之上。[4]短長之制，[5]既曰由人；黔隴崇山，同車共軫。[6]必有神道，裁成倚伏。[7]一則以爲殃釁，[8]一則以爲休徵。故曰，德勝不祥而義厭不惠。[9]是以聖王常由德義消伏灾咎也。

　　[1]懷王事神：戰國時期的楚懷王熊槐，任用佞臣令尹子蘭、上官大夫靳尚，寵愛南后鄭袖，排斥屈原，受張儀欺騙而與盟友齊

國斷交，與秦國交戰而敗，被扣爲秦國人質，病逝於秦。《史記》卷四〇《楚世家》叙懷王致敗之由，没有提到"事神"。然而《漢書·地理志下》：（楚地）"信巫鬼、重淫祀。"《楚辭·九歌》漢·王逸注："上陳事神之敬，下見己之冤結。"説懷王事神，也有其根據。

〔2〕萇弘：人名。東周王室大臣劉文公所屬大夫。以方術侍奉周王室，觀測天象、推演曆法、占卜凶吉。《史記》的《天官書》《孔子世家》諸篇及《淮南子》《孔子家語》等叙其事迹。《史記·封禪書》："是時，萇弘以方事周靈王，諸侯莫朝周。周力少，萇弘乃明鬼神事，設射《貍首》。《貍首》者，諸侯之不來者，依物怪欲以致諸侯。"

〔3〕雀乳於空城之側：語出南朝宋人鮑照《空城雀》詩句。《樂府解題》："鮑照《空城雀》云：'雀乳四鷇，空城之阿。'言輕飛近集，茹腹辛傷，免網羅而已。"（《樂府詩集》卷六八《雜曲歌辭八》）言亂世灾民之苦。

〔4〕鷯飛于鼎耳之上：人君失德的徵兆。典出《尚書·商書·高宗肜日》序："高宗祭成湯，有飛雉升鼎耳而雊。"孔穎達疏："高宗祭其太祖成湯於肜祭之日，有飛雉來升祭之鼎耳而雊鳴，其臣祖己以爲王有失德而致此祥，遂以道義訓王，勸王改脩德政。"鷯，雉的一種，尾長，走且鳴，性勇健，肉鮮美。鼎耳，鼎上兩耳。

〔5〕短長：人命之長短。也可引申爲國祚之長短。《尚書·盤庚上》："矧予制乃短長之命。"

〔6〕黔隧崇山：《國語·周語上》："（内史過曰：）昔夏之興也，融降於崇山；其亡也，回禄信於聆隧。"融即祝融，上古神話人物，後人尊爲火神。崇山即嵩山（今河南登封市西北），近夏都古陽城。回禄也是火神，或説即祝融。聆隧當在夏都附近。後人或引作"黔隧"，"聆""黔"通假。　同車共軫：指同乘一車，同心同志。全句的意思是，王朝之興亡，往往有吉徵凶兆，結伴同行。

[7]倚伏：禍福相因，互相依存，互相轉化。語本《老子》："禍兮福所倚，福兮禍所伏。"

[8]殃釁：殃，禍患、災難。釁，過失、罪過。

[9]德勝不祥而義厭不惠：引自《漢書·藝文志》："人失常則訞興，人無釁焉訞不自作。故曰：'德厭不祥，義厭不惠。'"本志撰者認爲災異祥瑞可以揭示人事得失，代天示警，消弭災害的關鍵則在於君主能否修德行義。

《洪範五行傳》曰：[1]木者東方，威儀容貌也。古者聖王垂則，天子穆穆，諸侯皇皇。登輿則有鸞和之節，[2]降車則有佩玉之度，[3]田狩則有三驅之制，[4]飲食則有享獻之禮。[5]無事不出境。此容貌動作之得節，所以順木氣也。如人君違時令，失威儀，田獵馳騁，不反宮室，飲食沉湎，不顧禮制，縱欲恣睢，出入無度，多繇役以奪人時，增賦稅以奪人財，則木不曲直。[6]

[1]《洪範五行傳》：後世稱爲《洪範五行傳》者，包括伏勝《尚書大傳》中的《洪範五行傳》和劉向《洪範五行傳論》。班固《漢書·五行志》引伏勝《洪範五行傳》皆稱"傳"，引述、綜合劉向等諸家之説（包括《洪範五行傳論》）而附以己見，皆稱"説"。這段文字應該是依據《漢書·五行志上》"木不曲直"之"説"（可能出自劉向《洪範五行傳論》）而略加闡釋。

[2]鸞和：鸞與和，古代車上的兩種鈴子。《周禮·夏官·大馭》："凡馭路儀，以鸞和爲節。"鄭玄注："鸞在衡，和在軾，皆以金爲鈴。"

[3]佩玉：古代繫於衣帶用作裝飾的玉。《禮記·玉藻》："君子在車，則聞鸞和之聲，行則鳴佩玉。"

[4]三驅：古王者田獵規則。意思是田獵時須讓開一面，三面

驅趕，以示好生之德。《易·比》：“九五，顯比，王用三驅。”孔穎達疏：“褚氏諸儒皆以爲三面著人驅禽。必知三面者，禽唯有背己、向己、趣己，故左右及於後，皆有驅之。”

〔5〕享獻：祭祀時奉獻供品。《續漢書·五行志一》注引鄭玄注《尚書大傳》曰：“享，獻也。《禮志》曰：‘天子諸侯，無事則歲三田：一爲乾豆，二爲賓客，三爲充君之庖。’《周禮·獸人》，冬獻狼，夏獻麋，春秋獻獸物，此獻禮之大略也。”

〔6〕木不曲直：出現木性反常的災害咎徵。《漢書·五行志上》引伏勝《洪範五行傳》，稱君主若有“田獵不宿，飲食不享，出入不節，奪民農時，及有姦謀”五種逆政，則木不曲直。

　　齊後主武平五年，[1]鄴城東青桐樹，[2]有如人狀。京房《易傳》曰：“王德衰，下人將起，則有木生爲人狀。”[3]是時後主怠於國政，耽荒酒色，威儀不肅，馳騁無度，大發繇役，盛修宮室，後二歲而亡。木不曲直之効也。

　　〔1〕齊後主：即北齊後主高緯。　　武平：齊後主高緯年號（570—576）。

　　〔2〕鄴城：故址在今河北臨漳縣城西南，分南北二城。曹魏、後趙、冉魏、前燕均都鄴北城；東魏、北齊都鄴南城，北周大象二年（580）後廢棄。

　　〔3〕王德衰，下人將起，則有木生爲人狀：這則引文也見於《漢書·五行志中之下》。京房所撰多種注《易》之書，多亡佚。《漢書》《後漢書》《宋書》《隋書》等所引京房《易傳》，與今傳三卷本《京氏易傳》文句文義差異較大。清·王保訓輯《京氏易》八卷，包括《周易章句》《易傳》《易占》《易妖占》《易飛候》等。諸史《五行志》所引京房《易傳》，有時專指《易傳》，有時

泛指易傳，即各種《易》注，包括《易妖占》（《易妖變》）《易飛候》等。

七年，宮中有樹，大數圍，夜半無故自拔。齊以木德王，[1]無故自拔，亡國之應也。其年，齊亡。

[1]齊以木德王：三國兩晋南北朝政權更迭的合法性論證，流行讖緯五德相生論述。北魏初自居土德，至孝文帝太和十四年（490）改承水德，以直接承晋之金行。北齊禪東魏，水生木，故自承木德。

開皇八年四月，[1]幽州人家以白楊木懸甕上，[2]積十餘年，忽生三條，皆長三尺餘，甚鮮茂。仁壽二年春，[3]盩厔人以楊木爲屋梁，[4]生三條，長二尺。京房《易傳》曰：“妃后有顓，木仆反立，斷枯復生。”[5]獨孤后專恣之應也。[6]

[1]開皇：隋文帝楊堅年號（581—600）。
[2]幽州：北朝至隋治皆薊縣（今北京城區西南）。
[3]仁壽：隋文帝楊堅年號（601—604）。
[4]盩（zhōu）厔（zhì）：縣名。即今陝西周至縣。
[5]妃后有顓，木仆反立，斷枯復生：這是《漢書·五行志中之下》引京房《易傳》之語。顓，通專，即專擅。枯木復生，在《五行志》詮釋體系中屬草妖，常被視爲人君亡子、後宮專擅或民間出天子等人事異動的徵兆。
[6]獨孤后：即隋文獻皇后獨孤氏。傳見本書卷三六、《北史》卷一四。

仁壽元年十月，蘭州楊樹上松生，[1]高三尺，六節十二枝。《宋志》曰：[2]"松不改柯易葉，楊者危脆之木，此永久之業，將集危亡之地也。"[3]是時帝惑讒言，幽廢冢嫡，[4]初立晉王爲皇太子。[5]天戒若曰，皇太子不勝任，永久之業，將致危亡。帝不悟。及帝崩，太子立，是爲煬帝，竟以亡國。

[1]蘭州：隋開皇元年置，治子城縣（今甘肅蘭州市）。

[2]《宋志》：即《宋書·五行志》。

[3]"松不改柯"至"危亡之地也"：《宋書·五行志三》："天戒若曰，松不改柯易葉，楊者柔脆之木，此永久之業，將集危亡之地。"與本志文字略有出入。

[4]幽廢冢嫡：幽禁廢黜嫡長子，即廢黜太子楊勇。

[5]晉王：即楊廣。文帝開皇二十年十月廢太子楊勇，十一月立晉王廣爲太子。

仁壽四年八月，河間柳樹無故枯落，[1]既而花葉復生。京房《易飛候》曰：[2]"木再榮，國有大喪。"[3]是歲，宮車晏駕。[4]

[1]河間：郡名。隋開皇初廢郡，改置瀛州，煬帝大業三年復置河間郡，治河間（今河北河間市）。

[2]《易飛候》：西漢京房所撰注《易》之書，已佚。

[3]木再榮，國有大喪：《南齊書·五行志》引京房《易傳》："木冬生花，天下有喪。"與這則引文意思相近。這句話可能是《易飛候》佚文。

[4]宮車晏駕：古代常用來作皇帝死亡的諱詞。宮車，皇帝、

后妃所乘之車。晏駕，車駕晚出。

《洪範五行傳》曰：金者西方，萬物既成，殺氣之始也。古之王者，興師動衆，建立旗鼓，以誅殘賊，禁暴虐，安天下，殺伐必應義，以順金氣。如人君樂侵陵，好攻戰，貪城邑之賂，以輕百姓之命，人皆不安，外內騷動，則金不從革。[1]

[1]金不從革：出現金屬特性反常的灾害咎徵，即"金鐵亦不從人意"（《續漢書·五行志一》劉昭注引《漢書音義》）。《漢書·五行志上》引伏勝《洪範五行傳》，稱君主若"好戰攻，輕百姓，飾城郭，侵邊境，則金不從革"。班固的解釋是，如果君主爲一己之貪欲，好大喜功，不惜犧牲百姓生命來追求國威，"則金失其性"，"乃爲變怪"。《續漢書·五行志一》鄭玄注，天空西方的星宿參宿爲攻戰之象，昴、畢宿爲城郭之象，畢又主邊兵，所以如果君主"好戰攻，輕百姓，飾城郭，侵邊境"，就是"逆天西宮之政。西宮於地爲金，金性從刑，而革人所用爲器者也，無故冶之不銷，或入火飛亡，或鑄之裂形，是爲不從革"。這段文字應該是依據《漢書·五行志上》"金不從革"之"説"（可能出自劉向《洪範五行傳論》）而略加闡釋。

陳禎明二年五月，[1]東冶鐵鑄，[2]有物赤色，大如斗，自天墜鎔所，隆隆有聲，鐵飛破屋而四散，燒人家。時後主與隋雖結和好，[3]遣兵度江，掩襲城鎮，將士勞敝，府藏空竭。東冶者，陳人鑄兵之所。鐵飛爲變者，金不從革之應。天戒若曰，陳國小而兵弱，當以和好爲固，無鑄兵而黷武，以害百姓。後主不悟，又遣偏將陳紀、任蠻奴、蕭摩訶數寇江北，[4]百姓不堪其役。及隋師度江，而二將降款，卒以滅亡。

[1]禎明：南朝陳後主陳叔寶年號（587—589）。

[2]東冶：兩晉南朝官方所設冶鐵工場。置於建康（今江蘇南京市），分東、西，東冶尤重。置令領工徒鼓鑄，東晉南朝隸屬少府。

[3]後主：即陳叔寶，陳宣帝嫡長子。紀見《陳書》卷六、《南史》卷一〇。

[4]陳紀：人名。即陳慧紀，南朝陳人。傳見《陳書》卷一五。　任蠻奴：人名。即任忠，南朝梁、陳時人，小名蠻奴。隋避楊忠諱，改稱其小名。傳見《陳書》卷三一、《南史》卷六七。蕭摩訶：人名。南朝陳名將，蘭陵（今江蘇常州市西北）人。後主時任車騎大將軍，禎明三年敗於隋將賀若弼，被俘降隋。傳見《陳書》卷三一、《南史》卷六七。　數寇江北：事詳《北史》卷一一《隋文帝紀》、卷一七《元矩傳》、卷六八《韓禽傳》等。

《洪範五行傳》曰：火者南方，陽光爲明也。人君向南，蓋取象也。昔者聖帝明王，負扆攝袂，[1]南面而聽斷天下。攬海內之雄俊，積之於朝，以續聰明，推邪佞之僞臣，投之于野，以通壅塞，以順火氣。夫不明之君，惑於讒口，白黑雜揉，代相是非，衆邪並進，人君疑惑。棄法律，間骨肉，殺太子，逐功臣，以孽代宗，則火失其性。[2]

[1]負扆：亦作"負依"，背靠屏風，指皇帝臨朝聽政。　攝袂：整理衣袖，表示恭敬。

[2]火失其性：出現火性反常的灾異咎徵。火性本炎上，人們向火取暖、用火烹煮。但如君主"棄法律，逐功臣，殺太子，以妾爲妻，則火不炎上"（《漢書·五行志上》引伏勝《洪範五行傳》）。班固的解釋是，如果君主用人唯賢，遠離奸佞，尊重制度、宗法秩序和功勳，"則火得其性矣"。如果言路阻塞，虛僞讒媚的小人得勢，正不勝邪，"則火失其性矣"。火失其性，則"濫炎妄起。灾宗廟，燒宮館，雖興師衆，弗能救也，是爲火不炎上"。《續漢書·五行志二》注引鄭玄注，認爲君主"棄法律，逐功臣，殺太子，以妾爲妻"，是"逆天南宮之政。南宮於地爲火，火性炎上，然行人所用烹飪者也，無故因見作熱，燔熾爲害，是爲火不炎上"。這段文字應該是依據《漢書·五行志上》"火不炎上"之"説"（可能出自劉向《洪範五行傳論》）而略加闡釋。

梁天監元年五月，[1]有盗入南、北掖，[2]燒神武門、總章觀。[3]時帝初即位，而火燒觀闕，不祥之甚也。既而太子薨，皇孫不得立。[4]及帝暮年，惑於朱异之口，[5]果有侯景之亂，[6]宮室多被焚燒。天誠所以先見也。

[1]天監：南朝梁武帝蕭衍年號（502—519）。

[2]南、北掖：指南、北掖門，梁京城建康宮城門。掖，宮殿正門兩旁之門。

[3]神武門：即神虎門，建康宮城西首門，唐避李虎諱改。總章觀：官署名。在宮城内。三國魏至南朝置總章監，梁、陳又置總章校尉、總章工，掌宮廷舞蹈。

[4]太子薨，皇孫不得立：梁武帝長子昭明太子蕭統於中大通三年（531）病逝後，武帝不立嫡孫蕭歡，而立三子蕭綱爲太子（即日後的梁簡文帝）。或説是因爲蕭統在生母丁貴嬪墓地埋蠟鵝等物厭禱，令武帝嫌忌。事詳《南史》卷五三《昭明太子傳》。

〔5〕朱异：人名。吴郡錢塘（今浙江杭州市）人。傳見《梁書》卷三八、《南史》卷六二。

〔6〕侯景：人名。小名狗子，南北朝時懷朔鎮（今内蒙古固陽縣西南）人，一說雁門（今山西代縣）人。太清二年（548）勾結臨賀王蕭正德，於壽陽起兵反梁，率軍攻破建康，囚禁梁武帝，廢立蕭綱、蕭棟，動亂歷時四年。梁從此衰敗。傳見《梁書》卷五六、《南史》卷八〇。

普通二年五月，[1]琬琰殿火，[2]延燒後宮三千餘間。中大通元年，[3]朱雀航華表灾。[4]明年，同泰寺灾。[5]大同三年，[6]朱雀門灾。[7]水沴火也。[8]是時帝崇尚佛道，宗廟牲牷，皆以麪代之。又委萬乘之重，數詣同泰寺，捨身爲奴，令王公已下贖之。初陽爲不許，後爲默許，方始還宮。天誡若曰，梁武爲國主，不遵先王之法，而淫於佛道，横多糜費，將使其社稷不得血食也。[9]天數見變，而帝不悟，後竟以亡。及江陵之敗，闔城爲賤隸焉，即捨身爲奴之應也。[10]

〔1〕普通：梁武帝蕭衍年號（520—527）。

〔2〕琬琰殿：建康宮城宮殿名。這次火灾亦見於《梁書》卷三《武帝紀下》、《南史》卷七《梁武帝紀》。

〔3〕中大通：梁武帝蕭衍年號（529—534）。

〔4〕朱雀航：又稱朱雀橋，六朝建康秦淮河上二十四航（浮橋）中最大的一座，在今江蘇南京市鎮淮橋東。以正對宮城正南朱雀門，故名。　華表：古代用以表示王者納諫或指路的木柱。《吕氏春秋·自知》：“堯有欲諫之鼓，舜有誹謗之木，湯有司過之士，武王有戒慎之鞀，猶恐不能自知。”東漢開始使用石柱作華表，成

爲豎立在宮殿、橋梁、陵墓等大建築物前做裝飾用的大石柱，柱身多雕刻龍鳳等圖案，上部橫插着雕花的石板。

[5]同泰寺：大通年間梁武帝敕建。故址在今江蘇南京市內。同泰寺於中大同元年（546）發生火灾。事見《梁書·武帝紀下》。

[6]大同：梁武帝蕭衍年號（535—546）。

[7]朱雀門：建康宮城正南門，又稱大航門。

[8]水沴火：當五行之火氣病弱時，水能傷火。在洪範五行論述中，水沴火屬於“視之不明”的異象（見下文）。沴，相傷，不和。

[9]社稷不得血食：意爲亡國。血食，受享祭品。古代殺牲取血祭祀，故稱。《左傳》莊公六年：“若不從三臣，抑社稷實不血食，而君焉取餘？”

[10]及江陵之敗，闔城爲賤隸：552年，侯景兵敗江陵、巴陵，梁湘東王蕭繹在江陵稱帝。三年後，西魏宇文泰派于謹、宇文護率軍五萬南攻，江陵城陷，蕭繹被害，諸王群臣以下，悉被俘往長安，選百姓男女數萬口，分爲奴婢。事見《南史》卷八《梁本紀下》。江陵，縣名。治所在今湖北荆州市江陵縣。晋、南朝爲荆州治。　捨身爲奴之應也：梁武帝崇尚佛道、捨身於佛寺諸事，詳見《梁書·武帝紀下》《南史·梁武帝紀》。

陳永定三年，[1]重雲殿灾。[2]

[1]永定：陳武帝陳霸先年號（557—559）。

[2]重雲殿：建康宮城宮殿。

東魏天平二年十一月，[1]閶闔門灾。[2]是時齊神武作宰，[3]而大野拔斬樊子鵠，[4]以州來降，神武聽讒而殺之。司空元暉免。[5]逐功臣大臣之罰也。

[1]天平：東魏孝静帝元善見年號（534—537）。

[2]閶闔門：魏晋北朝洛陽宮城正南門。

[3]齊神武：即高歡，鮮卑名賀六渾，自稱祖籍渤海蓚縣（今河北景縣）。紀見《北齊書》卷一、二。

[4]大野拔：人名。北魏武衛將軍、南青州刺史。　樊子鵠：人名。北魏代郡平城（今山西大同市）人。歷任晋州、兗州刺史。傳見《魏書》卷八〇、《北史》卷四九。

[5]司空：官名。三公之一。魏晋南北朝多爲大臣加官，無實際職掌。　元暉：人名。即元暉業，字紹遠，魏宗室。歷任司空、太尉，加特進，領中書監、録尚書事。傳見《北齊書》卷二八，《北史》卷一七有附傳。

武定五年八月，[1]廣宗郡火，燒數千家。[2]

[1]武定：東魏孝静帝元善見年號（543—550）。

[2]廣宗郡：北魏太和十一年（487）置，屬相州，治廣宗縣（今河北威縣東南古城）。

後齊後主天統三年，[1]九龍殿灾，[2]延燒西廊。四年，昭陽、宣光、瑤華三殿灾，[3]延燒龍舟。是時讒言任用，正士道消，祖孝徵作歌謠，[4]斛律明月以誅死。[5]讒夫昌，邪勝正之應也。京房《易傳》曰："君不思道，厥妖火燒宮。"

[1]後齊後主：即北齊後主高緯。　天統：北齊後主高緯年號（565—569）。

[2]九龍殿：鄴宮城宮殿。顧炎武《歷代宅京記》根據此條記

載，推測九龍殿當在西廊前後。

[3] 昭陽、宣光、瑤華三殿：鄴宮城宮殿。北齊文宣帝天保二年（551）改顯陽殿爲昭陽殿。《歷代宅京記》載："《鄴中記》曰：'昭陽殿後有永巷，巷北有五樓門，門內則帝後宮，有左右院。左院有殿，名顯陽，右院有殿，名宣光。'"又，《歷代宅京記》根據此條記載，推測瑤華殿當在後宮，近宣光殿。

[4] 祖孝徵：人名。字孝徵，名珽，北齊范陽遒縣（今河北淶水縣）人。有文才，後主時位至尚書左僕射，主管機要。武平三年北周名將韋孝寬派間諜在北齊京師散布歌謠："百升飛上天，明月照長安"；"高山不推自崩，槲木不扶自舉"，中傷北齊名將斛律光。祖珽以私怨，黨附後主親信陸令萱，在歌謠後增衍"盲老公背受大斧，饒舌老母不得語"等句，向後主讒言：百升爲"斛"，"明月"乃斛律光的字；"盲老公"指祖珽本人（祖氏雙目失明）；"饒舌老母"指女侍中陸令萱。歌謠實爲讖語，預言斛律光將篡奪高氏江山，並鏟除忠良如祖氏等人。傳見《北齊書》卷三九，《北史》卷四七有附傳。

[5] 斛律明月：人名。複姓斛律，字明月，名光。世居朔州（治所在今山西朔州市一帶），敕勒族酋長斛律金之子。斛律氏數世名將，光本人深受高歡、高澄賞識，屢敗突厥、北周大軍，官至左丞相，封郡公。女兒爲後主皇后，兒子尚公主。因耿直得罪佞臣祖珽、陸令萱等，又以掌重兵招後主疑忌。至北周行反間計，祖珽等趁機挑撥，後主將光誘殺。北周武帝得知斛律光身死，大赦境內以爲慶賀。滅北齊後，追封斛律光爲上柱國、崇國公，並對衆人説："此人若在，朕豈能至鄴!"《北齊書》卷一七、《北史》卷五四有附傳。

　　開皇十四年，將祠泰山，[1] 令使者致石像神祠之所。[2] 未至數里，野火歘起，燒像碎如小塊。時帝頗信讒言，猜阻骨肉，滕王瓚失志而死，[3]創業功臣，多被夷滅，[4]故天見變，而帝不悟，其後太子勇竟被廢戮。[5]

[1]泰山：在今山東泰安市北。中國古代五岳之首。秦始皇以來，多位帝王曾來此封禪祭祀，報功告太平，以示受命於天。據本書卷二《高祖紀下》，開皇十四年晉王楊廣率百官請隋文帝封禪泰山。文帝以“此事體大，朕何德以堪之”，於十四年十二月巡狩東方，十五年正月“順便”致祭泰山。

[2]令使者致石像神祠之所：此事未見其他記載，不知這尊石像屬何神祇。

[3]滕王瓚：即楊瓚，隋文帝楊堅同母弟。傳見本書卷四四、《北史》卷七一。

[4]創業功臣，多被夷滅：本書《高祖紀下》評語：“其草創元勳及有功諸將，誅夷罪退，罕有存者。”被文帝誅逐的功臣宿將計有：高熲、劉昉、梁士彥、宇文忻、楊雄、王世積、史萬歲、王誼、元諧等人。

[5]太子勇：即楊勇，隋文帝長子。傳見本書卷四五、《北史》卷七一。

大業十二年，[1]顯陽門灾，舊名廣陽，則帝之姓名也。[2]國門之崇顯，號令之所由出也。時帝不遵法度，驕奢荒怠，裴蘊、虞世基之徒，[3]阿諛順旨，掩塞聰明，宇文述以讒邪顯進，[4]忠諫者咸被誅戮。天戒若曰，信讒害忠，則除“廣陽”也。

[1]大業：隋煬帝楊廣年號（605—618）。

[2]顯陽門：隋長安宮城正南正門，開皇二年建，初名廣陽門，仁壽元年改昭陽，後又改顯陽。本志撰者認爲，“廣陽”暗藏煬帝

姓名"楊廣"，故顯陽門火災，正是上天對煬帝的警誡。

[3]裴蘊：人名。傳見本書卷六七、《北史》卷七四。　虞世基：人名。傳見本書卷六七、《北史》卷八三。

[4]宇文述：人名。傳見本書卷六一、《北史》卷七九。

《洪範五行傳》曰：水者，北方之藏，氣至陰也。宗廟者，祭祀之象也。故天子親耕以供粢盛，[1]王后親蠶以供祭服，敬之至也。發號施令，十二月咸得其氣，則水氣順。如人君簡宗廟，不禱祀，逆天時，則水不潤下。[2]

[1]粢盛：盛在祭器內以供祭祀的穀物。

[2]水不潤下：水性反常的災異咎徵。水性本潤下，人們因勢利導，用以灌溉。但如君主"簡宗廟，不禱祀，廢祭祀，逆天時，則水不潤下"（《漢書·五行志上》引伏勝《洪範五行傳》）。班固的解釋是，如果君主不敬鬼神，政令違反天時，則水失其性，天降暴雨，江河泛濫，城鄉、民衆遭殃，以及陰雨連綿，莊稼歉收，這就叫做水不潤下。鄭玄認爲，北方虛、危二宿爲宗廟，牽牛主祭祀，所以君主"簡宗廟，不禱祠，廢祭祀，逆天時"，是"逆天北宮之政也。北宮於地爲水。水性浸潤下流，人所用灌溉者也。無故源流竭絕，川澤以涸，是爲不潤下"（《續漢書·五行志三》劉昭注引）。這段文字應該是依據《漢書·五行志上》"水不潤下"之"說"（可能出自劉向《洪範五行傳論》）而略加闡釋。

梁天監二年六月，大末、信安、安豐三縣大水。[1]《春秋考異郵》曰：[2]"陰盛臣逆人悲，則水出河決。"是時江州刺史陳伯之、益州刺史劉季連舉兵反叛，[3]師旅數興，百姓愁怨，臣逆人悲之應也。

[1]大末：縣名。又作太末，秦始置，治所在今浙江龍游縣舊城，一説在今浙江金華市西。　信安：縣名。西晉改東陽郡新安縣置，治所在今浙江衢州市。　安豐：縣名。東漢建安四年（199）分太末縣置，治所在今浙江浦江縣西南。

[2]《春秋考異郵》：西漢末至隋流行的緯書之一種，已佚。後人輯佚成果可參見日本學者安居香山、中村璋八編《緯書集成》（河北人民出版社 1994 年版）。

[3]江州：西晉元康元年（291）分荆、揚兩州置，治南昌縣（今江西南昌市）。　陳伯之：人名。南朝齊、梁時人，祖籍濟陽睢陵（今江蘇盱眙縣西）。初從蕭衍起兵，天監元年舉兵叛梁，改投北魏。至天監四年梁北伐，伯之又率衆歸梁。傳見《梁書》卷二〇、《南史》卷六一。　益州：魏晉南朝沿漢置，治成都縣（今四川成都市）。　劉季連：人名。彭城（今江蘇徐州市）人。南齊末爲益州刺史。中興元年（501）蕭衍另委刺史，徵季連還京，於是舉兵反，至天監二年城圍始降，赦爲庶人。傳見《梁書》卷二〇，《南史》卷一三有附傳。

六年八月，建康大水，[1]濤上御道七尺。[2]七年五月，建康又大水。是時數興師旅，以拒魏軍。[3]十二年四月，建康大水。是時大發卒築浮山堰，[4]以遏淮水，[5]勞役連年，百姓悲怨之應也。

[1]建康：縣名。即建康縣（今江蘇南京市）。三國吳、東晉、南朝皆建都於此。

[2]御道：供帝王車駕通行的道路。《梁書》卷二《武帝紀中》，天監六年八月戊戌，“京師大水，因濤入，加御道七尺”。又

據《南史》卷七《梁武帝紀》，武帝中大通五年夏五月，"都下大水，御道通船"。（又見下文）可以想見當時京城水患的情境。

[3]數興師旅，以拒魏軍：天監三年，北魏宣武帝出兵攻梁。天監四年二月，梁武帝策動反擊。天監六年三月，梁軍鍾離大捷，殲北魏軍二十萬。天監七年，陸續收復郢、豫二州各地。

[4]浮山堰：南北朝時期淮河上修建的攔河大壩。位於安徽五河、嘉山及江蘇泗洪三縣交界的淮河浮山峽內。天監十三年十月，梁與北魏爭奪壽陽（今安徽壽縣），武帝派康絢主持在浮山築壩壅水以倒灌壽陽城，逼魏軍撤退。

[5]淮水：即今淮河。

中大通五年五月，建康大水，御道通船。京房《易飛候》曰："大水至國，賤人將貴。"[1]蕭棟、侯景僭稱尊號之應也。[2]

[1]大水至國，賤人將貴：可能是《易飛候》佚文，僅見於本志。

[2]蕭棟：人名。梁昭明太子蕭統之孫，封豫章王。大寶二年（551）侯景廢簡文帝，立其為帝，改年號為天正。在位僅四個月，廢為淮陰王。傳見《南史》卷五三。

後齊河清二年十二月，[1]兗、趙、魏三州大水。[2]天統三年，并州汾水溢。[3]讖曰："水者純陰之精。陰氣洋溢者，小人專制。"[4]是時和士開、元文遙、趙彥深專任之應也。[5]

[1]河清：北齊武成帝高湛年號（562—565）。

[2]兗、趙、魏三州大水：三州大水事，未見《北齊書》《北

史》記載。《北齊書》卷七《武成帝紀》：河清二年十二月，"是時，大雨雪連月，南北千餘里平地數尺"。兗州，魏晉治廩丘縣（今山東鄆城縣西北），南朝宋移治瑕丘城（今山東兗州市）。北魏、北齊沿置。趙州，北齊天保二年因避太子殷諱，改趙州置，治廣阿縣（今河北隆堯縣東舊城）。魏州，北周大象二年始置，治貴鄉縣（今河北大名縣東北）。北齊不置，疑記載有誤。

[3]并州：治晉陽（今山西太原市西南）。　汾水：黃河支流。在今山西省中部。源出寧武縣管涔山，經太原市南流到新絳縣折向西，在河津市西入黃河。

[4]"水者"至"專制"：此讖語見於《續漢書·五行志三》："水者，純陰之精也。陰氣盛洋溢者，小人專制擅權，妒疾賢者，依公結私，侵乘君子，小人席勝，失懷得志，故涌水爲灾。"

[5]和士開：人名。清都臨漳（今河北臨漳縣）人。高緯（後主）即位後，封淮陽王，遷尚書令、錄尚書事。武平二年七月三十日，爲琅琊王高儼執殺。傳見《北齊書》卷五〇、《北史》卷九二。　元文遙：人名。北魏宗室。官至尚書左僕射，封郡公，賜姓高氏，籍屬宗正。傳見《北齊書》卷三八、《北史》卷五五。

武平六年八月，山東諸州大水。[1]京房《易飛候》曰："小人踊躍，無所畏忌，陰不制於陽，則涌水出。"[2]是時群小用事，邪佞滿朝。閽豎嬖倖，[3]伶人封王。[4]此其所以應也。

[1]山東：建都平城時的北魏因居太行山西，稱太行山以東爲山東。北齊沿用北魏之稱。

[2]"小人踊躍"至"則涌水出"：可能是《易飛候》佚文，僅見於本志。

[3]閽豎嬖倖：閽豎，掌宮掖掃除事，是後宮太監僕婢的蔑稱。

這裏指北齊後主高緯的乳母陸令萱及她的兒子穆提婆（後宮僕役）。嬖倖，是指二人受寵於後主。此二人事見《北齊書》卷五〇、《北史》卷九二《穆提婆傳》。

[4]伶人封王：北齊後主高緯好樂，宮廷音樂家如安馬駒及曹妙達等俱被封王。本書《音樂志中》："後主唯賞胡戎樂，耽愛無已。於是繁手淫聲，爭新哀怨。故曹妙達、安未弱、安馬駒之徒，至有封王開府者，遂服簪纓而爲伶人之事。"

　　開皇十八年，河南八州大水。是時獨孤皇后干預政事，濫殺宮人，放黜宰相。[1]楊素頗專。[2]水陰氣，臣妾盛強之應也。

[1]宰相：指尚書左僕射高熲。因高熲曾言語間無意傷害獨孤后，而且支持太子楊勇，無形中阻撓改立皇儲的計劃，獨孤后遂向文帝進讒離間。開皇十八年，文帝以泄露宮禁內情的罪名，罷免高熲。

[2]楊素：人名。隋朝重臣。傳見本書卷四八，《北史》卷四一有附傳。

　　仁壽二年，河南、河北諸州大水。京房《易傳》曰："顓事有智，誅罰絕理，則厥災水。"[1]亦由帝用刑嚴急，臣下有小過，帝或親臨斬決，又先是柱國史萬歲以忤旨被戮，[2]誅罰絕理之應也。

[1]顓事：專擅用事。顓，通專。《漢書·五行志上》引京房《易傳》："顓事有知，誅罰絕理，厥災水。"

[2]柱國：官名。隋朝屬散官，煬帝大業三年罷。正二品。史萬歲：人名。隋初名將。傳見本書卷五三、《北史》卷七三。

大業三年，河南大水，漂沒三十餘郡。帝嗣位已來，未親郊廟之禮，簡宗廟，廢祭祀之應也。

《洪範五行傳》曰：土者中央，爲内事。[1]宮室臺榭，夫婦親屬也。古者，自天子至于士，宮室寢居，大小有差，高卑異等，骨肉有恩。故明王賢君，修宮室之制，謹夫婦之別，加親戚之恩，敬父兄之禮，則中氣和。[2]人君肆心縱意，大爲宮室，高爲臺榭，雕文刻鏤，以疲人力，淫泆無別，妻妾過度，犯親戚，侮父兄，中氣亂，則稼穡不成。[3]

[1]内事：後宮之事。

[2]中氣：中和之氣。五行方位，土居中央，所以中氣就是土氣。

[3]稼穡不成：指土失其性而爲灾。土性生物，所以人們耕作土地得以收成。但如君主"治宮室，飾臺榭，内淫亂，犯親戚，侮父兄，則稼穡不成"。（《漢書·五行志上》引伏勝《洪範五行傳》）班固的解釋是，如果君主"奢淫驕慢，則土失其性。亡水旱之灾而草木百穀不孰（熟），是爲稼穡不成"。這段文字應該是依據《漢書·五行志上》"稼穡不成"之"説"（可能出自劉向《洪範五行傳論》）而略加闡釋。

齊後主武平四年，山東饑。是時，大興土木之功於仙都苑。[1]又起宮於邯鄲，[2]窮侈極麗。後宮侍御千餘人，皆寶衣玉食。逆中氣之咎也。

[1]仙都苑：北齊武成帝時在華林苑基礎上築成。在今河北臨

漳縣西南。

　　[2]邯鄲：縣名。三國魏以來屬廣平郡，在今河北省西南部邯
鄲市區外圍。東魏天平元年罷縣併入臨漳縣。

　　煬帝大業五年，燕、代、齊、魯諸郡饑。[1]先是建
立東都，[2]制度崇侈。又宗室諸王，多遠徙邊郡。[3]

　　[1]燕：郡名。十六國後趙改燕國置，爲幽州治所，治薊縣
（今北京市西南）。北魏、東魏、北齊沿置。　　代：郡名。東魏天平
二年僑置，寄治肆州秀容郡城（今山西忻州市西北）。　　齊：郡名。
原治臨淄（今山東淄博市東），北齊移治東陽城（今山東青州市
北）。　　魯：郡名。治魯縣（今山東曲阜市東古城）。
　　[2]東都：即洛陽。故城在今河南洛陽市。
　　[3]宗室諸王，多遠徙邊郡：如滕王楊綸、衛王楊集、楊勇諸
子等。參見本書卷四四。

　　《洪範五行傳》曰：“貌之不恭，是謂不肅，[1]則下
不敬。陰氣勝，故厥咎狂，厥罰常雨，厥極惡。[2]時則
有服妖，[3]時則有龜孽，[4]有雞禍，[5]有下體生上體之
痾，[6]有青眚青祥。[7]惟金沴木。”[8]

　　[1]貌之不恭，是謂不肅：在《洪範五行傳》論述架構中，貌
即體現在行爲舉止上的儀態，居君主修身五事之首。肅，意思是
敬。班固解釋説，君主的儀態心態應該恭謹，儀表舉止應該恭敬。
如果懈怠傲慢，就不能認真慎重地處理各項事務，其失誤在於狂妄
輕率。（《漢書·五行志中之上》）
　　[2]厥咎狂，厥罰常雨，厥極惡：君主狂妄輕率傲慢，在洪範
五行論述中被歸類爲陰氣盛，所以上天的懲罰將是連陰雨。雨水太

多，“水傷百穀，衣食不足，則姦軌並作，故其極惡也。一曰，民多被刑，或形貌醜惡，亦是也。”（《漢書·五行志中之上》）

［3］時則：有時會有，可能會有。　服妖：古人以爲服飾（包括髮式）奇異或不遵禮法，預兆着人事風俗之異變，故稱服妖。《漢書·五行志中之上》：“風俗狂慢，變節易度，則爲剽輕奇怪之服，故有服妖。”

［4］龜孽：今本《尚書大傳·洪範五行傳》作“魚孽”。因爲貌不恭則陰氣盛，雨水太多，龜（或魚）“多出而爲害”。孽，萌芽、苗頭。

［5］雞禍：據班固的解説，雞是《周易》中巽卦之象。（雄）雞憑其高冠和利距，兼具文雅威武的氣質。君主儀態皆失，即喪失其君主的威嚴，同類相感，遂有雞禍。另一説是因雨水太多，造成雞的大量死亡或其他異象，即雞禍。

［6］下體生上體之痾：下體生於上體之病，如牛足長於牛背之類的畸形夭胎。《漢書·五行志中之上》：“上失威儀，則下有强臣害君上者，故有下體生於上之痾。”痾，病。

［7］青眚青祥：指涉及青色事物（五行中屬木的事物）的怪異現象。“貌之不恭”病木氣，所以會有青眚青祥。

［8］金沴木：當五行之木氣病弱時，金能傷木。《漢書·五行志中之上》：“木氣病則金沴之，衝氣相通也。於《易》，《震》在東方，爲春爲木也；《兌》在西方，爲秋爲金也；《離》在南方，爲夏爲火也；《坎》在北方，爲冬爲水也。春與秋，日夜分，寒暑平，是以金木之氣易以相變，故貌傷則致秋陰常雨，言傷則致春陽常旱也。”本段引文出自伏勝《洪範五行傳》。《漢書·五行志中之上》引作：“貌之不恭，是謂不肅，厥咎狂，厥罰恒雨，厥極惡。時則有服妖，時則有龜孽，時則有雞禍，時則有下體生上之痾，時則有青眚青祥。唯金沴（水）〔木〕。”文字略有出入。

貌不恭

侯景僭即尊號，[1]升圓丘，[2]行不能正履，有識者知其不免。景尋敗。梁元帝既平侯景，破蕭紀，[3]而有驕矜之色。性又沉猜，由是臣下離貳。即位三年而爲西魏所陷，帝竟不得其死。[4]

[1]侯景僭即尊號：公元551年，侯景立梁豫章王蕭棟爲帝，年號天正。同年再命蕭棟禪讓，自立爲帝，國號漢，改元太始。

[2]圓丘：古代帝王祭天的圓形高壇，也稱圜丘。

[3]梁元帝：梁武帝第七子蕭繹。封湘東王，授荆州刺史。大寶二年四月，派大都督王僧辯追擊侯景，十一月在江陵稱帝，改元承聖。承聖元年（552）四月，侯景兵敗北逃，爲部將所殺。紀見《梁書》卷五、《南史》卷八。　蕭紀：人名。梁武帝第八子。天監十三年封武陵王，大同三年爲都督益梁等十三州諸軍事、益州刺史。大寶二年四月在蜀稱帝，改元天正。承聖二年三月，從益州率兵東襲荆州蕭繹，七月，在峽口兵敗被殺。傳見《梁書》卷五五、《南史》卷五三。

[4]帝竟不得其死：承聖三年九月，西魏宇文泰派兵五萬攻占江陵。十二月，梁元帝兵敗出降，被人以土囊殺死。

陳後主每祀郊廟，必稱疾不行。[1]建寧令章華上奏諫曰：[2]“拜三妃以臨軒，祀宗廟而稱疾，非祗肅之道。”[3]後主怒而斬之。又引江總、孔範等内宴，[4]無復尊卑之序，號爲狎客，專以詩酒爲娱，不恤國政。秘書監傅縡上書諫曰：[5]“人君者，恭事上帝，子愛下人，省嗜慾，遠邪佞，未明求衣，日旰忘食，是以澤被區宇，慶流子孫。陛下頃來，酒色過度，不虔郊廟大神，專媚淫昏之鬼。小人在側，宦竪擅權，惡誠直如仇讎，視時人如草芥。後宮曳羅綺，廄馬餘菽粟，百姓流離，轉屍蔽野。神怒人怨，衆叛親離。臣恐東南王氣，自斯而盡。"[6]後主不聽，驕恣日甚。未幾而國滅。

[1]陳後主：即陳叔寶。太建十四年（582）即位，大造宮室，親信佞臣，不理政事。紀見《陳書》卷六、《南史》卷一〇。　稱疾不行：主持郊祀天地、謁祭宗廟等禮儀活動，是古代帝王的重要職責之一。稱病逃避，既是失職，也是不敬祖先鬼神的失德行爲。

[2]建寧：縣名。三國吳至南朝陳屬長沙郡，治今湖南株洲市。　章華：人名。南朝陳人。曾上書批評朝政，爲後主所殺。《陳書》卷三〇、《南史》卷六九有附傳。

[3]"拜三妃"至"肅之道"：《陳書》卷三〇《章華傳》引作"祠七廟而不出，拜妃嬪而臨軒"。三妃，指陳後主寵愛的貴妃張麗華及龔、孔二貴嬪。臨軒，皇帝不坐正殿而御前殿。

[4]江總：人名。濟陽考城（今河南蘭考縣）人。曾以文學才華獲梁武帝賞識。陳後主時官至尚書令，而不理政事，與後主游宴後庭，乃至亡國。傳見《陳書》卷二七，《南史》卷三六有附傳。　孔範：人名。南朝陳人，後主時拜都官尚書，與江總等並爲後主狎客，深受寵信。傳見《南史》卷七七。

[5]秘書監：官名。東漢始置，南北朝時爲秘書省長官，掌圖書經籍事，領著作省。南朝陳時位四品，秩中二千石。　傅縡：人名。南朝梁、陳人。歷任撰史學士、太子庶子等，後主時遷秘書監，兼中書通事舍人，掌詔誥。傳見《陳書》卷三〇、《南史》卷六九。

[6]"人君者"至"自斯而盡"：這篇奏章見於《陳書》《南史》之《傅縡傳》。當時傅縡被譖受賄，已下獄，所以《全陳文》卷一六及《文苑英華》卷六七三題爲《獄中上陳後主書》。

陳司空侯安都，[1]自以有安社稷之功，驕矜日甚，每侍宴酒酣，輒箕踞而坐。[2]嘗謂文帝曰：[3]"何如作臨川王時？"又借華林園水殿，[4]與妻妾賓客，置酒於其上，帝甚惡之。後竟誅死。

[1]司空：三公之一。魏晉南北朝爲名譽宰相，多作大臣加官，無實際職掌。位一品。　侯安都：人名。始興曲江（今廣東韶關市東南）人。曾輔佐陳霸先建立陳朝。陳武帝駕崩，安都力主定議立陳文帝，進爵清遠郡公，遷司空，恃功驕縱不法。傳見《陳書》卷八、《南史》卷六六。

[2]箕踞：先秦至南北朝，因當時服式與家具的形制，人們多屈膝席地跪坐。箕踞是一種輕慢、不合禮節的坐姿，即隨意張開兩腿而坐，形似簸箕。

[3]文帝：即陳文帝陳蒨。陳武帝霸先兄子，封臨川王。永定三年，武帝崩，當時皇子陳昌在北周爲質子，内無嫡嗣。陳蒨獲侯安都及群臣推戴得立。紀見《陳書》卷三、《南史》卷九。

[4]華林園：六朝時宮苑名。三國吳始建，名後苑，東晉改名華林園。故址在今江蘇南京市區雞鳴山南古臺城内。

東魏武定五年，後齊文襄帝時爲世子，[1]屬神武帝崩，秘不發喪，朝魏帝於鄴。[2]魏帝宴之，文襄起舞。及嗣位，又朝魏帝於鄴，侍宴而惰。[3]有識者知文襄之不免。後果爲盜所害。[4]

[1]文襄帝：即高歡長子高澄。其弟高洋禪東魏後，追尊其爲文襄帝。紀見《北齊書》卷三、《北史》卷六。

[2]神武帝崩，秘不發喪，朝魏帝於鄴：東魏孝静帝武定五年

正月，高歡病逝後不久，久蓄異志的侯景終於背叛。高澄秘不發喪，在晉陽忙於部署征討侯景。四月，纔回鄴城朝見孝靜帝。

[3]及嗣位，又朝魏帝於鄴，侍宴而惰：武定五年七月，高澄繼高歡爲使持節、大丞相、都督中外諸軍、録尚書事、大行臺、渤海王。由是對孝靜帝脅迫日甚。《魏書》卷一二《孝靜帝紀》載，高澄曾迫帝以大觴對飲，呼喝帝爲"狗脚朕"，又令人拳毆孝靜帝。

[4]爲盜所害：武定七年八月，高澄被梁人膳奴蘭京刺殺。

神武時，司徒高昂嘗詣相府，[1]將直入門，門者止之。昂怒，引弓射門者，神武不之罪。尋爲西魏所殺。

[1]司徒：官名。三公之一，與太尉、司空同爲名譽宰相，魏晉時多爲大臣加官。一品。　高昂：人名。字敖曹，渤海蓨（今河北景縣西）人。從高歡起兵，東魏初，歷任侍中、司徒公、軍司大都督。元象元年（538）與西魏軍爭洛陽，兵敗，逃至河梁南城被殺。《北齊書》卷二一、《北史》卷三一有附傳。

後齊後主爲周師所迫，至鄴集兵。[1]斛律孝卿勸後主親勞將士，[2]宜流涕慷慨，以感激之，人當自奮。孝卿授之以辭，後主然之。及對衆，默無所言，因報然大笑，左右皆哂。將士怒曰："身尚如此，吾輩何急！"由是皆無戰心，俄爲周師所虜。

[1]後齊後主爲周師所迫，至鄴集兵：武平七年十二月，北齊後主高緯與北周於晉州城南大戰，齊軍大敗，後主棄軍先還，逃回鄴城，招募軍士。事詳《北齊書》卷八《後主紀》。

[2]斛律孝卿：人名。後主時官至侍中、開府儀同三司、知内省事。後主逃至齊州，令其送禪位詔及傳位璽給任城王高湝。孝卿

却前往鄴城，歸順北周。《北史》卷五三有附傳。

煬帝自負才學，每驕天下之士。嘗謂侍臣曰："天下當謂朕承藉餘緒而有四海耶？[1]設令朕與士大夫高選，[2]亦當爲天子矣。"[3]謂當世之賢，皆所不逮。《書》云："謂人莫己若者亡。"[4]帝自矜己以輕天下，能不亡乎？帝又言習吳音，其後竟終於江都，[5]此亦魯襄公終於楚宮之類也。[6]

[1]餘緒：後裔。

[2]高選：以高標準選拔。

[3]亦當爲天子矣：此語未見本書紀、傳記載。

[4]謂人莫己若者亡：語出《尚書·仲虺之誥》。意思是認爲別人不如自己的人，難免失敗。

[5]江都：郡名。隋大業初改揚州置，治江陽縣（今江蘇揚州市）。隋煬帝在郡治附近大築宮苑，定爲行都。

[6]魯襄公：春秋時代魯國的第二十二代君主。 楚宮：《左傳》襄公三十一年："公作楚宮。穆叔曰：'《太誓》云："民之所欲，天必從之。"君欲楚也夫！故作其宮。若不復適楚，必死是宮也。'六月辛巳，公薨於楚宮。"杜預注説，魯襄公訪問楚國，喜歡其宮殿建築，回國後仿造，故稱楚宮。

常雨水

梁天監七年七月，雨，至十月乃霽。《洪範五行傳》曰：陰氣强積，然後生水雨之災。[1]時武帝頻年興師，是歲又大舉北伐，[2]諸軍頗捷，而士卒罷敝，百姓怨望，陰氣畜積之應也。

[1]陰氣强積，然後生水雨之災：《漢書·五行志上》引董仲舒説，認爲“百姓愁怨，陰氣盛”，導致大水之災。

[2]北伐：天監七年九月，梁軍圍攻義陽，十月與北魏争奪懸瓠。

陳太建十二年八月，[1]大雨霆霖。時始興王叔陵驕恣，[2]陰氣盛强之應也。明年，宣帝崩，[3]後主立。叔陵刺後主於喪次。宮人救之，僅而獲免。叔陵出閣，[4]就東府作亂。[5]後主令蕭摩訶破之，[6]死者千數。

[1]太建：南陳宣帝陳頊年號（569—582）。

[2]始興王叔陵：陳叔陵，陳宣帝陳頊第二子。傳見《陳書》卷三六、《南史》卷六五。

[3]宣帝：陳頊，陳文帝弟。紀見《陳書》卷五、《南史》卷一〇。

[4]閣：小門。《爾雅·釋宮》云：“宮中之門謂之闈，其小者謂之闈，小闈謂之閣。”

[5]東府：原爲東晋會稽王司馬道子府宅。孝武帝太元中道子代領揚州事，以東府爲治所。其後爲東晋南朝丞相兼領揚州刺史府邸所在地。《文選》卷六〇謝惠連《祭古冢文》：“東府掘城北壍，入丈餘。”李善注引《丹陽記》：“東府城，西則簡文會稽王時第，東則孝文王道子府。道子領揚州，仍住先舍，故俗稱東府。”

[6]蕭摩訶：南朝陳名將，南蘭陵（今江蘇常州市武進區西北）人。歷任譙州刺史、南徐州刺史，陳亡入隋，授開府儀同三司。後參與漢王楊諒謀反，被殺。傳見《陳書》卷三一、《南史》卷六七。

東魏武定五年秋，大雨七十餘日，元瑾、劉思逸謀殺後齊文襄之應也。[1]

[1]元瑾：人名。東魏宗室。《魏書》卷一八、《北史》卷一六有附傳。　劉思逸：人名。平原（今山東聊城市東北）人。傳見《魏書》卷九四、《北史》卷九二。武定年間，東魏孝静帝不堪高澄凌辱，常侍侍講荀濟、華山王大器與元瑾等密謀殺高澄，事泄。詳《魏書》卷一二《孝静帝紀》。

後齊河清三年六月庚子，大雨，晝夜不息，至甲辰。山東大水，人多餓死。是歲，突厥寇并州，[1]陰戎作梗，[2]此其應也。

[1]突厥：古族名、國名。廣義包括突厥、鐵勒各部落，狹義指突厥汗國。公元六世紀初興起於金山（今阿爾泰山）西南麓，爲一游牧部落。公元522年，建政權於今鄂爾渾河流域，樹庭於鬱督軍山（今蒙古國杭愛山東段）。汗國全盛時期，控制中西交通與絲綢貿易之路，與中原的北齊、北周相抗衡。傳見本書卷八四、《周書》卷五〇、《北史》卷九九、《舊唐書》卷一九四、《新唐書》卷二一五。
[2]陰戎：古族名。西戎之一，即陸渾之戎，因居住於陰地（今陝西商州至河南嵩縣東北，黃河以南熊耳山脉以北一帶），故名。

天統三年十月，積陰大雨。胡太后淫亂之所感也。[1]

[1]胡太后：安定郡（治所在今甘肅涇川縣北）人。北齊武成

帝高湛皇后，後主高緯母。傳見《北齊書》卷九、《北史》卷一四。

武平七年七月，大霖雨，水潦，人户流亡。是時駱提婆、韓長鸞等用事，[1]小人專政之罰也。

[1]駱提婆：即陸令萱子穆提婆。　韓長鸞：即韓鳳，昌黎（今遼寧朝陽市）人。後主時爲侍中、領軍，總知内省機密，與穆提婆、高阿那肱並稱“三貴”，導帝游樂，排斥士族。傳見《北齊書》卷五〇、《北史》卷九二。

後周建德三年七月，[1]霖雨三旬。時衛剌王直潛謀逆亂。[2]屬帝幸雲陽宮，[3]以其徒襲肅章門，[4]尉遲運逆拒破之。[5]其日雨霽。

[1]建德：北周武帝宇文邕年號（572—578）。
[2]衛剌王直：即宇文直，代郡武川（今内蒙古武川縣西）人，周武帝同母弟。北周初封衛國公，建德三年封王。與武帝有積怨。建德三年七月，武帝赴雲陽宮，宇文直在長安舉兵叛變。兵敗逃亡荆州，被俘，隨即被殺。傳見《周書》卷一三、《北史》卷五八。
[3]雲陽宮：即漢甘泉宮，在今陝西淳化縣西北甘泉山上。
[4]肅章門：長安皇宮西門。
[5]尉遲運：人名。代（今山西大同市）人，鮮卑族，尉遲綱之子。傳見《周書》卷四〇、《北史》卷六二。

大雨雪
梁普通二年三月，大雪，平地三尺。《洪範五行傳》

曰：庶徵之常，[1]雨也，然尤甚焉。雨，陰也；雪，又陰畜積甚盛也。皆妾不妾、臣不臣之應。[2]時義州刺史文僧朗以州叛於魏，[3]臣不臣之應也。

[1]庶徵：各種氣象徵候。《尚書·洪範》："庶徵：曰雨，曰暘，曰燠，曰寒，曰風。"僞孔傳："雨以潤物，暘以乾物，燠以長物，寒以成物，風以動物，五者各以其時，所以爲衆驗。"

[2]"庶徵之常"至"臣不臣之應"：《漢書·五行志中之下》引劉向説："凡雨，陰也，雪又雨之陰也，出非其時，迫近象也。"劉向認爲《春秋》所紀魯僖公十年大雨雪，是因爲僖公立妾爲夫人，陰氣盛；魯昭公四年大雨雪，是因爲魯國季孫氏、孟孫氏、叔孫氏三家大夫強盛，而生不臣之心。這段文字應該是對劉向這一論述的概括。

[3]義州：南朝梁置，治苞信縣（今河南商城縣西）。 文僧朗：人名。唐燮軍考證："文僧朗，《梁書》《魏書》《北史》《南史》《資治通鑑》並作'文僧明'，中華書局《梁書·武帝紀下》校勘記第二條云：'此宋刻避宋始祖玄朗諱而改"朗"爲"明"。'"（唐燮軍：《〈隋書·天文志·五代灾變應〉勘誤》，《古籍整理研究學刊》2007 年第 6 期）

大同三年七月，青州雪，[1]害苗稼。是時交州刺史李賁舉兵反，[2]僭尊號，置百官，擊之不能克。

[1]青州：南朝宋泰始六年（470）與冀州合僑置於鬱洲（今江蘇連雲港市東雲臺山一帶）。

[2]交州：三國吳至南朝治龍編縣（今越南河内市東天德江北岸）。 李賁：人名。龍興太平（今屬越南）人，曾出仕南朝梁。公元 6 世紀中期越南北部地方領袖，萬春國（前李朝）開國君主。

梁武帝大同七年，李賁連同數州豪傑起事，交州刺史蕭諮逃到廣州。大同十年正月，李賁自稱越帝，置百官，改元天德。至太清二年（548），李賁兵敗被殺。《梁書》《南史》皆稱李賁爲土人（民）、交州人、交州豪士，並無李賁任交州刺史的記載。其生平可參見《大越史記全書·本紀前書·前李紀》。

　　十年十二月，大雪，平地三尺。是時邵陵王綸、湘東王繹、武陵王紀並權侔人主，[1]頗爲驕恣，皇太子甚惡之，[2]帝不能抑損。上天見變，帝又不悟。及侯景之亂，諸王各擁強兵，外有赴援之名，內無勤王之實，委棄君父，自相屠滅，國竟以亡。

　　[1]邵陵王綸：即蕭綸，梁武帝蕭衍第六子，天監十三年封邵陵郡王。傳見《梁書》卷二九、《南史》卷五三。　湘東王繹：即梁元帝蕭繹。紀見《梁書》卷五、《南史》卷八。　武陵王紀：即蕭紀，見前注。諸王皆梁皇室至親，雄踞一方，手握強兵。於臺城危急，父兄命懸一綫之際，各懷鬼胎。“委棄君父，自相屠滅，國竟以亡”之批評，可謂精當。
　　[2]皇太子：即蕭綱，梁武帝第三子，昭明太子同母弟。中大通三年，昭明太子卒，立爲皇太子。紀見《梁書》卷四、《南史》卷八。

　　東魏興和二年五月，[1]大雪。時後齊神武作宰，發卒十餘萬築鄴城，[2]百姓怨思之徵也。

　　[1]興和：東魏孝靜帝年號（539—542）。
　　[2]發卒十餘萬築鄴城：《魏書》卷一二《孝靜帝紀》：“（興和元年九月甲子）發畿內民夫十萬人城鄴城，四十日罷。”

武定四年二月，大雪，人畜凍死，道路相望。時後齊霸政，[1]而步落稽舉兵反，[2]寇亂數州，人多死亡。

[1]後齊霸政：指高歡强勢柄政東魏。《北史》卷五《魏孝静帝紀》：“魏室土崩，始則制屈强胡，終乃權歸霸政。”

[2]步落稽：古族名。即稽胡，又稱山胡。源於南匈奴，南北朝時居今山西、陝西山谷間。傳見《周書》卷四九、《北史》卷九六。史載高歡曾於武定二年十一月討伐山胡。本志所説武定四年“步落稽舉兵反”，史書未詳。

後齊河清二年二月，大雪連雨，南北千餘里，平地數尺，繁霜晝下。是時突厥木杆可汗與周師入并州，[1]殺掠吏人，不可勝紀。

[1]突厥木杆可汗與周師入并州：當時北周與突厥聯姻，意圖聯兵夾擊北齊。北周武帝保定三年（563）十二月，周將楊忠奪北齊境二十餘城，大敗北齊軍於陘嶺，並與突厥可汗會師，直逼晋陽。參見《周書》卷一九《楊忠傳》。

天統二年十一月，大雪；三年正月，又大雪，平地二尺；武平三年正月，又大雪。是時馮淑妃、陸令萱内制朝政，[1]陰氣盛積，故天變屢見，雷雨不時。

[1]馮淑妃：名小憐，原爲北齊後主穆皇后婢女。穆后愛衰，將小憐獻給後主，因而有寵。傳見《北史》卷一四。

陳太建元年七月，大雨，震萬安陵華表，又震慧日寺刹，瓦官寺重閣門下一女子震死。[1]京房《易飛候》曰："雷雨霹靂丘陵者，逆先人令；爲火殺人者，人君用讒言殺正人。"[2]時蔡景歷以姦邪任用，[3]右僕射陸繕以讒毀獲譴，發病而死。[4]

[1]萬安陵：南朝陳武帝陳霸先陵墓，在今江蘇南京市江寧區南方山西北麓。　慧日寺：亦作惠日寺，在建康西尉定陰里。梁武帝天監十八年捨宅造寺，以惠日爲名（參見劉世珩《南朝寺考》，新文豐出版社 1976 年版）。　瓦官寺：始建於東晋，曾有多位高僧駐錫，聲名頗盛。梁又建瓦官閣。遺址在今江蘇南京市西南鳳凰臺西。三事見於《陳書》卷五《宣帝紀》、《南史》卷一〇《陳宣帝紀》，但皆繫於太建九年，疑本志繫年有誤。

[2]"雷雨霹靂"至"讒言殺正人"：可能是《易飛候》佚文，僅見於本志。

[3]蔡景歷：人名。濟陽考城人。傳見《陳書》卷一六、《南史》卷六八。

[4]右僕射：官名。即尚書右僕射，陳朝尚書省主官。二品。
陸繕：人名。吳郡吳縣（今江蘇蘇州市）人。本志"讒毀獲譴，發病而死"之說，不知有何根據。傳見《陳書》卷二三，《南史》卷四八有附傳。

十年三月，震武庫。[1]時帝好兵，頻年北伐，內外虛竭，將士勞敝。既克淮南，[2]又進圖彭、汴，[3]毛喜切諫，[4]不納。由是吳明徹諸軍皆没，[5]遂失淮南之地。武庫者，兵器之所聚也，而震之，天戒若曰，宜戢兵以安百姓。帝不悟，又大興軍旅。其年六月，又震太皇寺刹、莊嚴寺露槃、重陽閣東樓、鴻臚府門。[6]太皇、莊嚴二寺，陳國奉佛之所，重陽閣每所游宴，鴻臚賓客禮儀之所在，而同歲震者，天戒若曰，國威已喪，不務修德，後必有恃佛道，耽宴樂，棄禮儀而亡國者。陳之君臣竟不悟。至後主之代，灾異屢起，懼而於太皇寺捨身爲奴，以祈冥助，不恤國政，耽酒色，棄禮法，不修鄰好，以取敗亡。

[1]武庫：京師儲藏保管武器裝備的機構。

[2]淮南：這裏泛指淮河以南地區。太建五年，陳宣帝命吳明徹領兵十萬北伐。至太建七年，陳軍大敗北齊軍，攻克數十城池，盡復淮南失地。

[3]彭：地名。即彭城，北周徐州（今江蘇徐州市）治所。汴：地名。即汴州。北周建德五年改梁州置，治所在浚儀縣（今河南開封市）。城臨汴水，故名。陳軍擊敗北齊、收復淮南之際，北周武帝宇文邕乘陳軍牽制一部分北齊兵力，出兵滅齊。陳宣帝這時又想與北周爭奪徐、兗，故命吳明徹攻取彭城。

[4]毛喜：人名。南朝梁、陳時人，祖籍滎陽陽武（今河南原陽縣）。傳見《陳書》卷二九、《南史》卷六八。

[5]吳明徹：人名。南朝梁、陳時人，祖籍秦郡（今江蘇南京市六合區北）。傳見《陳書》卷九、《南史》卷六六。

[6]太皇寺：亦作大皇寺。舊已有寺，陳宣帝太建十年被雷震毀，後主禎明元年於建康重建，起七級浮屠，未完工而火從中起，被焚毀，因而被視爲陳亡之徵兆（參見劉世珩《南朝寺考》）。莊嚴寺：晋穆帝永和四年（348）鎮西將軍謝尚捨宅所建，亦號塔寺。其地南直竹格港，臨秦淮。宋大明中，路太后置莊嚴寺，嫌其同名，改此寺爲謝鎮西寺，或稱謝寺。歷代高僧多有駐錫於此者。陳宣帝太建元年寺焚。後五年，豫州刺史程文秀修復，敕改名爲興

嚴。至十年，又震毀其露槃。（參見劉世珩《南朝寺考》） 重陽閣：當爲陳朝宮殿建築之一。 鴻臚府：官署名。南朝陳掌朝祭禮儀之贊導，長官爲鴻臚卿，位三品。

齊武平元年夏，震丞相段孝先南門柱。[1]京房《易傳》曰："震擊貴臣門及屋者，不出三年，佞臣被誅。"[2]後歲，和士開被戮。

[1]段孝先：人名。即段韶，北齊姑臧武威（今甘肅武威市）人，高歡外甥。傳見《北齊書》卷一六，《北史》卷五四有附傳。

[2]震擊貴臣門及屋者，不出三年，佞臣被誅：《漢書·五行志下之上》引京房《易傳》："臣事雖正，專必震，其震，於水則波，於木則搖，於屋則瓦落。"意思相關而文字不同。

木冰[1]

東魏武定四年冬，天雨木冰。《洪範五行傳》曰：陰之盛而凝滯也。木者少陽，貴臣象也。將有害，則陰氣脅木，木先寒，故得雨而冰襲之。木冰一名介，介者兵之象也。[2]時司徒侯景制河南，及神武不豫，文襄懼其爲亂而徵之，景因舉兵反。豫州刺史高元成、襄州刺史李密、廣州刺史暴顯並爲景所執辱，[3]貴臣有害之應也。其後左僕射慕容紹宗與景戰於渦陽，[4]俘斬五萬。

[1]木冰：雨雪霜沾附於樹木遇寒而凝結成冰。古人以爲木冰是木不曲直而失其性之異象。出現木冰，往往是貴臣擅權侵上、強大造反或甲兵爭戰的徵兆。

[2]"陰之盛而凝滯"至"介者兵之象"：《漢書·五行志上》

引劉歆説：“上陽施不下通，下陰施不上達，故雨，而木爲之冰，霧氣寒，木不曲直也。”意思是木冰現象是因雨霧天寒而形成。劉向的解釋是，“冰者陰之盛而水滯者也，木者少陽，貴臣卿大夫之象也。此人將有害，則陰氣（協）〔脅〕木，木先寒，故得雨而冰也”。意思是陰氣盛而水凝結爲冰，木則是貴人之象，如貴人將有難，則陰氣侵木，雨與寒木，遂有木冰。“或曰，今之長老名木冰爲‘木介’。介者，甲。甲，兵象也。”本段文字是對劉向説的概括。

[3]豫州：北魏獻文帝皇興中改司州置，治上蔡縣（今河南汝南縣）。 高元成：人名。《魏書》《北史》無傳。《北史》卷五《魏孝静帝紀》天平四年夏四月“壬辰，武衛將軍高元咸討破之”。中華本校勘記云：“《魏書》‘咸’作‘盛’。按《魏書》下文武定五年見‘豫州刺史高元成’，本書卷七、《北齊書》卷三《文襄紀》同。《梁書》卷五六《侯景傳》作‘高成’。疑即此人。‘咸’‘盛’皆當是‘成’之訛。” 襄州：北魏孝明帝孝昌中置，治北平縣（今河南方城縣東南）。 李密：人名。平棘（今河北趙縣）人。傳見《北齊書》卷二二。 廣州：北魏孝文帝太和中置，後廢。孝莊帝永安元年（528）復置，治魯陽（今河南魯山縣）。暴顯：人名。魏郡斥邱（今河北魏縣西北）人。傳見《北齊書》卷四一、《北史》卷五三。

[4]左僕射：官名。即尚書左僕射，東魏北齊尚書省次官，職掌都省庶務及執法，或兼掌糾彈百官。從二品。 慕容紹宗：人名。東魏昌黎棘城（今遼寧義縣西）人。鮮卑族，前燕王室後裔。傳見《北齊書》卷二〇、《北史》卷五三。 渦陽：郡名。北魏宣武帝景明中置，治渦陽城（今安徽蒙城縣）。

後齊天保二年，[1]雨木冰三日。初，清河王岳爲高歸彦所譖，[2]是歲以憂死。

[1]天保：北齊文宣帝年號（550—559）。

[2]清河王岳：即高岳，高歡堂弟。天保六年十一月暴薨，傳被賜毒酒而死。傳見《北齊書》卷一三、《北史》卷五一。本志繫此事於天保二年，顯係誤植。 高歸彥：人名。高歡族弟。天保元年北齊建國，封平秦王。因支持孝昭帝高演即位，遷司空、尚書令。孝昭帝崩，迎立武成帝高湛，進位太傅，領司徒。威權震主，引起武成帝疑忌，出爲冀州刺史。後陰謀襲鄴事泄，被誅。傳見《北齊書》卷一四、《北史》卷五一。

武平元年冬，雨木冰；明年二月，又木冰。時録尚書事和士開專政。[1]其年七月，太保、琅邪王儼矯詔殺之。[2]領軍大將軍庫狄伏連、尚書右僕射馮子琮，[3]並坐儼賜死。九月，儼亦遇害。

[1]録尚書事：初爲職銜名，始於東漢。當時政令、政務總於尚書臺，太傅、太尉、大將軍等加此名義得總知國事，綜理政務，成爲真宰相。魏晋南北朝多以公卿權重者居之，總領尚書省政務，凡重號將軍、刺史，皆得命曹授用，位在三公上。

[2]太保：官名。北齊三師之一，位居太師、太傅之下。一品。 琅邪王儼：即高儼，北齊武成帝高湛第三子。傳見《北齊書》卷一二、《北史》卷五二。

[3]領軍大將軍：東漢末以來置領軍將軍，掌禁衛軍，權勢極重。北齊文宣帝天保中又置領軍大將軍，位在領軍將軍之上，爲領軍府長官，總禁衛諸軍，權勢極重。位次尚書令。二品。 庫狄伏連：人名。“庫”一作“厙”。本名伏憐，鮮卑族。北齊代郡（今山西大同市西）人。後主時任領軍大將軍，與高儼合謀殺和士開，被賜死。《北齊書》卷二〇、《北史》卷五三有附傳。 馮子琮：人名。北齊長樂信都（今河北冀州市）人，北燕主馮跋後裔。傳見

《北齊書》卷四〇、《北史》卷五五。

六年、七年，頻歲春冬木冰。其年周師入晉陽，[1]
因平鄴都。[2]後主走青州，[3]貴臣死散，州郡被兵者不可
勝數。

[1]晉陽：縣名。治晉陽城（今山西太原市西南古城營）。東
漢後兼爲并州治所。北齊河清四年移治汾水之東。

[2]鄴都：即鄴城。東魏、北齊都鄴南城。北齊武平七年十二
月，北周軍先後破晉陽、鄴都。

[3]青州：北魏治東陽城（今山東青州市北）。北周軍破鄴都，
後主禪位於幼主高恒，自爲太上皇，隨即携幼主逃往青州，爲周軍
所擒。

大雨雹
梁中大通元年四月，大雨雹。《洪範五行傳》曰：
"雹，陰脅陽之象也。"[1]時帝數捨身爲奴，拘信佛法，
爲沙門所制。

[1]雹，陰脅陽之象也：《漢書·五行志中之下》引劉向《洪
範五行傳論》："盛陽雨水，溫煖而湯熱，陰氣脅之不相入，則轉而
爲雹；盛陰雨雪，凝滯而冰寒，陽氣薄之不相入，則散而爲霰。故
沸湯之在閉器，而湛於寒泉，則爲冰。及雪之銷，亦冰解而散，此
其驗也。故雹者陰脅陽也，霰者陽脅陰也。"反映了古人對冰、霜、
雹、霰成因的認識。

陳太建二年六月，大雨雹；十年四月，又大雨雹；

十三年九月，又雨雹。時始興王叔陵驕恣，陰結死士，圖爲不遑，帝又寵遇之，故天三見變。帝不悟。及帝崩，叔陵果爲亂逆。

服妖

後齊婁后臥疾，[1]寢衣無故自舉。俄而后崩。

[1]後齊婁后：即北齊神武婁皇后，名昭君，代郡平城（今山西大同市）人，高歡妻。《北齊書》卷九《神武婁后傳》："大寧二年春，太后寢疾，衣忽自舉，用巫媼言改姓石氏。四月辛丑，崩於北宮。"《北史》卷一四所載同。

文宣帝末年，衣錦綺，傅粉黛，數爲胡服，微行市里。[1]粉黛者，婦人之飾，陽爲陰事，君變爲臣之象也。及帝崩，太子嗣位，被廢爲濟南王。[2]又齊氏出自陰山，[3]胡服者，將反初服也。錦彩非帝王之法服，微服者布衣之事，齊亡之効也。

[1]傅粉黛：《北史》卷七《齊文宣帝紀》："或袒露形體，塗傅粉黛，散髮胡服，雜衣錦綵，拔刃張弓，游行市肆。"可爲證。傳，當作"傅"。粉黛，即用白粉搽臉，黑粉畫眉，本爲古代女性化妝之術。魏晉南北朝社會上層流行人體陰柔美，士族薰衣剃面，傅粉施朱，相當普遍。然北朝赳赳武夫少有粉黛作態者。所以本志視爲服妖。　數爲胡服：自北魏孝文帝推行漢化改革，率群臣皆服漢魏衣冠。本志認爲文宣帝屢著胡服，屬文化上的倒退行爲。　微行市里：微服（即著平民服飾）游逛市場里巷。本志認爲這是文宣帝自甘下賤的敗亡之徵。

[2]太子：即廢帝高殷，文宣帝長子，天保元年被立爲皇太子。即位後信用漢人楊愔。婁太皇太后與高演、高湛等合謀殺愔，廢殷爲濟南王。紀見《北齊書》卷五、《北史》卷七。

[3]陰山：今内蒙古自治區中部山脉。東西走向，包括狼山、烏拉山、色爾騰山、大青山等。高歡自稱祖籍渤海郡蓨縣（今河北景縣），其祖父高謐被流放懷朔鎮，後世居於此，"累世北邊，故習其俗，遂同鮮卑"。（《北齊書》卷一《神武帝紀上》）故史書稱"齊氏出自陰山"。

後主好令宫人以白越布折額，[1]狀如鬢幗；[2]又爲白蓋。[3]此二者，喪禍之服也。後主果爲周武帝所滅，[4]父子同時被害。

[1]白越布：細布名。
[2]鬢幗：婦人喪冠。
[3]白蓋：白色的車篷，常用於送葬之車。
[4]周武帝：即宇文邕，北周文帝宇文泰第四子。即位後，殺權臣宇文護。親政後，於建德六年滅北齊。紀見《周書》卷五、六，《北史》卷一〇。

武平時，後主於苑内作貧兒村，[1]親衣繿縷之服而行乞其間，以爲笑樂。多令人服烏衣，[2]以相執縛。後主果爲周所敗，被虜於長安而死，妃后窮困，至以賣燭爲業。

[1]貧兒村：北齊後主高緯於華林園内設"貧兒村"，仿效貧民區景觀以嬉戲，"帝自弊衣爲乞食兒。又爲窮兒之市，躬自交易。"（《北齊書》卷八《後主紀》）

　　[2]烏衣：黑衣。北周軍服用黑色。

　　後周大象元年，[1]服冕二十有四旒，車服旗鼓，皆以二十四爲節。[2]侍衛之官，服五色，雜以紅紫。[3]令天下車以大木爲輪，不施輻。[4]朝士不得佩綬，[5]婦人墨粧黃眉。又造下帳，如送終之具，令五皇后各居其一，[6]實宗廟祭器於前，帝親讀版而祭之。又將五輅載婦人，[7]身率左右步從。又倒懸雞及碎瓦於車上，觀其作聲，以爲笑樂。皆服妖也。[8]帝尋暴崩，而政由於隋，周之法度，皆悉改易。

　　[1]大象：北周靜帝宇文闡年號（579—580）。
　　[2]服冕二十有四旒：天子之冕十二旒。（《周禮·夏官·弁師》）周宣帝以爲自己高於天子，所以加倍。車服旗鼓數目也都加倍。冕旒，古代大夫以上的禮冠。頂有延，前有旒，故曰“冕旒”。
　　[3]侍衛之官，服五色，雜以紅紫：《周書》卷七《宣帝紀》：“（大象二年三月丁亥）詔天臺侍衛之官，皆著五色及紅紫綠衣，以雜色爲緣，名曰品色衣。有大事，與公服間服之。”五色指青、赤、白、黑、黃五種顏色。古代以此五者爲正色。
　　[4]輻：即輻條，車輪中連接輪圈與輪轂的直木條。輪不施輻，即以實心圓木爲輪。
　　[5]綬：一種彩色絲帶，用來標志身份、等級，或佩繫官印、勳章。
　　[6]下帳：陵墓中所設的帷帳。周宣帝不遵禮制，同時册立五位皇后，又將皇后們居住的宮殿，按陵墓風格裝飾。
　　[7]五輅：亦稱五路，古代帝王御用的五種車輿，即玉路、金路、象路、革路、木路。（《周禮·春官·巾車》）
　　[8]皆服妖也：冠飾、服色、車輿、室內陳設，皆屬輿服制度，

相關的怪異現象，也就都歸類爲服妖。

開皇中，房陵王勇之在東宮，[1] 及宜陽公王世積家，[2] 婦人所服領巾製同槊幡軍幟。[3] 婦人爲陰，臣象也，而服兵幟，臣有兵禍之應矣。勇竟而遇害，世積坐伏誅。

[1] 房陵王勇：即隋文帝長子楊勇。開皇中曾爲太子，死後諡房陵王。傳見本書卷四五、《北史》卷七一。

[2] 王世積：人名。傳見本書卷四〇，《北史》卷六八有附傳。

[3] 槊幡軍幟：槊，古代兵器，即長矛。幡，旗幟。軍幟，軍旗。

雞禍

開皇中，有人上書，言頻歲已來，雞鳴不鼓翅，類腋下有物而妨之，翮不得舉，[1] 肘腋之臣，當爲變矣。書奏不省。京房《易飛候》曰：“雞鳴不鼓翅，國有大害。”[2] 其後大臣多被夷滅，諸王廢黜，太子幽廢。

[1] 翮：翅膀。

[2] 雞鳴不鼓翅，國有大害：可能是《易飛候》佚文，僅見於本志。

大業初，天下雞多夜鳴。京房《易飛候》曰：“雞夜鳴，急令。”[1] 又云：“昏而鳴，百姓有事；人定鳴，多戰；夜半鳴，流血漫漫。”[2] 及中年已後，軍國多務，用度不足，於是急令暴賦，責成守宰，[3] 百姓不聊生矣，各起而爲盜，戰爭不息，屍骸被野。

[1]雞夜鳴，急令：可能是《易飛候》佚文，僅見於本志。

[2]人定：亦稱鐘定。指夜深人静時刻。古代亥時（相當於午後九時至十一時）以後，人們開始安息，稱爲人定。人定鳴鐘爲信，故稱。　夜半：古代十二時之一。相當於後來的子時。這幾句可能是《易飛候》佚文，僅見於本志。

[3]守宰：地方官別稱，多稱郡守。

龜孽

開皇中，掖庭宫每夜有人來挑宮人。[1]宮司以聞。[2]帝曰：“門衛甚嚴，人何從而入。當是妖精耳。”因戒宮人曰：“若逢，但斫之。”其後有物如人，夜來登牀，宮人抽刀斫之，若中枯骨。其物落牀而走，宮人逐之，因入池而没。明日，帝令涸池，得一龜，徑尺餘，其上有刀迹。殺之，遂絶。龜者水居而靈，陰謀之象，晉王諂媚宮掖求嗣之應云。[3]

[1]掖庭宫：隋大興宫西，宫女居住和犯罪官僚家屬婦女配没入宫勞役之處。在今陝西西安市北。

[2]宫司：職掌後宫事宜的官員。

[3]晉王：即楊廣。史稱楊廣迎合獨孤皇后以求嗣位。

青眚青祥

陳禎明二年四月，群鼠無數，自蔡洲岸入石頭淮，[1]至青塘兩岸。[2]數日死，隨流出江。近青祥也。[3]京房《易飛候》曰：“鼠無故群居不穴衆聚者，其君死。"[4]未幾而國亡。

[1]蔡洲岸：原爲建康西南長江中的沙洲，今已併入陸地。
入石頭淮：《陳書》卷六《後主紀》作："有群鼠無數，自〔蔡〕
洲岸入石頭渡淮，至于青塘兩岸，數日死，隨流出江。"《南史》
卷一〇《陳後主紀》："有群鼠無數，自蔡洲岸入石頭，渡淮至于青
塘兩岸，數日自死，隨流出江。"説的是群鼠入石頭城而渡秦淮。
"入石頭淮"當點作"入石頭、淮"。

[2]青塘：地名。處於通往石頭城的要道。

[3]近青祥：《漢書·五行志中之上》依顏色歸類"黃鼠舞不
休"爲"近黃祥"。本志以群鼠不穴衆聚爲"近青祥"，或因鼠色
青黑。

[4]鼠無故群居不穴衆聚者，其君死：可能是《易飛候》佚
文，僅見於本志。

金沴木

陳天嘉六年秋七月，[1]儀賢堂無故自壓，[2]近金沴木
也。時帝盛修宮室，起顯德等五殿，稱爲壯麗，百姓失
業，故木失其性也。儀賢堂者，禮賢尚齒之謂，[3]無故
自壓，天戒若曰，帝好奢侈，不能用賢使能，何用虛名
也。帝不悟，明年竟崩。

[1]天嘉：南朝陳文帝陳蒨年號（560—566）。

[2]儀賢堂：梁武帝天監六年九月，改閱武堂爲德陽堂，聽訟
堂爲儀賢堂。（《南史》卷六《梁武帝紀上》）侯景圍攻臺城，立蕭
正德爲帝，就是在儀賢堂舉行登基禮。 自壓：自行崩壞。

[3]禮賢尚齒：禮賢，禮遇賢者。尚齒，尊崇年長者。《禮
記·祭義》："是故朝廷同爵則尚齒。"鄭玄注："同爵尚齒，老者在

上也。"

禎明元年六月，宮內水殿若有刀鋸斫伐之聲，其殿因無故而倒。七月，朱雀航又無故自沉。時後主盛修園囿，不虔宗廟。水殿者，游宴之所，朱雀航者，國門之大路，而無故自壞。天戒若曰，宮室毀，津路絕。[1]後主不悟，竟爲隋所滅，宮廟爲墟。

[1]津路：水路。

後齊孝昭帝將誅楊愔，[1]乘車向省，入東門，[2]幰竿無故自折。[3]帝甚惡之，歲餘而崩。

[1]孝昭帝：即高演，高歡第六子，文宣帝高洋同母弟。紀見《北齊書》卷六、《北史》卷七。　楊愔：人名。弘農華陰（今陝西華陰市）人。傳見《北齊書》卷三四，《北史》卷四一有附傳。
[2]東門：東城門。《北齊書·楊愔傳》："二叔率高歸彥、賀拔仁、斛律金擁愔等唐突入雲龍門。"東門即雲龍門。
[3]幰：車帷。

河清三年，長廣郡廳事梁忽剝若人狀，[1]太守惡而削去之，明日復然。長廣，帝本封也；[2]木爲變，不祥之兆。其年帝崩。

[1]長廣郡：北齊治黃縣（今山東龍口市），屬光州。
[2]帝本封：武成帝高湛於天保元年六月，自長廣郡公進爵爲王。

武平七年秋，穆后將如晉陽，[1]向北宮辭胡太后。至宮內門，所乘七寶車無故陷入於地，[2]牛没四足。是歲齊滅，后被虜於長安。

[1]穆后：北齊後主皇后，賜姓穆氏。名邪利，小字黄花。傳見《北齊書》卷九、《北史》卷一四。

[2]七寶車：用多種珍寶裝飾的車。亦泛指華貴的車子。《北齊書》卷九《後主穆后傳》：“屬周武遭太后喪，詔侍中薛孤、康買等爲弔使，又遣商胡齎錦綵三萬疋與弔使同往，欲市真珠爲皇后造七寶車。”車以木製，所以也屬於木氣病之徵兆。

後周建德六年，青城門無故自崩。[1]青者東方色，春宮之象也。[2]時皇太子無威儀禮節，[3]青城門無故自崩者，皇太子不勝任之應。帝不悟。明年太子嗣位，果爲無道。周室危亡，實自此始。

[1]青城門：漢長安城東南門，本名霸城門。因其門色青，俗稱“青門”“青城門”。

[2]春宮：即東宮。《通鑑》卷一七二《陳紀》陳宣帝太建八年：“皇太子養德春宮，未聞有過。”胡三省注：“太子居東宮，東方主春，故亦曰春宮。”

[3]皇太子：即宇文贇，北周武帝長子，建德元年立爲皇太子。紀見《周書》卷七、《北史》卷一〇。

大業中，齊王暕於東都起第，[1]新構寢堂，[2]其栿無故而折。[3]時上無太子，[4]天下皆以暕次當立，公卿屬望。暕遂驕恣，呼術者令相，又爲厭勝之事。[5]堂栿無故自折，木失其性，姦謀之應也。天見變以戒之，暕不悟，後竟得罪於帝。

[1]齊王暕：即楊暕。傳見本書卷五九、《北史》卷七一。東都：隋大業五年，改東京洛陽（今河南洛陽市）爲東都。

[2]寢堂：原指帝王陵墓的正殿，泛指房舍居室。

[3]栿：房梁。

[4]時上無太子：隋煬帝長子楊昭，大業元年立爲皇太子，次年病故。

[5]厭勝之事：古代一種巫術，以詛咒制勝，壓服人或物。

《洪範五行傳》曰：[1]"言之不從，是謂不乂。[2]厥咎僭，厥罰常陽，厥極憂。[3]時則有詩妖，[4]時則有毛蟲之孽，[5]時則有犬禍。[6]故有口舌之痾，[7]有白眚白祥。[8]惟木沴金。"[9]

[1]本段引文出自伏勝《洪範五行傳》。《漢書·五行志中之上》引作："言之不從，是謂不艾，厥咎僭，厥罰恒陽，厥極憂。時則有詩妖，時則有介蟲之孽，時則有犬旤，時則有口舌之痾，時則有白眚白祥。惟木沴金。"

[2]言之不從，是謂不乂：言爲洪範五行論述中的五事之二。班固的解釋是："'言之不從'，從，順也。'是謂不乂'，乂，治也。"（《漢書·五行志中之上》）言抒心聲，中國傳統智慧一向認爲察其言，觀其人，可觀禍福。從這個意義上説，"言之不從"是一種從現象觀本質、預卜吉凶的方法。

[3]厥咎僭，厥罰常陽，厥極憂：班固解釋説："孔子曰：'君子居其室，出其言不善，則千里之外違之，況其邇者虖！'《詩》云：'如蜩如螗，如沸如羹。'言上號令不順民心，虛譁憒亂，則不

能治海内，失在過差，故其咎僭。”君主言語不當或發出的號令和言論不順民心，虛張聲勢，昏瞶混亂，當然就難以有效治理天下。於是“刑罰妄加，群陰不附，則陽氣勝，故其罰常陽也。旱傷百穀，則有寇難，上下俱憂，故其極憂也。”（《漢書·五行志中之上》）陽氣盛而無以制爲常陽，大旱、火災等上天的懲罰因而發生。僭，即僭越失度。

［4］詩妖：指某些爲禍亂徵兆的里巷歌謠，這些歌謠往往蘊含預見、附會和巧合的神秘性，故稱爲妖。《漢書·五行志中之上》：“君炕陽而暴虐，臣畏刑而柑口，則怨謗之氣發於謳謠，故有詩妖。”《南齊書·五行志》説得更透徹：“下既悲苦君上之行，又畏嚴刑而不敢正言，則必先發於歌謠。歌謠，口事也。口氣逆則惡言，或有怪謠焉。”

［5］毛蟲之孽：毛蟲指獸類。劉歆説：“於天文西方參爲虎星，故爲毛蟲。”（《漢書·五行志中之上》）但伏勝《洪範五行傳》作介蟲。介蟲指有殼的昆蟲或水族。《漢書·五行志中之上》：“介蟲孽者，謂小蟲有甲飛揚之類，陽氣所生也，於《春秋》爲螽，今謂之蝗，皆其類也。”

［6］犬禍：與犬有關的災異現象。班固解釋説，《周易》兌卦之象爲口，“犬以吠守，而不可信，言氣毀故有犬旤。一曰，旱歲犬多狂死及爲怪，亦是也”。（《漢書·五行志中之上》）

［7］口舌之痾：言從口出，言不從，則口舌有病。《漢書·五行志中之上》：“及人，則多病口喉欬者，故有口舌痾。”

［8］白眚白祥：指白色之物（五行中屬金的事物）所產生的預兆災禍發生的怪異現象。“凡言傷者，病金氣。”按照劉歆的説法，“言之不從”會有毛蟲之孽，而毛蟲“於天文西方參爲虎星”，西方屬金，所以有白眚白祥之出現。（《漢書·五行志中之上》）鄭玄采信伏勝的“介蟲”説，認爲“蠓、螽、蜩、蟬之類，生於火而藏於秋者也，屬金”，所以也是“病金氣”。（《續漢書·五行志一》）

[9]惟木沴金：不同於五行相生或相勝（克）説之依設定次序盛衰輪替，洪範五行之間是此消彼長的辯證關係。如水火之間，五行相勝説以水克火，而在洪範五行論述中，火氣病弱則水沴火，水氣病弱則火沴水。所以金氣病，則木沴之。

言不從

梁武陵王紀僭即帝位，建元曰天正。[1]永豐侯蕭撝曰：[2]“王不克矣。昔桓玄年號大亨，[3]有識者以爲‘二月了’，[4]而玄之敗，實在仲春。今曰天正，正之爲文‘一止’，[5]其能久乎！”果一年而敗。

[1]天正：梁豫章王蕭棟、武陵王蕭紀於公元551年、552年先後稱帝，年號都用天正。

[2]蕭撝：人名。梁武帝弟安成王蕭秀之子。蕭撝博觀經史，擅文學，兼通算數醫方，所著詩賦雜文數萬言。傳見《周書》卷四二、《北史》卷二九。

[3]桓玄：人名。東晉譙國龍亢（今安徽懷遠縣）人，桓溫之子。

[4]二月了：《晉書·五行志中》：“桓玄初改年爲大亨，邉邇讙言曰‘二月了’，故義謀以仲春發也。玄篡立，又改年爲建始，以與趙王倫同，又易爲永始，永始復是王莽受封之年也……識者皆以爲言不從之妖僭也。”仲春即農曆二月，因處春季之中，故稱。桓玄稱帝次年之二月，反桓武裝勢力群集而起，桓楚政權不久敗亡。“二月了”是魏晉南北朝時期典型的年號讖，由“亨”字分拆而成。

[5]一止：年號讖。《梁書》卷五五《武陵王紀傳》：“（蕭）紀年號天正，與蕭棟暗合，斂曰天字‘二人’也，正字‘一止’也。棟、紀僭號，各一年而滅。”

後齊文宣帝時，太子殷當冠，[1]詔令邢子才爲制字。[2]子才字之曰正道。帝曰：“正，一止也。吾兒其殞乎？”子才請改，帝不許，曰：“天也。”因顧謂常山王演曰：[3]“奪時任汝，愼無殺也。”及帝崩，太子嗣位，常山果廢之而自立。殷尋見害。

[1]太子殷：即高殷。　當冠：古代男子成年，會舉行加冠禮，並賜以字。一般在二十歲。《禮記·曲禮上》：“男子二十冠而字”。高殷於十六歲時被殺，加冠時尚不足二十歲。然孔穎達疏《儀禮·士冠禮》，指出天子、諸侯有十二而冠者。如《左傳》襄公九年：“國君十五而生子。冠而生子，禮也。君可以冠矣。”《尚書·金縢》：“王與大夫盡弁”，時成王年十五。《大戴禮·公符》：“文王十三生伯邑考。”

[2]邢子才：人名。即刑邵，河間鄚（今河北任丘市北）人。仕北魏、北齊兩朝。入齊任太常卿、中書監，攝國子祭酒，文章學問著稱當世。傳見《北齊書》卷三六，《北史》卷四三有附傳。制字：題表字。

[3]常山王演：即高演。

武成帝時，[1]左僕射和士開言於帝曰：“自古帝王，盡爲灰土，堯舜、桀紂，竟亦何異。陛下宜及少壯，恣意歡樂，一日可以當千年，無爲自勤約也。”[2]帝悅其言，彌加淫侈。士開既導帝以非道，身又擅權，竟爲御史中丞所殺。[3]

[1]武成帝：即高湛，北齊武帝高歡第九子，文宣帝高洋同母

弟，於孝昭帝高演死後即位。紀見《北齊書》卷七、《北史》卷八。

　　[2]"自古帝王"至"自勤約也"：這段話見於《北齊書》卷五〇《和士開傳》。

　　[3]御史中丞：官名。西漢置爲御史大夫副貳，東漢爲御史臺長官，專掌監察、執法。魏晉南北朝沿置。北齊時爲從三品官，職權甚重。此指琅邪王高儼。

　　武平中，陳人寇彭城，[1]後主發言憂懼，侍中韓長鸞進曰：[2]"縱失河南，猶得爲龜兹國子。[3]淮南今没，何足多慮。人生幾何時，但爲樂，不須憂也。"[4]帝甚悦，遂耽荒酒色，不以天下爲虞。未幾，爲周所滅。

　　[1]陳人寇彭城：陳宣帝太建五年，陳軍攻打北齊，至太建七年，盡復淮南失地。太建九年，北周滅齊，陳宣帝欲與北周爭奪徐、兗，遣軍攻彭城（北周徐州治所），見前注。本志誤繫其事於北齊後主武平年間。"後主發言憂懼""韓長鸞進曰"云云，皆發生於陳軍攻取淮南、大敗齊軍之時，與"陳人寇彭城"並不相關。

　　[2]侍中：官名。北魏、北齊爲門下省長官，常總典機密，受遺詔輔政，權任甚重，時號小宰相。北齊位三品。　　韓長鸞：即韓鳳。

　　[3]龜兹：又作丘兹、鳩兹、屈支、歸兹等。漢西域三十六國之一，屬西域都護府。都城在延城（今新疆庫車縣東郊皮朗舊城）。東漢延光二年（123）屬西域長史。魏晉時遷都於今沙雅縣北，仍稱延城。魏晉南北朝時期仍爲中原王朝附庸。傳見本書卷八三。

　　[4]"縱失河南"至"不須憂也"：據《北齊書》卷五〇《韓鳳傳》，陳軍收復壽陽（今安徽壽縣），韓鳳與穆提婆知道齊軍大敗的消息，對後主說："他家物，從他去。"其後後主使韓鳳於黎陽

（今河南浚縣東南）臨黃河築城戍守，企圖劃河自保。韓鳳説：“急
時且守此作龜兹國子，更可憐人生如寄，唯當行樂，何因愁爲？”
與本志所記略有出入。《通鑑》卷一七一《陳紀》太建五年作：“齊
穆提婆、韓長鸞聞壽陽陷，握槊不輟，曰：‘本是彼物，從其取
去。’齊主聞之，頗以爲憂，提婆等曰：‘假使國家盡失黃河以南，
猶可作一龜兹國。更可憐人生如寄，唯當行樂，何用愁爲！’左右
嬖臣因共贊和之，帝即大喜，酣飲鼓舞，仍使於黎陽臨河築城戍。”
未知本志何所本。

武平七年，後主爲周師所敗，走至鄴，自稱太上
皇，傳位於太子恒，改元隆化。時人離合其字曰“降
死”。[1]竟降周而死。

[1]降死：年號讖，由“隆化”的筆劃分拆、合併而成。

周武帝改元爲宣政，[1]梁主蕭巋離合其字爲“宇文
亡日”。[2]其年六月，帝崩。宣帝在東宮時，不修法度，
武帝數撻之。及嗣位，摸其痕而大罵曰：“死晚也。”年
又改元爲大象，蕭巋又離合其字曰“天子冢”。[3]明年而
帝崩。

[1]宣政：周武帝宇文邕所用最後一個年號（578），歷時
數月。
[2]蕭巋：即後梁明帝，蕭詧第三子。《周書》卷四八、《北
史》卷九三有附傳。　宇文亡日：年號讖。由“宣政”筆劃分拆、
合併而成。
[3]天子冢：年號讖。由“大象”筆劃分拆、合併而成。

開皇初，梁王蕭琮改元爲廣運。[1]江陵父老相謂曰："運之爲字，軍走也。[2]吾君當爲軍所走乎？"其後琮朝京師而被拘留不反，[3]其叔父巖掠居人以叛，梁國遂廢。[4]

[1]蕭琮：後梁皇帝，後梁明帝蕭巋子。隋開皇五年六月，巋死，隋文帝命琮繼位。　廣運：蕭琮年號（586—587）。

[2]軍走：年號讖。拆"運"字而成。

[3]京師：即隋京都長安。

[4]巖：人名。即蕭琮叔父蕭巖，蕭巋五弟。開皇七年八月，蕭琮入朝，隋文帝又派崔弘度兵戍江陵。蕭巖懼襲，遂虜居民奔陳。九月，隋文帝廢梁國。

文帝名皇太子曰勇，晋王曰英，[1]秦王曰俊，[2]蜀王曰秀。[3]開皇初，有人上書曰："勇者一夫之用。又千人之秀爲英，萬人之秀爲俊。斯乃布衣之美稱，非帝王之嘉名也。"[4]帝不省。時人呼楊姓多爲贏者。或言於上曰："楊英反爲贏殃。"[5]帝聞而不懌，遽改之。其後勇、俊、秀皆被廢黜，煬帝嗣位，終失天下，卒爲楊氏之殃。

[1]晋王曰英：楊廣原名楊英。紀見本書卷三、四，《北史》卷一二。

[2]秦王曰俊：即楊俊，文帝第三子。傳見本書卷四五、《北史》卷七一。

[3]蜀王曰秀：即楊秀，文帝第四子。傳見本書卷四五、《北史》卷七一。

[4]“勇者一夫之用”至“非帝王之嘉名也”：這段話僅見於本志，不見本書紀傳記載。

[5]楊英反爲贏殃：這是一種接近文字游戲的隱語式表達，將一個雙音節詞語的首字聲母與尾字韻母相拼，再將尾字聲母與首字韻母相拼，反復相切，重組成一組新的雙音節詞語。這種口語表達方式起源很早，東漢至唐甚爲流行，魏晋至隋常被視爲讖語。反即反語。

煬帝即位，號年曰大業。讖者惡之，曰：“於字離合爲‘大苦未’也。”[1]尋而天下喪亂，率土遭荼炭之酷焉。

[1]大苦未：年號讖。由“大業”筆劃分拆、重組而成。

煬帝常從容謂秘書郎虞世南曰：[1]“我性不欲人諫。若位望通顯而來諫我，以求當世之名者，彌所不耐。至於卑賤之士，雖少寬假，然卒不置之於地。汝其知之！”時議者以爲古先哲王之馭天下也，明四目，達四聰，[2]懸敢諫之鼓，立書謗之木，[3]以開言者之路，猶恐忠言之不至，由是澤敷四海，慶流子孫。而帝惡直言，讎諫士，其能久乎！竟逢殺逆。

[1]秘書郎：秘書省所置掌管藝文圖籍的官員，隋隸秘書監（令）。初定爲正七品，大業三年升爲從五品。　虞世南：人名。越州餘姚（今浙江餘姚市）人。隋大業時任秘書郎，遷起居舍人。傳見《舊唐書》卷七二、《新唐書》卷一〇二。

[2]四目：洞察四方事物的視力。《尚書·舜典》：“詢于四岳，

闢四門，明四目，達四聰。"孔穎達疏："明四方之目，使爲己遠視四方也。"　四聰：遠聞四方人情的聽覺。孔穎達疏："達四方之聰，使爲己遠聽四方也。"

[3]懸敢諫之鼓，立書謗之木：相傳堯舜時於交通要道竪立木柱，讓人在上面寫諫言，稱"謗木"（見《史記》卷一〇《孝文本紀》），即後世之華表；禹於朝廷設鼓，供進諫者敲擊以聞（見《管子·桓公問》），即後世之登聞鼓。或説諫鼓、謗木皆立於堯舜之世。《後漢書》卷五四《楊震傳》："臣聞堯舜之世，諫鼓謗木，立之於朝。"李賢注引《帝王紀》："堯置敢諫之鼓，舜立誹謗之木。"

旱

梁天監元年，大旱，米斗五千，人多餓死。《洪範五行傳》曰：君持亢陽之節，興師動衆，勞人過度，以起城邑，不顧百姓，臣下悲怨。然而心不能從，故陽氣盛而失度，陰氣沉而不附。陽氣盛，旱灾應也。[1]初帝起兵襄陽，破張沖，[2]敗陳伯之，及平建康，前後連戰，百姓勞弊，及即位後，復與魏交兵不止之應也。

[1]"君持亢陽之節"至"旱灾應也"：班固解説"言之不從""厥罰恒陽"，稱"刑罰妄加，群陰不附，則陽氣勝，故其罰常陽也"。又引董仲舒、劉向等説，以爲春秋時期的旱灾，往往是"炕陽失衆""勞民興役"之應。（《漢書·五行志中之上》）這段文字應該是對《漢書·五行志》諸説的概括和闡釋。

[2]襄陽：郡名。治襄陽縣（今湖北襄樊市）。　張沖：南朝宋、齊吳郡吳縣人。傳見《南齊書》卷四九。

陳太建十二年春，不雨至四月。先是周師掠淮北，

始興王叔陵等諸軍敗績，淮北之地皆没於周，蓋其
應也。

　　東魏天平四年，并、肆、汾、建、晋、絳、秦、陝
等諸州大旱，[1]人多流散。是歲，齊神武與西魏戰於沙
苑，[2]敗績，死者數萬。

　　[1]肆：州名。北魏太武帝太平真君七年（446）置，治今山
西忻州市西北，宣武帝時移治九原城（今山西忻州市）。　汾：州
名。北魏孝文帝太和十二年（488）置，治蒲子城（今山西隰縣）。
建：州名。北魏孝莊帝永安中置，治高都縣（今山西晋城市東北
高都鎮）。　晋：州名。北魏孝莊帝建義元年（528）改唐州置，治
平陽縣（今山西臨汾市）。　絳：州名。北周武成二年（560）改
東雍州置，初治龍頭城（今山西聞喜縣東北），後移治柏壁城（今
山西新絳縣西南）、玉壁城（今山西稷山縣西南）。隋文帝開皇三
年移治臨汾縣（今山西新絳縣）。但北魏、東魏未置絳州，存疑。
秦：州名。西晋武帝泰始五年始置。北魏治上邽縣（今甘肅天水
市）。　陝：州名。北魏孝文帝太和十一年置，治北陝縣（今河南
三門峽市西舊陝縣）。

　　[2]沙苑：地名。在今陝西大荔縣東南四十餘里，今名馬坊頭。

　　東魏武定二年冬春旱。先是西魏師入洛陽，神武親
帥軍大戰於芒山，[1]死者數萬。

　　[1]芒山：即北邙山。在今河南洛陽市北。

　　後齊天保九年夏，大旱。先是大發卒築長城四百餘
里，[1]勞役之應也。

[1]大發卒築長城四百餘里：《北齊書》卷四《文宣帝紀》：（天保六年）"發夫一百八十萬人築長城，自幽州北夏口至恒州九百餘里。"《通鑑》卷一六七《陳紀》永定二年："齊主北築長城，南助蕭莊，士馬死者以數十萬計。"

乾明元年春，[1]旱。先是發卒數十萬築金鳳、聖應、崇光三臺，[2]窮極侈麗，不恤百姓，亢陽之應也。

[1]乾明：北齊廢帝高殷年號（560）。

[2]金鳳、聖應、崇光三臺：曹操曾於鄴城築銅雀、金虎、冰井三臺。至北齊，文宣帝擴建重築，改名銅雀爲金鳳、金虎爲聖應、冰井爲崇光。事見《北齊書》卷四《文宣帝紀》。

河清二年四月，并、晋已西五州旱。[1]是歲，發卒築軹關。[2]突厥二十萬眾毀長城，寇恒州。[3]

[1]并、晋已西五州：當指并、晋、汾、南汾（今山西吉縣）、東雍（今山西新絳縣）五州。《北齊書》卷七《武成帝紀》，河清二年"夏四月，并、汾、晋、東雍、南汾五州蟲旱傷稼"。

[2]軹關：地名。在今河南濟源市西北十五里。關當軹道之險，故名。

[3]恒州：北魏孝文帝太和十七年改司州置，治平城（今山西大同市東北），孝昌中爲六鎮起義軍所克。東魏天平二年寄治肆州秀容郡城（今山西忻州市西北）。北齊天保七年復還故地，移治今大同市。

後主天統二年春，旱。是時大發卒，起大明宫。[1]

[1]大明宮：北齊河清四年，武成帝禪位於後主，改元天統，而自爲太上皇。“世祖（武成帝）在晋陽，既居舊殿，少帝未有别所，詔（馮）子琮監造大明宮。（《北齊書》卷四〇《馮子琮傳》）

開皇四年已後，京師頻旱。時遷都龍首，[1]建立宮室，百姓勞敝，亢陽之應也。

大業四年，燕、代緣邊諸郡旱。時發卒百餘萬築長城，帝親巡塞表，[2]百姓失業，道殣相望。[3]

[1]龍首：山名。在今陝西西安市舊城北。一名龍首原。西漢筑長安城於其北坡（今陝西西安市西北），未央宮等皆依山而建。隋文帝開皇初徙都於南坡，在今西安市及城東、城南、城西一帶建築都城和宮殿。

[2]塞表：猶塞外。指長城以北的地區。

[3]道殣相望：指路上餓死的人很多。《左傳》昭公三年：“宮室滋侈，道殣相望。”杜預注：“餓死爲殣。”

八年，天下旱，百姓流亡。時發四海兵，帝親征高麗，[1]六軍凍餒，[2]死者十八九。

[1]高麗：古國名。亦作高句麗。都平壤，與新羅、百濟在朝鮮半島鼎立稱雄。傳見本書卷八一、《北史》卷九四、《舊唐書》卷一九九上、《新唐書》卷二二〇。

[2]六軍：天子所統內外前後左右軍隊的統稱。

十三年，天下大旱。時郡縣鄉邑，悉遣築城，發男女，無少長，皆就役。

詩妖

梁天監三年六月八日，武帝講於重雲殿，沙門誌公忽然起舞歌樂，[1]須臾悲泣，因賦五言詩曰："樂哉三十餘，悲哉五十裏！但看八十三，子地妖災起。佞臣作欺妄，賊臣滅君子。若不信吾語，龍時侯賊起。且至馬中間，銜悲不見喜。"[2]梁自天監至于大同，三十餘年，江表無事。[3]至太清二年，臺城陷，帝享國四十八年，所言五十裏也。[4]太清元年八月十三，而侯景自懸瓠來降，[5]在丹陽之北，子地。[6]帝惑朱异之言以納景。景之作亂，始自戊辰之歲。[7]至午年，[8]帝憂崩。十年四月八日，誌公於大會中又作詩曰："兀尾狗子始著狂，欲死不死齧人傷，須臾之間自滅亡。患在汝陰死三湘，橫尸一旦無人藏。"[9]侯景小字狗子。[10]初自懸瓠來降，懸瓠則古之汝南也。[11]巴陵南有地名三湘，即景奔敗之所。[12]

[1]沙門誌公：人名。即釋寶誌，又稱保誌、誌公。俗姓朱，金城（今江蘇句容市西北）人。與人說話或賦詩，常如作讖語，言未來事多應驗，擅法術，爲齊、梁皇帝所重。所作讖記，世稱誌公符。《南史》卷七六有附傳。

[2]"樂哉三十餘"至"銜悲不見喜"：這是一首隱語式讖詩，史家以爲準確預言了侯景之亂與梁武帝之敗亡等一系列重要歷史事件，然《梁書》《南史》均未載。《南史》卷七《梁武帝紀》："始天監中，沙門釋寶誌爲詩曰：'昔年三十八，今年八十三，四中復有四，城北火酣酣。'帝使周捨封記之。及中大同元年，同泰寺災，帝啓封見捨手迹，爲之流涕。帝生於甲辰，三十八，剋建鄴之年也。遇災歲實丙寅，八十三矣。四月十四日而火，火起之始，自浮

屠第三層。三者，帝之昆季次也。"與本志所載讖詩似是而非。疑本志所記讖詩實由好事者依托寶誌舊作，事後附會敷衍而成。

［3］三十餘年：自梁武帝天監元年至大同元年，恰爲三十餘年。

江表：古地區名。指長江以南地區，這裏指梁的疆域。從中原人看來，該地在長江之外，故稱江表。

［4］太清二年：侯景攻陷臺城、梁武帝憂憤飢餓而死，事在太清三年。本志作二年，誤。

［5］太清元年八月十三，而侯景自懸瓠來降：太清元年初，侯景叛東魏，向梁請降。六月，東魏軍圍困穎川，侯景出屯懸瓠。七月，梁司州刺史羊鴉仁等軍接收懸瓠，接應侯景，梁復置懸瓠爲豫州治。本志所言，不知何據。然讖語有云"但看八十三"，故本志以"八月十三"應之。懸瓠，又作懸壺城，在今河南汝州市。東晉、南北朝時爲南北軍事要地，常置重兵戍守。

［6］丹陽：郡名。一作丹楊。東漢至南朝屬揚州，孫吳以降治建業（今江蘇南京市）。 子地：北方。"子地妖災起"於是應驗。

［7］戊辰之歲：即太清二年。辰屬龍，故曰"龍時侯賊起"。

［8］午年：即梁簡文帝大寶元年，是年歲次庚午。午屬馬，故有"且至馬中間，銜悲不見喜"之讖語。

［9］"兀尾狗子"至"無人藏"：《梁書》卷五六、《南史》卷八〇《侯景傳》皆録此讖詩，而文字與本志略有出入："掘尾狗子自發狂，當死未死嚙人傷，須臾之間自滅亡，起自汝陰死三湘。"

［10］侯景小字狗子：《南史·侯景傳》稱"狗子，景小字"；《梁書·侯景傳》則以爲"掘尾狗子"摹寫猴狀，影射侯景姓氏。可知侯景小字是否狗子，在當時尚無定説。

［11］汝南：郡名。西漢置，治上蔡縣（今河南上蔡縣西南），東漢移治平輿縣（今河南平輿縣北古城），東晉移治懸瓠城。

［12］巴陵：郡名。南朝置，治巴陵縣（今湖南岳陽市）。梁爲巴州治。 三湘：有數説，皆屬較大區域之泛指。然本志此處，似依據《南史·侯景傳》："巴陵有地名三湘，景奔敗處"，明確指三

湘爲一特定地名，待考。

天監中，茅山隱士陶弘景爲五言詩曰：[1]"夷甫任散誕，[2]平叔坐談空。[3]不意昭陽殿，[4]忽作單于宫。"[5]及大同之季，公卿唯以談玄爲務。夷甫、平叔，朝賢也。侯景作亂，遂居昭陽殿。

[1]陶弘景：人名。南朝齊、梁丹陽秣陵（今江蘇南京市南）人。在南齊歷任諸王侍讀、奉朝請。精通道術、醫學、文學，爲南朝道教重要思想家。後隱居句容句曲山（茅山）。蕭衍禪齊時，曾進獻圖讖，其爲梁武帝所重。傳見《梁書》卷五一、《南史》卷七六。此讖詩也見於《梁書》卷五六《侯景傳》、《南史》卷七六《陶弘景傳》，文字小異。

[2]夷甫：人名。即王衍，字夷甫。西晉琅邪臨沂（今山東臨沂市北）人。初仕爲太子舍人，賈后專權時，官至中領軍、尚書令，累遷司空、司徒、太尉。雖位居宰輔，而專謀自保，好老莊之學，善清談玄言。《晉書》卷四三有附傳。

[3]平叔：人名。即何晏，字平叔。三國魏南陽宛（今河南南陽市）人。漢外戚何進之孫，娶魏公主。曹爽當政時，官至尚書，主持官員選舉。少以才華名，好老莊之學，主張君主無爲，爲魏晉玄學代表人物之一。《三國志》卷九有附傳。

[4]昭陽殿：東晉南朝建康後宫宫殿名。《南史》卷一一《武穆裴皇后傳》："舊顯陽、昭陽二殿，太后皇后所居也。永明中無太后皇后，羊貴嬪居昭陽殿西，范貴妃居昭陽殿東。"梁武帝憂憤而死，侯景"密不發喪，權殯于昭陽殿"。"每登武帝所常幸殿，若有芒刺在身，恒聞叱咄者。又處宴居殿，一夜驚起，若有物扣其心。自是凡武帝所常居處，並不敢處。多在昭陽殿廊下。"（《南史》卷八〇《侯景傳》）北齊京師鄴城臯城也有昭陽殿，見前注。

[5]單于宫：侯景爲鮮卑化羯人，故史家視侯景所居昭陽殿爲單于宫。單于，泛指外族首領。

大同中，童謡曰："青絲白馬壽陽來。"[1]其後侯景破丹陽，乘白馬，以青絲爲羈勒。[2]

[1]青絲白馬壽陽來：《梁書》卷五六《侯景傳》、《南史》卷八〇《侯景傳》均收録這首讖謡。惟其流傳年代，《梁書》作普通中，《南史》作大同中，皆早於發生侯景之亂的太清二年，所以視爲讖謡。

[2]乘白馬，以青絲爲羈勒：侯景渦陽戰敗之後，强占壽陽，又向梁廷要求軍需供給。朝廷頒賜青布。至侯景叛亂，用朝廷賞賜的青布爲軍士的戰袍，侯景自己"乘白馬，青絲爲轡，欲以應謡"。（《南史·侯景傳》）

陳初，有童謡曰：[1]"黄班青驄馬，發自壽陽涘。[2]來時冬氣末，去日春風始。"其後陳主果爲韓擒所敗。[3]擒本名擒獸，黄班之謂也。[4]破建康之始，復乘青驄馬，往反時節皆相應。[5]

[1]有童謡曰：這首讖謡也見於本書卷五二《韓擒虎傳》、《北史》卷六八《韓禽傳》，據稱隋平陳之前已流傳於江東。

[2]黄班：也作"黄斑"。本意指馬的皮毛色斑，也是虎的别名。在這裏可以解釋爲雙關語。　青驄馬：青白雜色的馬。　涘：水邊。

[3]韓擒：人名。即韓擒虎。傳見本書卷五二，《北史》卷六八有附傳。

[4]擒本名擒獸，黄班之謂：唐人避李虎諱，史文中遇虎多改

爲武、獸或彪。所以本書、《北史》中韓擒虎多改作韓擒獸或韓擒（禽）。唯本書卷五二韓擒虎本傳稱：“擒本名豹。”錢大昕《廿二史考異》指出：“此獨更爲‘豹’者，欲應‘黃斑’之文也。虎豹皆有斑，‘黃’‘韓’聲亦相近。”即豹字本亦當作虎。

　　[5]“破建康”至“皆相應”：本書《韓擒虎傳》説，隋軍平陳之際，韓擒虎騎的就是青驄馬，往返時節也與歌相應，“至是方悟”童謡之讖應驗了。

　　陳時，江南盛歌王獻之《桃葉》之詞曰：[1]“桃葉復桃葉，度江不用楫，但度無所苦，我自迎接汝。”[2]晉王伐陳之始，置營桃葉山下，[3]及韓擒度江，大將任蠻奴至新林以導北軍之應。[4]

　　[1]王獻之：人名。王羲之子，工草隸，善丹青。《晉書》卷八〇有附傳。

　　[2]“桃葉復桃葉”至“我自迎接汝”：《南史》卷一〇《陳後主紀》亦録此詩讖。宋人郭茂倩《樂府詩集》卷四五《清商曲辭二》無名氏《桃葉歌》引《古今樂録》：“《桃葉歌》者，晉王子敬之所作也。桃葉，子敬妾名，緣於篤愛，所以歌之。”

　　[3]桃葉山：又名晉王山。在今江蘇南京市六合區南六十里。開皇九年正月，晉王楊廣統帥隋軍攻陳，屯兵於桃葉山。

　　[4]新林：又名新林港。在今江蘇南京市西南。

　　陳後主造齊雲觀，國人歌之曰：“齊雲觀，寇來無際畔。”[1]功未畢，而爲隋師所虜。

　　[1]齊雲觀，寇來無際畔：《南史》卷一〇《陳後主紀》也收録這首讖謡。

禎明初，後主作新歌，詞甚哀怨，令後宮美人習而歌之。其辭曰："玉樹後庭花，花開不復久。"[1]時人以歌讖，此其不久兆也。

[1]玉樹後庭花，花開不復久：這是典型的詩讖。陳後主作"玉樹後庭花"等曲，見《陳書》卷七《後主張貴妃傳》、《南史》卷一二《陳後主張貴妃傳》等記載。《南史》稱："後主每引賓客，對貴妃等游宴，則使諸貴人及女學士與狎客共賦新詩，互相贈答。采其尤艷麗者，以爲曲調，被以新聲。選宮女有容色者以千百數，令習而歌之，分部迭進，持以相樂。其曲有《玉樹後庭花》《臨春樂》等。其略云：'璧月夜夜滿，瓊樹朝朝新。'大抵所歸，皆美張貴妃、孔貴嬪之容色。"郭茂倩《樂府詩集》卷四七《清商曲辭四·吳聲歌曲四》録陳後主《玉樹後庭花》，作："麗宇芳林對高閣，新妝艷質本傾城。映户凝嬌乍不進，出帷含態笑相迎。妖姬臉似花含露，玉樹流光照後庭。"這些詩句可與《南史》"美張貴妃、孔貴嬪之容色"之概括相印證。至如本志所記歌讖，是無題殘句，旨趣、境界與《陳書》《南史》《樂府詩集》所形容或著録的《玉樹後庭花》大異其趣，其原作者當存疑，也可能有人依托陳後主曲名敷衍而成，但流傳極廣，成爲亡國之音的典範表述，影響深遠。

齊神武始移都于鄴，時有童謠云："可憐青雀子，飛入鄴城裏。作窠猶未成，舉頭失鄉里。寄書與婦母，好看新婦子。"[1]魏孝静帝者，清河王之子也。[2]后則神武之女。[3]鄴都宮室未備，即逢禪代，作窠未成之効也。孝静尋崩，文宣以后爲太原長公主，降於楊愔。[4]時婁后尚在，故言寄書於婦母。[5]新婦子，斥后也。[6]

　　[1]"可憐青雀子"至"好看新婦子"：《北齊書》卷二《神武帝紀下》所録童謡，與此不同，時序更早："可憐青雀子，飛來鄴城裏，羽翮垂欲成，化作鸚鵡子。"《北史》卷六《齊高祖神武帝紀》所載同。時人認爲，"青雀子"影射東魏孝静帝。孝静帝元善見，爲北魏孝文帝曾孫，清河王元亶之子，青、清諧音。"鸚鵡"暗喻高歡，因高歡謚號爲獻武（後改神武），而鵡、武諧音。然而東魏遷都鄴城，事在天平元年。至武定八年，高歡卒，始獲謚齊獻武王。以鸚鵡喻高歡，當是武定八年之後的事。本志所録"青雀子"童謡，顯然從上引童謡脱胎而出，所影射的則是十六年後，北齊禪魏、高洋稱帝之後孝静帝夫妻的處境。

　　[2]清河王：即元亶，北魏孝文帝之孫，襲封清河王，孝武帝時官至司徒。孝武帝與丞相高歡決裂，逃離洛陽，西奔關中。高歡推舉元亶爲大司馬，使居尚書省，承制決事，有立其爲帝之意。元亶"出入已稱警蹕"，引起高歡的警惕，決定立元亶世子元善見爲帝，即孝静帝。元亶不自安，輕騎南逃，被高歡追還。天平三年死，或説爲高歡鴆死。

　　[3]后：孝静皇后高氏，高歡第二女，天平四年五月立爲后。傳見《魏書》卷一三、《北史》卷一三。

　　[4]"孝静尋崩"至"降於楊愔"：孝静帝禪位於高洋後，封中山王。孝静皇后隨之降爲中山王妃，封太原公主。因擔心其弟文宣帝高洋會對其丈夫不利，"常爲帝嘗食以護視焉"（《魏書》卷一二《孝静帝紀》）。天保二年，中山王終被高洋毒死。中山王妃再嫁尚書左僕射楊愔，以其帝姊身份，封長公主。

　　[5]婦母：高歡正妻婁太后爲孝静皇后生母。

　　[6]斥后：廢后。

　　武定中，有童謡云："百尺高竿摧折，水底燃燈澄滅。"[1]高者，齊姓也。澄，文襄名。五年，神武崩，摧折之應。[2]七年，文襄遇盜所害，澄滅之徵也。[3]

[1]百尺高竿摧折，水底燃燈澄滅：《北齊書》卷三《文襄帝紀》錄此童謠作："百尺高竿摧折，水底燃燈燈滅。"當時的識者認爲該謠之流傳先於高歡、高澄之死，所以是讖謠。"高竿"巧合高氏之姓氏。"水底燃燈燈滅"的物理現象，被破譯爲暗喻高澄之名的字謎："燈滅"則燈字無火爲登；登在水底，是爲澄字。本志所錄，"燈滅"徑作"澄滅"，已非暗喻，當是事後有心人所改。

[2]五年，神武崩，摧折之應：東魏孝靜帝武定五年，高歡去世，識者以爲即"高竿摧折"之驗。

[3]澄滅之徵：武定七年，高澄被梁人膳奴蘭京刺殺。此即"澄（燈）滅"之驗。

天保中，陸法和入國，[1]書其屋壁曰："十年天子爲尚可，百日天子急如火，周年天子迭代坐。"[2]時文宣帝享國十年而崩，[3]廢帝嗣立百餘日，用替厥位，[4]孝昭即位一年而崩。[5]此其効也。

[1]陸法和：人名。精道術。傳見《北齊書》卷三二、《北史》卷八九。

[2]"十年天子"至"迭代坐"：《北齊書·陸法和傳》："法和書其所居壁而塗之，及剝落，有文曰：'十年天子爲尚可，百日天子急如火，周年天子遞代坐。'又曰：'一母生三天，兩天共五年。'説者以爲婁太后生三天子，自孝昭即位，至武成傳位後主，共五年焉。"《北史·陸法和傳》同。

[3]文宣帝享國十年而崩：文宣帝高洋在位十年（550—559）。

[4]廢帝：即高殷，天保十年十月即位，乾明元年八月被婁太皇太后廢爲濟南王，在位十月。嗣立百餘日之説並不準確。

[5]孝昭即位一年而崩：孝昭帝高演於皇建元年（560）八月即位，翌年十一月病逝。

武平元年，童謠曰："狐截尾，你欲除我我除你。"[1]其年四月，隴東王胡長仁謀遣刺客殺和士開，事露，[2]返爲士開所譖死。

[1]狐截尾，你欲除我我除你：《北齊書》《北史》未載此謠。
[2]胡長仁：人名。北齊安定臨涇（今甘肅鎮原縣南）人，武成帝皇后兄。後主時官至右僕射、尚書令，封隴東王。傳見《北齊書》卷四八、《北史》卷八〇。

二年，童謠曰："和士開，七月三十日，將你向南臺。"[1]小兒唱訖，一時拍手云："殺却。"[2]至七月二十五日，御史中丞、琅邪王儼執士開，送於南臺而斬之。是歲，又有童謠曰："七月刈禾傷早，九月喫餻正好。十月洗蕩飯甕，十一月出却趙老。"[3]七月士開被誅，[4]九月琅邪王遇害，[5]十一月趙彥深出爲西兖州刺史。[6]

[1]南臺：御史臺。因在宮闕西南，故稱。《通典》卷二四《職官》："後漢以來謂之御史臺，亦謂之蘭臺寺。梁及後魏、北齊，或謂之南臺。後魏之制，有公事，百官朝會，名簿自尚書令、僕以下，悉送南臺。"
[2]"和士開"至"殺却"：《北齊書》《北史》未錄此謠。《北史》卷八〇《和士開傳》敘述琅邪王高儼抓捕和士開，送南臺斬殺："先是鄴下童謠云：'和士開，當入臺。'""至是果驗"，也是讖謠。

　　[3]“七月刈禾”至“出却趙老”：《北齊書》未録此謡。《北史》卷五三《綦連猛傳》：“先是，謡曰：‘七月刈禾太早，九月噢餚未好，本欲尋山射虎，激箭旁中趙老。’”頗近童語童趣。本志所録童謡，文句略有變動，預言意味更濃，言事奇準，有事後附會的嫌疑。

　　[4]七月士開被誅：禾、和諧音，故以“七月刈禾”爲七月和士開被誅的讖語。

　　[5]九月琅邪王遇害：餚、高諧音，故以“九月噢餚”爲九月琅邪王遇害的讖語。

　　[6]趙彦深：人名。名隱。避北齊諱，以字行。南陽宛（今河南南陽市）人。傳見《北齊書》卷三八、《北史》卷五五。　西兗州：北魏孝昌三年（527）置，治定陶縣（今山東定陶縣西北）。本志以“十一月出却趙老”爲趙彦深被排擠出任州郡的讖語。

　　武平末，童謡曰：“黄花勢欲落，清樽但滿酌。”[1]時穆后母子淫僻，[2]干預朝政，時人患之。穆后小字黄花，尋逢齊亡，欲落之應也。

　　[1]黄花勢欲落，清樽但滿酌：《北齊書》卷九《後主穆后傳》、《北史》卷一四《齊後主皇后穆氏傳》均收録此謡。這首童謡流傳於後主武平末，其實是對後主和穆后的批評、詛咒。

　　[2]穆后：即北齊後主穆皇后。穆后出身卑微，而深獲後主寵愛，“自立穆后以後，昏飲無度”。故時論以爲童謡“清樽但滿酌”讖刺後主、穆后及其寵幸近臣。（《北齊書·後主穆后傳》）穆后認陸令萱爲養母，親近穆提婆等佞人，齊亡後淪爲娼妓。其子高恒，即北齊幼主，八歲登基，在位不足一月即禪讓，不久爲北周軍所擒，次年初被殺。“穆后母子淫僻”之説，不知何據。如果説穆后與陸令萱母子狼狽爲奸，干預朝政，倒是符合歷史記載。

鄴中又有童謠曰："金作掃帚玉作把，净掃殿屋迎西家。"[1]未幾，周師入鄴。

[1]金作掃帚玉作把，净掃殿屋迎西家：此謠未見他書載録。用語富童趣，内容亦似日常歌謠。但一旦將"西家"解讀爲來自西方的北周軍，該謠就成爲讖謠了。

周初有童謠曰："白楊樹頭金雞鳴，秪有阿舅無外甥。"[1]静帝隋氏之甥，既遜位而崩，諸舅强盛。[2]

[1]白楊樹頭金雞鳴，秪有阿舅無外甥：這也應該是一首普通童謠，經有心人破譯，成爲政治色彩濃厚的讖謠。《北齊書》卷一一《河間王孝琬傳》引北魏童謠："河南種穀河北生，白楊樹頭金雞鳴。"可知"白楊樹頭金雞鳴"是那一歷史時期童謠中經常出現的母題。

[2]静帝：北周静帝宇文衍（後改名闡），北周宣帝宇文贇長子。大成元年（579），宣帝禪位於年僅七歲的宇文衍，改元大象，自稱天元皇帝。次年暴卒。皇太后楊麗華之父、隋國公楊堅，以左大丞相總攬朝政。楊太后雖非静帝生母，但論輩份，楊堅是静帝外公，楊堅諸子乃其諸舅。大定元年（581）二月，静帝禪讓楊堅，五月崩。不久，楊堅諸子封王。

周宣帝與宫人夜中連臂蹋蹀而歌曰："自知身命促，把燭夜行游。"[1]帝即位二年而崩。

[1]自知身命促，把燭夜行游：這首詩讖未見他書載録。即興詩歌往往能真實反映出敏感的作者在特定時空氛圍中的心境、情

緒，因而不幸言中、一語成讖的事例時有所聞，以下數例同此理。

開皇十年，高祖幸并州，[1]宴秦孝王及王子相。[2]帝爲四言詩曰："紅顏詎幾，玉貌須臾。一朝花落，白髮難除。明年後歲，誰有誰無。"[3]明年而子相卒，十八年而秦孝王薨。

[1]高祖：隋文帝楊堅，廟號高祖。

[2]秦孝王：即楊俊，詳前注。　王子相：人名。傳見本書卷六二、《北史》卷七五。

[3]"紅顏詎幾"至"誰有誰無"：這首詩讖未見他書載録。

大業十一年，煬帝自京師如東都，至長樂宮，飲酒大醉，因賦五言詩。其卒章曰："徒有歸飛心，無復因風力。"[1]令美人再三吟詠，帝泣下霑襟，侍御者莫不欷歔。帝因幸江都，復作五言詩曰："求歸不得去，真成遭箇春。鳥聲争勸酒，梅花笑殺人。"[2]帝以三月被弒，[3]即遭春之應也。是年盗賊蜂起，道路隔絶，帝懼，遂無還心。帝復夢二竪子歌曰："住亦死，去亦死。未若乘船度江水。"[4]由是築居丹陽，[5]將居焉。功未就而帝被殺。

[1]徒有歸飛心，無復因風力：此詩未見他書載録。當時隋煬帝三次攻高麗失利，各地武裝舉事，反隋烽烟遍地，波瀾壯闊。大業九年楊玄感起兵反隋，圍攻東都洛陽，焚毀煬帝在御河上的龍舟水殿。煬帝自大業八年起，"每夜眠，恒驚悸，云有賊，令數婦人搖撫，乃得眠"（《通鑑》卷一八三《隋紀》大業十二年）。這一系

列讖詩很可能揭示了煬帝當時内心的焦慮、悲觀。

　　[2]"求歸不得去"至"梅花笑殺人"：此詩未見他書載録。大業十二年，煬帝第三次巡幸江都，各地形勢日益嚴峻，江都也遭到周圍各路義軍的圍攻。煬帝從此再也没有機會返回京師。

　　[3]帝以三月被弑：大業十四年三月，許國公宇文化及發動兵變，殺死煬帝及其子孫。

　　[4]住亦死，去亦死。未若乘船度江水：此歌謡未見他書載録。

　　[5]築居丹陽：大業十三年十一月，唐國公李淵攻占京師長安，立代王楊侑爲帝，改元義寧，名義上遥尊煬帝爲太上皇。煬帝於是"起宫丹陽，將遜于江左"。（本書卷四《煬帝紀下》）

　　大業中，童謡曰："桃李子，鴻鵠遶陽山，宛轉花林裏。莫浪語，誰道許。"[1]其後李密坐楊玄感之逆，[2]爲吏所拘，在路逃叛。潜結群盗，自陽城山而來，[3]襲破洛口倉，[4]後復屯兵苑内。莫浪語，密也。[5]宇文化及自號許國，尋亦破滅。誰道許者，蓋驚疑之辭也。[6]

　　[1]"桃李子"至"誰道許"：據存世文獻，隋煬帝大業十年至唐高祖武德元年（618）間，此謡（《桃李章》）至少有四個版本先後流傳。一是温大雅《大唐創業起居注》卷一："桃李子，莫浪語，黄鵠繞山飛，宛轉花園裏。"二即本志所録。三是《舊唐書·五行志》："隋末有謡云：'桃李子，洪水繞楊山。'"四是《通鑑》卷一八三《隋紀》大業十二年十月："桃李子，皇后繞揚州，宛轉花園裏。勿浪語，誰道許。"四個版本皆以桃李子起興。魏晋至隋"李弘當王"讖言信衆廣泛，李氏當王讖語也時有流傳。以"李子"影射李氏，在當時順理成章。進一步的解讀則分兩途：一説以"桃"爲"逃亡者李氏之子"，"莫（勿）浪語"暗喻"密"，認爲讖謡預言李密應於符讖；一説以"桃"爲"陶唐"，"洪水""鴻"

都與水有關，認爲唐公李淵應讖。預言李密應讖的讖謠應該較早流行，預言李淵應讖的讖謠則應該是在李密勢衰、李淵崛起之際開始盛行。（本賓板橋《李氏之興與一首讖謠》，《美國東方學報》1941第 61 期）

[2]李密：人名。隋京兆（今陝西西安市）人。傳見《舊唐書》卷五三、《新唐書》卷八四，《北史》卷六〇有附傳。　楊玄感：人名。楊素之子。傳見本書卷七〇，《北史》卷四一有附傳。

[3]陽城山：俗名車嶺山，在今河南登封市東北。即讖謠所説"陽山"。

[4]洛口倉：古糧倉名，又名興洛倉。隋大業二年築，故址在今河南省鞏義市東南，因地處舊洛水入黃河處而得名。《通鑑》卷一八三《隋紀》大業十二年胡三省《考異》引《革命記》："（李）密説（翟）讓曰：'洛口倉米逾巨億，請公發一札之令，使密奉之，告諸道英雄，就倉喫米，必當雲合響應，受命於公，然後稱帝號以定中原。'"

[5]莫浪語：史家視爲隱語，謎底即"密"，暗示李密之名。

[6]宇文化及：人名。傳見本書卷八五，《北史》卷七九有附傳。　誰道許：本驚疑之辭，或被解讀爲預言宇文化及許國的命運。

毛蟲之孽

梁武帝中大同元年，[1]邵陵王綸在南徐州卧内，[2]方晝，有狸鬭於樀上，[3]墮而獲之。太清中，遇侯景之亂，將兵援臺城。至鍾山，[4]有蟄熊無何至，[5]齧綸所乘馬。毛蟲之孽也。綸尋爲王僧辯所敗，[6]亡至南陽，[7]爲西魏所殺。

[1]中大同：梁武帝蕭衍年號（546—547）。

[2]南徐州：南朝宋永初二年（421）改徐州置，治京口（今江蘇鎮江市）。

[3]欄：檐下的走廊。

[4]鍾山：即今江蘇南京市中山門外紫金山。

[5]蟄熊：冬眠的熊。

[6]王僧辯：人名。南朝梁將領。字君才，太原祁縣（今山西祁縣）人。傳見《梁書》卷四五，《南史》卷六三有附傳。

[7]南陽：郡名。治宛縣（今河南南陽市）。

中大同中，每夜狐鳴闕下，[1]數年乃止。京房《易飛候》曰：“野獸群鳴，邑中且空虛。”[2]俄而國亂，丹陽死喪略盡。

[1]闕下：宮闕之下。借指帝王所居的宮廷和京城。

[2]野獸群鳴，邑中且空虛：可能是《易飛候》佚文，僅見於本志。

陳禎明初，狐入牀下，捕之不獲。京房《易飛候》曰：“狐入君室，室不居。”[1]未幾而國滅。

[1]狐入君室，室不居：可能是《易飛候》佚文，僅見於本志。

東魏武定三年九月，豹入鄴城南門，格殺之。五年八月，豹又上銅爵臺。[1]京房《易飛候》曰：“野獸入邑，及至朝廷若道，上官府門，有大害，君亡。”[2]是歲，東魏師敗於玉璧，[3]神武遇疾崩。

　　[1]銅爵臺：即銅雀臺。在今河北臨漳縣西南鄴鎮北。東漢末曹操所築，爲鄴都三臺之一。

　　[2]"野獸入邑"至"君亡"：《南齊書·五行志》："京房《易傳》曰：'野獸入邑，其邑大虚。'又曰：'野獸無故入邑朝廷門及宮府中者，邑逆且虚。'"意思相近。《南齊書》所引，應是泛指的京房《易傳》，包括《易飛候》在内。

　　[3]玉璧：在今山西稷山縣西南。西魏文帝大統四年（538）因此地險要，築城以禦東魏，成爲西魏河東重鎮。并州、南汾州、勳州、絳州先後治此城。大統十二年，東魏高歡率重兵圍攻此城，西魏大將韋孝寬據城堅守。東魏攻五十日而不克，士卒死傷七萬餘，高歡因而積勞成病。

　　後齊武平二年，有兔出廟社之中。[1]京房《易飛候》曰："兔入王室，其君亡。"[2]案廟者，祖宗之神室也。後五歲，周師入鄴，後主東奔。

　　[1]廟社：宗廟和社稷。

　　[2]兔入王室，其君亡：可能是《易飛候》佚文，僅見於本志。

　　武平末，并、肆諸州多狼而食人。《洪範五行傳》曰："狼貪暴之獸，大體以白色爲主，兵之表也。又似犬，近犬禍也。"[1]京房《易傳》曰："君將無道，害將及人，去之深山以全身。厥妖狼食人。"[2]時帝任用小人，競爲貪暴，殘賊人物，食人之應。尋爲周軍所滅，兵之象也。

　　[1]"狼貪暴之獸"至"近犬禍也"：這段文字未見《漢書》等諸《五行志》引述，可能是《洪範五行傳論》佚文。

　　[2]"君將無道"至"厥妖狼食人"：《續漢書·五行志一》"狼食人"條引述了這句話。

　　武平中，朔州府門外，[1]無何有小兒脚跡，又擁土爲城雉之狀，[2]時人怪而察之，乃狐媚所爲，漸流至并、鄴。與武定三年同占。是歲，南安王思好起兵於北朔，[3]直指并州，爲官軍所敗。鄭子饒、羊法暠等復亂山東。[4]

　　[1]朔州：北齊天保六年置，治新城縣（今山西朔州市西南），八年移治招遠縣（今山西朔州市）。

　　[2]城雉：城上短墙。亦泛指城墙。

　　[3]南安王思好：高思好，高思宗（高歡侄）養弟。後主武平五年舉兵清君側，兵敗於陽曲。《北齊書》卷一四、《北史》卷五一有附傳。

　　[4]鄭子饒：人名。其事見《北齊書》卷四一《皮景和傳》。羊法暠：人名。事迹不詳。

　　犬禍

　　後齊天保四年，鄴中及頓丘，[1]並有犬與女子交。《洪範五行傳》曰：異類不當交而交，詩亂之氣。[2]犬交人爲犬禍。犬禍者，亢陽失衆之應也。時帝不恤國政，恩澤不流於其國。

　　[1]頓丘：郡名。治頓丘縣（今河南清豐縣西南）。

[2]異類不當交而交，誖亂之氣：《漢書·五行志中之上》：“景帝三年二月，邯鄲狗與彘交。悖亂之氣，近犬豕之禍也。……逆言失聽，交於異類，以生害也。”

　　後主時，犬爲開府、儀同，[1]雌者有夫人、郡君之號，[2]給兵以奉養，食以粱肉，[3]藉以茵蓐。[4]天奪其心，爵加於犬，近犬禍也。天意若曰，卿士皆類犬。後主不悟，遂以取滅。

　　[1]開府：官名。開府儀同三司簡稱，北魏置。孝文帝太和十七年定爲第一品下，二十三年改爲從一品。北齊沿置，地位漸低。
　　儀同：官名。儀同三司簡稱，北魏置。孝文帝太和十七年定爲第一品下，二十三年改爲從一品，位開府上。北齊二品，位三公下。北齊後主時，“狗則飼以粱肉。馬及鷹犬，乃有儀同、郡君之號”。“犬於馬上設褥以抱之。鬭雞亦號開府，犬馬雞鷹，多食縣幹”。（《北史》卷八《齊幼主紀》）
　　[2]夫人：宮中女官名號。北魏孝文帝置三夫人，位視三公。亦爲命婦封號，多封高官、郡公之妻。　郡君：命婦封號。北朝無定制，多封皇后之母，高官之母、妻或郡公之妻，偶而也封宮婢。
　　[3]粱肉：以粱爲飯，以肉爲肴。指精美的膳食。
　　[4]茵蓐：亦作“茵褥”。床墊子。

　　後周保定三年，[1]有犬生子，腰已後分爲兩身，二尾六足。犬猛畜而有爪牙，將士之象也。時宇文護與侯伏侯龍恩等，[2]有謀懷貳。犬體後分，此其應也。

　　[1]保定：北周武帝宇文邕年號（561—565）。
　　[2]宇文護：人名。西魏宇文泰之侄。傳見《周書》卷一一，

《北史》卷五七有附傳。　侯伏侯龍恩：人名。據《周書》卷二九《侯植傳》，植從魏武帝西遷，獲賜姓侯伏侯氏。龍恩是植從兄，獲宇文護親信任用，爵號平高公，天和六年封柱國。侯伏侯，複姓。

　　大業元年，雁門百姓間犬多去其主，[1] 群聚於野，形頓變如狼而噉噬行人，數年而止。《五行傳》曰："犬，守禦者也。"[2] 而今去其主，[3] 臣下不附之象。形變如狼，狼色白，為主兵之應也。其後帝窮兵黷武，勞役不息。天戒若曰，無為勞役，守禦之臣將叛而為害。帝不悟，遂起長城之役。續有西域、遼東之舉，[4] 天下怨叛。及江都之變，並宿衛之臣也。[5]

　　[1]雁門：郡名。隋大業中改代州置，治廣武縣（今山西代縣西南古城）。

　　[2]犬，守禦者也：《漢書·五行志中之下》："犬守御。"《宋書·五行志二》："犬有守禦之性。"

　　[3]而今去其主：以下文字，未見《漢書》等諸《五行志》引述，應該是本志撰者的闡釋。

　　[4]西域、遼東之舉：西域之舉指大業四年三月煬帝駕幸五原，出塞巡長城。遼東之舉指大業七年煬帝征高麗。

　　[5]宿衛之臣：在宮禁中值宿，擔任警衛之臣。大業十四年三月宇文化及等禁衛軍將領率宿衛軍發動江都之變，煬帝被縊死。

　　白眚白祥
　　梁大同二年，地生白毛，[1] 長二尺，近白祥也。孫盛以為勞人之異。[2] 先是大發卒築浮山堰，功費鉅億，功垂就而復潰者，數矣。百姓厭役，吁嗟滿道。齊河清元年九月，滄洲及長城之下，[3] 地多生毛，或白或黑，長四五寸，近白祥也。時北築長城，內興三臺，人苦勞役。

[1] 地生白毛：中國古代記載中的一種自然現象，常在地震前後出現。多爲白色絲狀物，也有黑、黃、紅等色。其理不詳，或説爲黴菌。

[2] 孫盛：人名。晋太原中都（今山西平遙縣西南）人。善言名理，精醫卜，著《魏氏春秋》《晋陽秋》等史學名著。傳見《晋書》卷八二。

[3] 滄洲：即滄州。北魏熙平二年（517）析瀛、冀二州置，治饒安縣（今河北鹽山縣西南）。

開皇六年七月，京師雨毛，[1] 如髮尾。長者三尺餘，短者六七寸。京房《易飛候》曰："天雨毛，其國大飢。"[2] 是時關中旱，米粟涌貴。

[1] 雨毛：毛下如雨。或説即毛毛細雨，於此不可通。然毛爲何物，不詳。《漢書·五行志中之上》："天漢元年三月，天雨白毛；三年八月，天雨白氂。京房《易傳》曰：'前樂後憂，厥妖天雨羽。'又曰：'邪人進，賢人逃，天雨毛。'"

[2] 天雨毛，其國大飢：可能是《易飛候》佚文，僅見於本志。

後齊天統初，岱山封禪壇玉璧自出，[1] 近白祥也。[2] 岱山，王者易姓告代之所，玉璧所用幣。而自出，將有易姓者用幣之象。其後齊亡，地入于周，及高祖受周禪，天下一統，焚柴太山告祠之應也。

[1]岱山：即泰山，見前注。

[2]白祥：《漢書·五行志上》："劉歆以爲金石同類，是爲金不從革，失其性也。劉向以爲石白色爲主，屬白祥。"按照《漢書·五行志》論述，玉、石均屬白祥。

武平三年，白水巖下青石壁傍，[1]有文曰："齊亡走。"人改之爲"上延"，[2]後主以爲嘉瑞，百僚畢賀。後周師入國，後主果棄鄴而走。

[1]白水：古水名。在今山西晋城市境。

[2]"有文曰"至"上延"：這也是讖語，其意不詳。本應屬"言之不從"，因顯現於石壁旁，故歸之爲白祥。

開皇十七年，石隕於武安、滏陽間十餘。[1]《洪範五行傳》曰：石自高隕者，君將有危殆也。[2]後七載，帝崩。

[1]武安：縣名。隋屬武安郡，治今河北武安市。　滏陽：縣名。北周置，爲成安郡治。治今河北磁縣。隋開皇初爲磁州治。

[2]石自高隕者，君將有危殆：《漢書·五行志下之下》引董仲舒、劉向説："石陰類五陽數，自上而隕，此陰而陽行，欲高反下也。"《宋書·五行志二》："班固以爲石陰類，又白祥，臣將危君。是後司馬氏得政。"

開皇末，高祖於宮中埋二小石於地，以誌置牀之所。未幾，變爲玉。劉向曰："玉者至貴也。賤將爲貴之象。"[1]及大業末，盜皆僭名號。

[1]玉者至貴也。賤將爲貴之象：此句未見《漢書·五行志》引述，可能是《洪範五行傳論》佚文。《漢書·五行志中之上》："左氏昭公二十四年十月癸酉，王子朝以成周之寶圭湛于河，幾以獲神助。甲戌，津人得之河上，陰不佞取將賣之，則爲石。是時王子朝篡天子位，萬民不鄉，號令不從，故有玉變，近白祥也。癸酉入而甲戌出，神不享之驗云。玉化爲石，貴將爲賤也。"其説可能出自劉向。玉化爲石，預兆貴將爲賤，則石變爲玉，自然預兆賤將爲貴。

大業十三年，西平郡有石，[1]文曰："天子立千年。"百僚稱賀。有識者尤之曰："千年萬歲者，身後之意也。今稱立千年者，禍在非遠。"明年而帝被殺。

[1]西平郡：治西都縣（今青海西寧市）。

木沴金
梁大同十二年，曲阿建陵隧口石騏驎動。[1]木沴金也。[2]動者，遷移之象。天戒若曰，園陵無主，石麟將爲人所徙也。後竟國亡。

[1]曲阿：縣名。治今江蘇鎮江市丹徒區。　建陵：南朝梁武帝父之陵，在今江蘇丹陽市東北二十里東城村。　石騏驎：騏驎，亦作麒麟，中國古代傳説中的神獸，被認爲是仁獸、瑞獸。南朝帝陵神道兩側，常置鎮墓石獸一對，道左者獨角，道右者雙角。一説

獨角者爲麒麟，雙角者爲天禄，無角者爲辟邪。或説麒麟、辟邪皆南朝鎮墓石獸統稱。亦有説獨角爲辟邪，雙角爲天禄，或獨角爲天禄，雙角爲辟邪。衆説紛紜，尚無定論。

[2]木沴金：石於五行屬金。金氣病弱時，木可以傷金。

　　後齊河清四年，殿上石自起，兩兩相擊。眭孟以爲石陰類，下人象。[1]殿上石自起者，左右親人離叛之應。及周師東伐，寵臣尉相願、乞扶貴和兄弟、韓建業之徒，[2]皆叛入周。

　　[1]眭孟：人名。即眭弘，孟爲其字，西漢魯國蕃縣（今山東滕州市）人。學公羊《春秋》，以明經爲議郎，善推陰陽言灾異。傳見《漢書》卷七五。《漢書・五行志中之上》："孝昭元鳳三年正月，泰山萊蕪山南匈匈有數千人聲。民視之，有大石自立，高丈五尺，大四十八圍，入地深八尺，三石爲足。石立處，有白烏數千集其旁。眭孟以爲石陰類，下民象，泰山岱宗之岳，王者易姓告代之處，當有庶人爲天子者。"眭孟認爲石象徵平民，大石自立，預兆將有庶人爲天子。本志則解讀爲下屬離叛的預兆。

　　[2]尉相願：人名。代（今山西大同）人。北齊末爲開府儀同三司、領軍大將軍，計劃殺高阿那肱、廢後主，立廣寧王高孝衍，事未成。　乞扶貴和兄弟：即乞扶貴和（北齊末開府儀同三司）、乞扶令和（北齊末領軍將軍）。事見《北齊書》卷一九《張保洛傳》。　韓建業：人名。北齊時領軍大將軍、并州刺史，後降北周。事見《北齊書》卷一九、《北史》卷五三《張保洛傳》。

　　梁大同十二年正月，送辟邪二于建陵。左雙角者至陵所。右獨角者，將引，於車上振躍者三，車兩轅俱折。[1]因換車。未至陵二里，又躍者三，每一振則車側人莫不聳奮，去地三四尺，車輪陷入土三寸。木沴金也。劉向曰："失眾心，令不行，言不從，以亂金氣也。石爲陰，臣象也。臣將爲變之應。"[2]梁武暮年，不以政事爲意，君臣唯講佛經、談玄而已。朝綱紊亂，令不行，言不從之咎也。其後果致侯景之亂。

[1]轅：車前駕牲口用的直木。壓在車軸上，伸出車輿的前端。古代大車、柏車、羊車皆用轅，左右各一。

[2]"失眾心"至"爲變之應"：班固解釋周威烈王二十三年（前403）九鼎震的現象，説："金震，木動之也。是時周室衰微，刑重而虐，號令不從，以亂金氣。"（《漢書·五行志中之上》）並没有明確指出引自劉向。本志所引，可能是劉向《洪範五行傳論》佚文。

周建德元年，濮陽郡有石像，[1]郡官令載向府，將刮取金。在道自躍投地，如此者再。乃以大繩縛著車壁，又絕繩而下。時帝既滅齊，又事淮南，征伐不息，百姓疲敝，失眾心之應也。

[1]濮陽郡：治鄄城（今山東鄄城縣北）。

隋書　卷二三

志第十八

五行下

　　《洪範五行傳》曰：[1]"視之不明，是謂不知。[2]厥咎舒，厥罰常燠，厥極疾。[3]時則有草妖，[4]時則有羽蟲之孽。[5]故有羊禍，[6]故有目疾，有赤眚赤祥。惟水沴火。"[7]

　　[1]本段引文出自伏勝《洪範五行傳》。《漢書·五行志中之下》引作："視之不明，是謂不悊，厥咎舒，厥罰恒奥，厥極疾。時則有草妖，時則有蠃蟲之孽，時則有羊禍，時則有目疴，時則有赤眚赤祥。惟水沴火。"悊即哲，哲、知（智）同義。恒、常同義。

　　[2]視之不明：看不清楚，眼光有問題。《續漢書·五行志二》劉昭注引鄭玄說："君視不明，則是不能瞭其事也。"　不知：不智。

　　[3]厥咎舒：班固解釋說，君主看人看事不明智，昏庸受蒙蔽，"則不能知善惡。親近習，長同類，亡功者受賞，有罪者不殺，百官廢亂"，於是有遲鈍不振的咎徵。（《漢書·五行志中之下》）舒，

緩。　厥罰常燠，厥極疾：班固解釋説，"盛夏日長，暑以養物"，施政遲鈍不振，上天的懲罰是冬季變暖，四季氣候失調，"傷病民人，故極疾也"。（《漢書·五行志中之下》）

[4]草妖：指冬季桃李開花、伐木出血、稗草化爲稻、桑化爲柏等植物類的變異。班固解釋説："誅不行則霜不殺草，繇臣下則殺不以時，故有草妖。""故聖人以爲草妖，失秉之明者也。"（《漢書·五行志中之下》）

[5]羽蟲之孽：羽蟲指有羽毛的鳥類。《漢書·五行志》《續漢書·五行志》皆作"蠃蟲"，即不長羽毛鱗甲的昆蟲。但兩漢志也引劉歆《視傳》，認爲應當是羽蟲。其列舉史例，也多屬於羽蟲之孽。本志從劉歆説，徑作"羽蟲之孽"，以指鳥類中發生的灾異現象，如群鳥大集、燕生鷹等。

[6]羊禍：指羊疫或闕足多角等與羊有關的灾異現象。視不明與羊禍的關係，班固認爲是因爲"羊上角下（號）〔蹏〕，剛而包柔，羊大目而不精明"（《漢書·五行志中之下》）。

[7]赤眚赤祥。惟水沴火：按照洪範五行論述，"凡視傷者，病火氣"（《漢書·五行志中之下》）。火氣病弱，水能傷火，於是出現涉及赤色事物的怪異現象。

常燠

後齊天保八年三月，大熱，人或暍死。[1]劉向《五行傳》曰："視不明，用近習，賢者不進，不肖不退，百職廢壞，庶事不從，其過在政教舒緩。"[2]時帝狂躁、荒淫無度之應。

[1]暍（yē）死：中暑而死。

[2]"視不明"至"政教舒緩"：前注引班固解釋"言上不明"，"親近習，長同類，亡功者受賞，有罪者不殺，百官廢亂，失

在舒緩，故其咎舒也”，與這段文意大致相近。這段話可能是劉向《洪範五行傳論》的佚文。用近習，指君主重用親信。

草妖

高祖時，[1]上黨有人，[2]宅後每夜有人呼聲，求之不得。去宅一里所，但見人參一本，枝葉峻茂。因掘去之，其根五尺餘，具體人狀，呼聲遂絶。蓋草妖也。視不明之咎。時晉王陰有奪宗之計，諂事親要，以求聲譽。譖皇太子，高祖惑之。人參不當言，有物憑之。上黨，黨，與也。[3]親要之人，乃黨晉王而譖太子。高祖不悟，聽邪言，廢無辜，有罪用，[4]因此而亂也。

[1]高祖：隋文帝楊堅。

[2]上黨：縣名。隋開皇中置，屬潞州，治今山西長治市。

[3]黨：結成朋黨。　與：結盟。上黨本是地名，史家視之爲讖語，於是“上黨”“草妖”，被賦予特殊的預兆意義。

[4]廢無辜，有罪用：中華本校勘記云：“廢無辜有罪用，疑應作‘廢無辜，用有罪’。”

羽蟲之孽

梁中大同元年，邵陵王綸在南徐州，坐聽事。有野鳥如鳶數百，[1]飛屋梁上，彈射不中。俄頃失所在。京房《易飛候》曰：“野鳥入君室，其邑虛，君亡之他方。”[2]後綸爲湘東王所襲，竟致奔亡，爲西魏所殺。

[1]鳶：鳥名。即鷙鳥，屬猛禽類。俗稱鷂鷹、老鷹。

[2]“野鳥入君室”至“亡之他方”：《漢書·五行志中之下》：

"野鳥入處，宮室將空。王不瘳，卒以亡。京房《易傳》曰：'辟退有德，厥咎狂，厥妖水鳥集于國中。'"意思與這段引文相近。賈誼《鵩鳥賦》："發書占之，讖言其度，曰'野鳥入室，主人將去'。"可知西漢初已視野鳥入室為屋主命運的不祥之兆了。

侯景在梁，將受錫命，[1]陳備物於庭。有野鳥如山鵲，[2]赤嘴，集於冊書之上，[3]鵂鶹鳴於殿。[4]與中大同元年同占。景尋敗，將亡入海中，為羊鴉所殺。[5]

[1]錫命：天子有所賜予的詔命，這裏指九錫之命，即天子賜給諸侯、大臣有殊勳者九種禮器的詔命，是人臣所能獲得的最高禮遇。漢魏南北朝挾天子以令諸侯的權臣往往於受禪之前領受九錫。侯景廢梁簡文帝，另立蕭棟為帝之後，"自加九錫之禮，置丞相以下百官。陳備物於庭，忽有野鳥翔於景上，赤足丹觜，形似山鵲，賊徒悉駭，競射之不能中"（《梁書》卷五六《侯景傳》）。

[2]山鵲：古稱鸒，鳴禽類。狀如鵲而色深青，有文彩，彩嘴赤足，頭上有白冠，尾白而長，不能遠飛。

[3]冊書：冊命之書，古代帝王用於冊立、封贈等事的詔書。

[4]鵂鶹：亦稱梟，俗稱貓頭鷹。外形和鴟鴞相似，但頭部沒有角狀的羽毛。常在晝間飛動，入夜更形活躍。鳴聲淒厲。捕食鼠、兔等，對農業有益，但在古書中却常常視為不祥之鳥。侯景稱帝之後，"所居殿常有鵂鶹鳥鳴，景惡之，每使人窮山野討捕焉"（《梁書·侯景傳》）。

[5]羊鴉：人名。字子鵬，泰山梁甫（今山東泰安市東南）人，梁名將羊侃第三子。建康城陷，為侯景召入軍中，景軍敗，殺景歸梁元帝，授青州刺史。《梁書》卷三九、《南史》卷六三有附傳。其名、字皆以"鳥"為偏旁。侯景死於羊鴉之手，正應羽蟲之孽。

陳後主時，蔣山有衆鳥，鼓翼而鳴曰：“奈何帝。”京房《易飛候》曰：“鳥鳴門闕，如人音，邑且亡。”[1]蔣山，吳之望也。[2]鳥於上鳴，吳空虛之象。及陳亡，建康爲墟。又陳未亡時，有一足鳥，集于殿庭，以嘴畫地成文，曰：“獨足上高臺，盛草變成灰。”獨足者，叔寶獨行無衆之應。[3]盛草成灰者，陳政蕪穢，被隋火德所焚除也。[4]叔寶至長安，館於都水臺上，[5]高臺之義也。

[1]“鳥鳴門闕”至“邑且亡”：可能是《易飛候》佚文，僅見於本志。

[2]望：名望。

[3]叔寶：即陳叔寶。

[4]火德：北周受禪於魏，自居木德。隋朝代興，自然稱火德。陳朝自居土德，經隋火焚除，於是“盛草變成灰”了。

[5]都水臺：官署名。西晉始置，掌舟船水運河渠灌溉事務。南朝或罷或置。北朝仍置。隋文帝開皇三年（583）省併入司農寺，十三年復置。

後齊孝昭帝，即位之後，有雉飛上御座。占同中大同元年。又有鳥止於後園，其色赤，形似鴨而有九頭。其年帝崩。

天統三年九月，萬春鳥集仙都苑。[1]京房《易飛候》曰：“非常之鳥，來宿於邑中，邑有兵。”[2]周師入鄴之應也。

[1]萬春鳥：不詳。《太平御覽》卷九二四引唐人丘悦《三國典略》：“北齊高緯時，有萬春鳥見齊仙都苑。上爲造萬春堂，以應嘉瑞。”

[2]“非常之鳥”至“邑有兵”：可能是《易飛候》佚文，僅見於本志。

武成胡后，生後主初，有梟升后帳而鳴。[1]梟不孝之鳥，不祥之應也。後主嗣位，胡后淫亂事彰，遂幽后於北宮焉。

[1]梟：貓頭鷹一類的鳥，亦爲鳥綱鴟鴞科各種鳥的泛稱。舊傳梟食母，故常以喻惡人。亦見前“鵂鶹”注。

武平七年，有鸛巢太極殿，[1]又巢并州嘉陽殿。雉集晋陽宮御座，獲之。京房《易飛候》曰：“鳥無故巢居君門及殿屋上，邑且虛。”[2]其年國滅。

[1]鸛：水鳥名。長頸，體型較大。

[2]“鳥無故”至“邑且虛”：可能是《易飛候》佚文，僅見於本志。前文引《易飛候》：“野鳥入君室，其邑虛，君亡之他方”，與此意思相近。

周大象二年二月，有禿鶖集洛陽宮太極殿。[1]其年帝崩，後宮常虛。

[1]禿鶖：亦作禿秋。水鳥名，頭項無毛，狀如鶴而體型稍大，色蒼灰，好啖蛇。

開皇初，梁主蕭琮新起後，[1]有鵂鳥集其帳隅。[2]未幾，琮入朝，被留於長安。梁國遂廢。

[1]蕭琮新起後：指蕭琮於天保二十四年（585）蕭巋死後，即西梁皇帝位。

[2]鵂鳥：即鵂鶹。見前注。

大業末，京師宮室中，恒有鴻雁之類無數，[1]翔集其間。俄而長安不守。

[1]鴻雁：俗稱大雁，一種候鳥。群居在水邊，飛時一般排列成行。

十三年十一月，烏鵲巢帝帳幄，[1]驅不能止。帝尋逢弒。

[1]烏鵲：烏鴉和喜鵲。一說指喜鵲，或指烏鴉。《漢書·五行志中之下》：“昭帝元鳳元年，有烏與鵲鬬燕王宮中池上，烏墮池死，近黑祥也。時燕王旦謀爲亂，遂不改寤，伏辜而死。楚、燕皆骨肉藩臣，以驕怨而謀逆，俱有烏鵲鬬死之祥。”

羊禍

開皇十二年六月，繁昌楊悦，[1]見雲中二物，如羝羊，[2]黄色，大如新生犬，鬬而墜。悦獲其一，數旬失所在。近羊禍也。《洪範五行傳》曰：“君不明，逆火政之所致也。”[3]狀如新生犬者，羔類也。雲體掩蔽，邪佞之象。羊，國姓。[4]羔，羊子也。皇太子勇，既升儲貳，晋王陰毀而被廢黜。二羔鬭，一羔墜之應也。

[1]繁昌：縣名。隋屬潁川郡，治今河南臨潁縣西北繁城鎮。
楊悦：人名。事迹不詳。
[2]羝羊：公羊。
[3]君不明，逆火政之所致也：此句未見《漢書·五行志》引
述，可能是《洪範五行傳論》佚文。
[4]國姓：本朝帝王的姓氏。隋朝的國姓是楊，"羊""楊"
諧音。

　　恭帝義寧二年，[1]麟游太守司馬武，[2]獻羊羔，生而
無尾。時議者以爲楊氏子孫無後之象。是歲，煬帝被殺
於江都，恭帝遜位。

[1]義寧：隋恭帝楊侑年號（617—618）。
[2]麟游：郡名。隋義寧二年改鳳棲郡置，治麟游縣（今陝西
麟游縣西）。

　　赤眚赤祥
　　梁天監十五年七月，荊州市殺人而身不僵，[1]首墮
于地，動口張目，血如竹箭，直上丈餘，然後如雨細
下。是歲荊州大旱。近赤祥，冤氣之應。

[1]荊州市：荊州城中的市場。

　　陳太建十四年三月，御座幄上見一物，如車輪，色
正赤。尋而帝患，無故大叫數聲而崩。

至德三年十二月，[1]有赤物隕于太極殿前，初下時，鐘皆鳴。又嘗進白飲，[2]忽變爲血。又有血霑殿階，瀝瀝然至御榻。尋而國滅。

[1]至德：南朝陳後主陳叔寶年號（583—586）。

[2]白飲：白色的飲料。

後齊河清二年，太原雨血。[1]劉向曰：“血者陰之精，傷害之象。僵尸之類也。”[2]明年，周師與突厥入并州，大戰城西，伏屍百餘里。京房《易飛候》曰：“天雨血染衣，國亡君戮。”[3]亦後主亡國之應。

[1]太原：郡名。東漢至北周爲并州治。治晉陽縣（今山西太原市西南晉源鎮）。　雨血：紅色雨水。其成因有多種假説。或説是一種特殊的沙塵暴。

[2]“血者陰之精”至“僵尸之類也”：此句未見《漢書·五行志》引述，可能是《洪範五行傳論》佚文。

[3]天雨血染衣，國亡君戮：《漢書·五行志中之下》引京房《易傳》：“歸獄不解，兹謂追非，厥咎天雨血；兹謂不親，民有怨心，不出三年，無其宗人。”“佞人禄，功臣僇，天雨血。”本志所引可能是《易飛候》佚文。

四年三月，有物隕於殿庭，色赤，形如數斗器，[1]衆星隨者如小鈴。四月，婁太后崩。

[1]數斗器：數斗之器，形容隕石的大小。

武平中，有血點地，自咸陽王斛律明月宅，而至于太廟。大將，社稷之臣也，後主以讒言殺之。天戒若曰，殺明月，則宗廟隨而覆矣。後主不悟，國祚竟絕。

《洪範五行傳》曰：[1]"聽之不聰，是謂不謀。[2]厥咎急，厥罰寒，厥極貧。[3]時則有鼓妖，[4]有魚孽，[5]有彘禍，[6]有黑眚黑祥，[7]惟火沴水。"

[1]本段引文出自伏勝《洪範五行傳》。《漢書·五行志中之下》引作《洪範五行傳》："聽之不聰，是謂不謀，厥咎急，厥罰恒寒，厥極貧。時則有鼓妖，時則有魚孽，時則有豕禍，時則有耳痾，時則有黑眚黑祥。惟火沴水。"文字略有出入。

[2]聽之不聰，是謂不謀：班固解釋說，"言上偏聽不聰，下情隔塞，則不能謀慮利害"。（《漢書·五行志中之下》）君主偏聽偏信，則言路閉塞，輿情、信息不能上達，朝廷的政策規劃自然也就難以周全。

[3]厥咎急：君主偏聽偏信，言路閉塞，弊端在於施政苛刻激烈。　厥罰寒："常寒"的天罰，表現在時令不正之下出現的連雨雪及霜、雹、霰、雷電等造成的灾禍。　厥極貧："寒則不生百穀，上下俱貧，故其極貧也。"（《漢書·五行志中之下》）

[4]鼓妖："君嚴猛而閉下，臣戰栗而塞耳，則妄聞之氣發於音聲，故有鼓妖。"（《漢書·五行志中之下》）西漢陰陽災異名家李尋的解釋是"有聲無形，不知所從生"（《漢書·五行志中之下》）。所以聲若牛、鼓鳴、石鳴等特異現象，雷霆、有聲如雷等自然現象，都屬於鼓妖。

[5]魚孽：常寒則極陰。"魚去水而死，極陰之孽也"（《漢書·五行志中之下》）。

[6]彘禍：指與豬有關的災異徵兆。彘即豕（豬）。"豕大耳而不聰察，聽氣毀，故有豕禍也。一曰，寒歲豕多死，及爲怪，亦是

也。”（《漢書·五行志中之下》）

　　[7]黑眚黑祥：聽之不聰，則水氣病弱。水色黑，所以發生種種與黑色有關的災異徵兆，如黑氣、黑霧等。

　　寒

　　東魏武定四年二月，大寒。人畜凍死者，相望於道。京房《易飛候》曰：“誅過深，當燠而寒。”[1]是時後齊神武作相。先是尒朱文暢等謀害神武，[2]事泄伏誅，諸與交通者，多有濫死。

　　[1]誅過深，當燠而寒：《漢書·五行志中之下》引京房《易傳》：“誅過深，當奧而寒，盡六日，亦爲雹。”

　　[2]尒朱文暢：人名。北秀容（今山西朔州市北）人，契胡族，尒朱榮第四子。其姊本是北魏孝莊帝皇后，後爲高歡所納，遂厚待其家人。文暢爲肆州刺史，密謀於正月十五夜，乘觀燈打簇戲之際謀殺高歡，事敗被殺。傳見《北齊書》卷四八，《北史》卷四八有附傳。

　　河清元年，歲大寒。京房《易傳》曰：“有德遭險，茲謂逆命。厥異寒。”[1]讖曰：“殺無罪，其寒必異。”[2]是時，帝淫於文宣李后，[3]因生子，后愧恨，不舉之。帝大怒，於后前殺其子太原王紹德。[4]后大哭，帝倮后而撻殺之，投于水中，良久乃蘇。冤酷之應。

　　[1]“有德遭險”至“厥異寒”：出自《漢書·五行志中之下》所引京房《易傳》。

　　[2]殺無罪，其寒必異：《續漢書·五行志三》劉昭注引袁山

松《後漢書》：“是時群賊起，天下始亂。讖曰：‘寒者，小人暴虐，專權居位，無道有位，適罰無法，又殺無罪，其寒必暴殺。’”

　　[3]文宣李后：北齊文宣帝高洋皇后李氏，名祖娥。傳見《北齊書》卷九。

　　[4]太原王紹德：文宣帝與李皇后之子，封太原王。武成帝因怒其母，罵他説：“你父打我時，竟不來救！”當李后面將他殺死。傳見《北齊書》卷一二、《北史》卷五二。

　　梁天監三年三月，六年三月，並隕霜殺草。京房《易傳》曰：“興兵妄誅，謂亡法，厥罰霜。”[1]是時，大發卒，拒魏軍於鍾離，[2]連兵數歲。

　　[1]“興兵妄誅”至“厥罰霜”：《漢書·五行志中之下》引京房《易傳》：“興兵妄誅，兹謂亡法，厥灾霜，夏殺五穀，冬殺麥。”江南地區，初霜一般在農曆九、十月間。三月及下文之六月、八月降霜，皆有違時令。

　　[2]鍾離：郡名。東晉安帝時置，治燕縣（今安徽鳳陽縣東北）。

　　大同三年六月，朐山隕霜。[1]

　　[1]朐山：城名。在今江蘇連雲港市西南錦屏山側。

　　陳太建十年八月，隕霜，殺稻菽。[1]是時，大興師選衆，遣將吳明徹，與周師相拒於吕梁。[2]

　　[1]菽：豆類農作物。
　　[2]吕梁：古城名。在今江蘇銅山縣東南廢。

鼓妖

梁天監四年十一月，[1]天清朗，西南有電光，有雷聲二。《易》曰：“鼓之以雷霆。”[2]霆近鼓妖。《洪範五行傳》曰：“雷霆託於雲，猶君之託於人也。君不恤於天下，故兆人有怨叛之心也。”[3]是歲，交州刺史李凱舉兵反。

[1]梁天監四年十一月：《梁書》卷二《武帝紀中》序此事於天監四年（505）二月壬辰。

[2]鼓之以雷霆：《易·繫辭上》：“鼓之以雷霆，潤之以風雨。”

[3]“雷霆託於雲”至“有怨叛之心也”：《漢書·五行志中之下》：“史記秦二世元年，天無雲而雷。劉向以爲雷當託於雲，猶君託於臣，陰陽之合也。二世不恤天下，萬民有怨畔之心。”《晋書·五行志下》引劉向説：“雷當託於雲，猶君託於臣。無雲而雷，此君不恤於下，下人將叛之象也。”

十九年九月，[1]西北隱隱有聲如雷，赤氣下至地。是歲，盜殺東莞、琅邪二郡守，[2]以朐山引魏軍。

[1]十九年九月：梁武帝天監年號（502—519）共十八年，此言十九年，疑誤。《梁書》卷二《武帝紀中》繫此事於天監十年三月。

[2]東莞：郡名。治莒縣（今屬山東）。　琅邪：郡名。南齊僑置，治朐山城（今江蘇連雲港市海州區）。

中大通六年十二月，西南有聲如雷。其年北梁州刺史蘭欽舉兵反。[1]

[1]北梁州：南朝梁置，治西城縣（今陝西安康市西北漢水北岸）。　蘭欽：人名。南朝梁人，曾屢敗魏軍，歷任梁、南秦、衡等州刺史。後轉任廣州刺史，至任所，遭前刺史遣人於食物中下毒而死。傳見《梁書》卷三二、《南史》卷六一。《梁書》卷三《武帝紀下》，大同元年（535）十一月“壬戌，北梁州刺史蘭欽攻漢中，剋之，魏梁州刺史元羅降”。可知中大通六年（534）之後蘭欽仍任職梁朝北梁州刺史，與魏軍作戰有功。本志稱他“舉兵反”，本書《天文志下》也說梁武帝中大通六年十二月，“北梁州刺史蘭欽舉兵反”，未知何據。

陳太建二年十二月，西北有聲如雷。其年湘州刺史華皎舉兵反。[1]

[1]湘州：治臨湘縣（今湖南長沙市）。　華皎：人名。南朝梁、陳時人，祖籍晉陵暨陽（今江蘇無錫市北）。傳見《陳書》卷二〇、《南史》卷六八。《陳書》《南史》紀傳敘其事，時序、月份或有出入，但事情都發生在廢帝光大元年（567），與本志所記的陳宣帝太建二年（570），相距三年。

齊天保四年四月，西南有聲如雷。是時，帝不恤天下，興師旅。

後周建德六年正月，西方有聲如雷。未幾，吐谷渾寇邊。[1]

[1]吐谷渾：古族名。也指其所建立的政權。原爲鮮卑慕容部

的一支，三世紀末遷至今甘肅南部、青海等地，征服當地羌、氐等族。以游牧爲主，兼營農業。傳見本書卷八三、《北史》卷九六、《舊唐書》卷一九八、《新唐書》卷二二一。

開皇十四年正月旦，廓州連雲山，[1]有聲如雷。是時五羌反叛，[2]侵擾邊鎮。二十年，無雲而雷。京房《易飛候》曰：“國將易君，下人不靜，小人先命。國凶，有兵甲。”[3]後數歲，帝崩，漢王諒舉兵反。[4]徙其黨數十萬家。

[1]廓州：北周建德五年（576）取吐谷渾河南地置，治澆河城（今青海貴德縣）。

[2]五羌：指諸羌族群。

[3]“國將易君”至“有兵甲”：可能是《易飛候》佚文，僅見於本志。

[4]漢王諒：即楊諒，隋文帝第五子。傳見本書卷四五、《北史》卷七一。

大業中，滏陽石鼓頻歲鳴。[1]其後，天下大亂，兵戎並起。

[1]滏陽：縣名。北周武帝置，治今河北磁縣。隋文帝開皇時爲磁州治，大業初改屬魏郡。

魚孽

梁大同十年三月，帝幸朱方，[1]至四瀆中，[2]及玄武湖，[3]魚皆驤首見於上，[4]若望乘輿者。[5]帝入宮而沒。

《洪範五行傳》曰：“魚陰類也，下人象。”又有鱗甲，兵之應也。[6]下人將舉兵圍宮，而睥睨乘輿之象也。後果有侯景之亂。

[1]朱方：春秋時期吳國邑名。在今江蘇鎮江市丹徒區。南朝時成爲京口或南徐州的別稱。

[2]四塹中：指建康城中。塹，護城河。

[3]玄武湖：湖名。由三國吳引水入建康城而成，自南朝宋文帝始改此名。在今江蘇南京市區東北。

[4]驤首：抬頭。

[5]乘輿：帝王乘坐的車轎，亦代指皇帝。

[6]“魚陰類也”至“兵之應也”：“魚陰類也，下人象”之説，見於《漢書·五行志中之下》引劉向説：“魚陰類，民之象，逆流而上者，民將不從君令爲逆行也。”但“有鱗甲，兵之應”的説法，不見於兩漢《五行志》，也未必出自劉向。《續漢書·五行志五》劉昭注引干寶《搜神記》：“桓帝即位，有大蛇見德陽殿上，雒陽市令淳于翼曰：‘蛇有鱗，甲兵之象也。見於省中，將有椒房大臣受甲兵之誅也。’”《宋書·五行志二》：“鼃有鱗介，甲兵之象。”《晉書·五行志下》引干寶説：“魚有鱗甲，亦兵類也。”可知此説在漢末以後流行。

齊後主武平七年，相州鸕鷀泊，[1]魚盡飛去而水涸。《洪範五行傳》曰：“急之所致。魚陰類，下人象也。”[2]晏子曰：[3]“河伯以水爲國，以魚爲百姓。”[4]水涸魚飛，國亡人散之象。明年而國亡。

[1]相州：北魏析冀州置，治鄴縣（今河北臨漳縣西南）。鸕鷀泊：湖名。在相州境内。

[2]"急之所致"至"下人象也"：君主聽之不聰，其咎爲急，即施政嚴苛急躁，因而引發魚孽。

[3]晏子：人名。即晏嬰。傳見《史記》卷六二。

[4]河伯以水爲國，以魚爲百姓：語出《晏子春秋》卷一《內篇諫上·景公欲祠靈山河伯以禱雨晏子諫第十五》。

後周大象元年六月，陽武有鯉魚乘空而鬥。[1]猶臣下興起，小人從之而鬥也。明年帝崩，國失政。尉迥起兵相州，[2]高祖遣兵擊敗之。

[1]陽武：縣名。治今河南原陽縣東南。隋屬滎陽郡。楊堅以周末陽武有鯉魚乘空而鬥爲隋朝興起的祥瑞，而《周書》《北史》無此記載。

[2]尉迥：人名。即尉遲迥，北朝代人，鮮卑族，宇文泰之甥。傳見《周書》卷二一、《北史》卷六二。

開皇十七年，大興城西南四里，[1]有袁村，設佛會。[2]有老翁，皓首，白裙襦衣，[3]來食而去。衆莫識，追而觀之，行二里許，不復見。但有一陂，中有白魚，長丈餘，小魚從者無數。人爭射之，或弓折弦斷。後竟中之，剖其腹，得秔飯，[4]始知此魚向老翁也。後數日，漕渠暴溢，射人皆溺死。

[1]大興城：隋朝都城，故址在今陝西西安市。

[2]佛會：禮佛的法會。包括念佛、誦經、拜懺、唱贊等內容。

[3]白裙：白色下裳。　襦衣：短衣、短襖。或説此白魚老翁影射龍王。

〔4〕秔飯：粳米作的飯。

　　大業十二年，淮陽郡驅人入子城，[1]鑿斷羅郎郭。[2]至女垣之下，[3]有穴，其中得鯉魚，長七尺餘。昔魏嘉平四年，[4]魚集武庫屋上。[5]王肅以爲魚生於水，[6]而亢於屋，水之物失其所也，邊將殆棄甲之變。後果有東關之敗。[7]是時，長白山賊，[8]寇掠河南，月餘，賊至城下。郡兵拒之，反爲所敗，男女死者萬餘人。

　　〔1〕淮陽郡：隋大業初改陳州置，治宛丘縣（今河南淮陽縣）。子城：大城所屬的小城，即内城及附郭的瓮城或月城。
　　〔2〕羅郎郭：中華本校勘記："古稱外城爲羅城或羅郭。'郎'字疑衍。"郭，外城，古代在城的外圍加築的一道城墙。
　　〔3〕女垣：城墙上砌有射孔的小墙，亦稱女墙。
　　〔4〕嘉平：三國魏齊王曹芳年號（249—254）。
　　〔5〕魚集武庫屋上：《三國志》卷四《魏書·齊王芳紀》，嘉平四年"夏五月，魚二，見於武庫屋上"。
　　〔6〕王肅：人名。三國魏東海郯（今山東郯城縣）人。《三國志》卷一三有附傳。
　　〔7〕東關：關隘名。三國吳大將諸葛恪修築，在今安徽含山縣西南濡須山上。嘉平五年初，諸葛恪大敗魏軍於此。《宋書·五行志四》："魏齊王嘉平四年五月，有二魚集于武庫屋上。此魚孽也。王肅曰：'魚生於淵，而亢於屋，介鱗之物，失其所也。邊將其殆有棄甲之變乎。'後果有東關之敗。干寶又以爲高貴鄉公兵禍之應。二説皆與班固旨同。"即本志所本。
　　〔8〕長白山賊：指隋末王薄起義軍。大業七年（611），王薄與同郡孟讓首先起兵反隋，占據長白山（今山東鄒平縣南），至衆數萬。

蟲妖

梁大同初，大蝗，[1]籬門松栢葉皆盡。《洪範五行傳》曰：“介蟲之孽也。”[2]與魚同占。京房《易飛候》曰：“食禄不益聖化，天視以蟲。蟲無益於人而食萬物也。”[3]是時公卿皆以虛澹爲美，不親職事，無益食物之應也。

[1]大蝗：蝗群成灾。

[2]介蟲：昆蟲之類。依伏勝《洪範五行傳》及《漢書·五行志》的論述，言之不從有介蟲之孽：“介蟲孽者，謂小蟲有甲飛揚之類，陽氣所生也，於《春秋》爲螽，今謂之蝗，皆其類也。”（《漢書·五行志中之上》）本志則視蝗灾爲“聽之不聰”之孽。

[3]“食禄不益聖化”至“而食萬物也”：《續漢書·五行志三》劉昭注引京房《易占》：“天生萬物百穀，以給民用。天地之性人爲貴。今蝗蟲四起，此爲國多邪人，朝無忠臣，蟲與民爭食，居位食禄如蟲矣。”意思與本則引文相近。

後齊天保八年，河北六州、河南十二州蝗。畿人皆祭之。[1]帝問魏尹丞崔叔瓚曰：[2]“何故蟲？”叔瓚對曰：“《五行志》云：‘土功不時則蝗蟲爲灾。’[3]今外築長城，內脩三臺，故致灾也。”[4]帝大怒，毆其頰，擢其髮，溷中物塗其頭。[5]役者不止。九年，山東又蝗，十年，幽州大蝗。《洪範五行傳》曰：“刑罰暴虐，貪饕不厭，興師動衆，取城修邑，而失衆心，則蟲爲灾。”[6]是時帝用刑暴虐，勞役不止之應也。

［1］畿人：京畿地區的居民。《北齊書》卷四《文宣帝紀》：天保八年“自夏至九月，河北六州、河南十二州、畿内八郡大蝗。是月，飛至京師，蔽日，聲如風雨”。因此京畿地區的居民都祈神護佑。

［2］魏尹丞：東魏天平元年都鄴城（魏郡治），故魏郡相當於京畿，其長官魏尹職掌相當於京兆尹。北齊天保元年改魏尹爲清都尹。三品。史書記載有時仍襲舊稱，稱清都尹爲魏尹。這裏所説的魏尹丞，應即清都郡丞，清都尹的副手。從五品。　崔叔瓚：人名。有學識，性好直言。《北史》卷三二有附傳。

［3］土功不時則蝗蟲爲灾：《北史·崔叔瓚傳》稱語出《漢書·五行志》。查《漢書·五行志下之上》，原文作：“京房《易傳》曰：‘臣安禄兹謂貪，厥灾蟲，蟲食根。德無常兹謂煩，蟲食葉。不絀無德，蟲食本。與東作争，兹謂不時，蟲食節。蔽惡生孽，蟲食心。’”叔瓚所引，是對京房部分占語的概括。

［4］“《五行志》云”至“故致灾也”：叔瓚語見《北史》本傳。

［5］溷中物：污物、糞便。

［6］“刑罰暴虐”至“則蟲爲灾”：此句未見《漢書·五行志》引述，可能是《洪範五行傳論》佚文。

後周建德二年，關中大蝗。

開皇十六年，并州蝗。時秦孝王俊，[1]裒刻百姓，[2]盛修邸第。後竟獲譴而死。

［1］秦孝王俊：即隋文帝第三子秦王楊俊。

［2］裒刻：苛斂。

嬴禍

開皇末，渭南有沙門三人，[1]行投陁法於人場圃之上。[2]夜見大豕來詣其所，小豕從者十餘，謂沙門曰："阿練，我欲得賢聖道，然猶負他一命。"[3]言罷而去。賢聖道者，君上之所行也。皇太子勇當嗣業，行君上之道，而被囚廢之象也。一命者，言爲煬帝所殺。

[1]渭南：縣名。治所在今陝西渭南市北。　沙門：佛教僧侶。
[2]投陁法：即頭陀法，是佛教中講求少欲、知足、減省煩惱的苦行修持方法。　場圃：農家種蔬菜和收打作物的地方。
[3]"阿練"至"負他一命"：這是大豕對沙門所作關於隋初皇太子楊勇命運的讖言。阿練，對僧道的昵稱。

開皇末，渭南有人寄宿他舍，夜中聞二豕對語。其一曰："歲將盡，阿耶明日殺我供歲。[1]何處避之？"一答曰："可向水北姊家。"因相隨而去。天將曉，主人覓豕不得，意是宿客而詰之。宿客言狀，主人如其言而得豕。其後蜀王秀得罪，[2]帝將殺之，樂平公主每匡救，[3]得全。後數年而帝崩，歲盡之應。

[1]阿耶：即阿爺，這裏指主人。　供歲：歲末祭祀供品。
[2]蜀王秀：即隋文帝第四子楊秀。
[3]樂平公主：即周宣帝皇后楊麗華，楊堅長女。入隋後被封爲樂平公主。傳見《周書》卷九、《北史》卷一四。

黑眚黑祥
梁承聖三年六月，[1]有黑氣如龍，見于殿內。近黑祥也。黑，周所尚之色。[2]今見於殿內，周師入梁之象。

其年，爲周所滅，帝亦遇害。

[1]承聖：梁元帝蕭繹年號（552—555）。

[2]黑，周所尚之色：北周禪西魏，以木德承水德。但因“文王誕玄氣之祥，有黑水之讖，服色宜烏”，故色尚黑。（《周書》卷三《閔帝紀》）

陳太建五年六月，西北有黑雲屬地，散如豬者十餘。《洪範五行傳》曰：“當有兵起西北。”[1]時後周將王軌，[2]軍於呂梁。明年，擒吴明徹，軍皆覆没。

[1]當有兵起西北：此句未見《漢書·五行志》引述，可能是《洪範五行傳論》佚文。

[2]王軌：人名。太原祁（今山西祁縣）人。傳見《周書》卷四○、《北史》卷六二。

火沴水

後齊河清元年四月，河、濟清。[1]襄楷曰：[2]“河，諸侯之象。應濁反清，諸侯將爲天子之象。”[3]是後十餘歲，隋有天下。

[1]河、濟：河即黄河，濟即濟水。今天的黄河下游是當年的濟水古道。

[2]襄楷：人名。善天文陰陽之術，東漢桓帝時曾上書，借天文星象之變，指斥宦官專政。又獻早期道教經典《太平清領書》。《後漢書》卷三○下有傳。

[3]“河，諸侯之象”至“天子之象”：《續漢書·五行志三》：“（桓帝）延熹八年四月，濟北〔河〕水清。九年四月，濟陰、東

郡、濟北、平原河水清。襄楷上言：‘河者諸侯之象，清者陽明之徵，豈獨諸侯有規京都計邪？’”當即這則引文的出處。黃河自古水濁，難有清時。《左傳》襄公八年子駟引《詩》：“俟河之清，人壽幾何。”漢魏以來，常以“河清難俟”比喻時久難待。讖緯賦予河清政治符號之意義，視爲聖人受命、天下升平之瑞兆，可能是因爲河水難清，而聖人明君也希出。宋文帝元嘉間，“河、濟俱清，當時以爲美瑞。”（《宋書》卷五一《鮑照傳》）

大業三年，武陽郡河清，[1]數里鏡澈。十二年，龍門又河清。[2]後二歲，大唐受禪。

[1]武陽郡：隋改魏州置，治貴鄉縣（今河北大名縣東北）。

[2]龍門：縣名。北魏始置。治今山西河津市西。北齊、北周爲龍門郡治，隋先後屬蒲州、河東郡。

陳太建十四年七月，江水赤如血，自建康，西至荆州。禎明中，江水赤，自方州，[1]東至海。《洪範五行傳》曰：“火沴水也。法嚴刑酷，傷水性也。五行變節，陰陽相干，氣色繆亂，皆敗亂之象也。”[2]京房《易占》曰：“水化爲血，兵且起。”[3]是時後主初即位，用刑酷暴之應。其後爲隋師所滅。

[1]方州：這裏指帝都建康。

[2]“火沴水也”至“敗亂之象也”：《漢書·五行志中之下》：“史記曰，秦武王三年渭水赤者三日，昭王三十四年渭水又赤三日。劉向以爲近火沴水也。秦連相坐之法，棄灰於道者黥，罔密而刑虐，加以武伐橫出，殘賊鄰國，至於變亂五行，氣色繆亂。天戒若曰，勿爲刻急，將致敗亡。”本志引文略舉其大意。

[3]水化爲血，兵且起：《續漢書·五行志三》劉昭注引京房《易占》：“流水化爲血，兵且起，以日辰占與其色。”

禎明二年四月，郢州南浦水，[1]黑如墨。黑水在關中，[2]而今淮南水黑，荊、揚州之地，陷於關中之應。

[1]郢州：南朝置，治汝南縣（今湖北武漢市）。　南浦：地名。在今江西南昌市西南，贛江至此分流。

[2]黑水：河名。所指説法不一，如張掖河（在今甘肅張掖市）、淖泥河（在今陝西橫山縣西北）等，在南北朝史籍中都稱黑水，也都在北周、隋控制的地域之内，所以説“黑水在關中”。

後周大象元年六月，咸陽池水變爲血。[1]與陳太建十四年同占。是時，刑罰嚴急，未幾國亡。

[1]咸陽：郡名。北魏至隋初治池陽縣（今陝西涇陽縣），屬雍州。

《洪範五行傳》曰：[1]“思心不容，[2]是謂不聖。厥咎睿，[3]厥罰常風，[4]厥極凶短折。[5]有脂夜之妖，[6]有華孽，[7]有牛禍，[8]有心腹之痾，[9]有黄眚黄祥，[10]木金水火沴土。”[11]

[1]本段引文出自伏勝《洪範五行傳》。《漢書·五行志下之上》引作：“思心之不睿，是謂不聖，厥咎霧，厥罰恒風，厥極凶短折。時則有脂夜之妖，時則有華孽，時則有牛禍，時則有心腹之痾，時則有黄眚黄祥，時則有金木水火沴土。”

[2]容：《洪範五行傳》原作“睿”，通達、明智的意思。《漢

書·五行志》同。但班固解釋"睿"爲寬容，"言上不寬大包容臣下，則不能居聖位"。《後漢書》以後諸《五行志》，遂多引作"思心不容"。

[3]厥咎瞀（mào）：班固解釋説："貌言視聽，以心爲主，四者皆失，則區霿無識，故其咎霿也。""瞀""霿"同義，昏昧愚蒙的意思。

[4]厥罰常風：常風之罰包括不以時出的大風、暴雨造成的折木、毀屋、傷稼等灾禍。常風，即恒風。

[5]厥極凶短折：因常風造成對人畜草木的嚴重傷害，如班固所説："傷人曰凶，禽獸曰短，中木曰折。一曰，凶，夭也；兄喪弟曰短，父喪子曰折。"

[6]脂夜之妖：亦稱脂妖、夜妖。班固認爲，"在人腹中，肥而包裹心者脂也，心區霿則冥晦，故有脂夜之妖"。意思是，人的心竅如果被肥油淤塞，心智就會愚昧昏暗，於是這一類妖異應運而生。一種是脂妖，即油膩膩濕漉漉的妖物，於夜間作祟，例如"脂水夜汙人衣"，或如孔甲龍䐿之類。一種是夜妖，專在月黑風高時作祟，如白晝晦暝、夜間鬼哭等異象。或説夜即液，液妖與脂妖同類。

[7]華孽：指草木不守時令開花引致花妖，也指女色引起的妖孽。華，即花。劉向解釋説，上天對思心不容的懲罰是常風，而《易·巽卦》之象"爲風爲木，卦在三月四月，繼陽而治，主木之華實。風氣盛，至秋冬木復華，故有華孽"。樹木在秋冬季開花，屬於不守時令之妖。《洪範》五事之思，在五行中對應土。所以另一解釋是因"地氣盛"而導致"秋冬復華"。又由此説引申出另一説："一曰，華者色也，土爲内事，爲女孽也。"即所謂紅顏禍國。

[8]牛禍：與牛有關的灾異徵兆，如牛吐人言、牛犢缺肢少腿等變異。據《漢書·五行志》引劉向的解釋，《易·坤卦》之象"爲土爲牛，牛大心而不能思慮，思心氣毀，故有牛禍。一曰，牛多死及爲怪，亦是也"。

［9］有心腹之痾：人易患心、腹之病。

［10］黄眚黄祥：指涉及黄色事物（五行中屬土的事物）的怪異現象。如黄氣、黄霧或黄鼠變異等。心傷者病土氣，故有黄眚黄祥。

［11］木金水火沴土：即五行中土氣病弱，金木水火之氣可以傷土。

常風

梁天監六年八月戊戌，大風折木。京房《易飛候》曰：“角日疾風，天下昏。不出三月中，兵必起。”[1]是歲魏軍入鍾離。

［1］“角日疾風”至“兵必起”：可能是《易飛候》佚文，僅見於本志。角，宫商角徵羽五聲（音）之一。與五行相配，角屬木。

承聖三年十一月癸未，帝閱武於南城，北風大急，普天昏闇。《洪範五行傳》曰：“人君瞀亂之應。”[1]時帝既平侯景，公卿咸勸帝反丹陽，帝不從。又多猜忌，有瞀亂之行，故天變應之以風。是歲爲西魏滅。

［1］人君瞀亂之應：此句未見《漢書・五行志》引述，但以疾風爲君主瞀亂之懲罰，是《五行志》中常見的論述。

陳天嘉六年七月癸未，大風起西南，吹倒靈臺候樓。[1]《洪範五行傳》，以爲大臣專恣之咎。[2]時太子沖幼，[3]安成王頊專政，[4]帝不時抑損。明年崩，皇太子嗣位，頊遂廢之。

[1]靈臺：宮廷中觀察天文星象、妖祥灾異的機構。　候樓：靈臺中瞭望用的小樓。

[2]以爲大臣專恣之咎：如《漢書·五行志下之上》：“成帝建始元年四月辛丑夜，西北有如火光。壬寅晨，大風從西北起，雲氣赤黄，四塞天下，終日夜下著地者黄土塵也。是歲，帝元舅大司馬大將軍王鳳始用事；又封鳳母弟崇爲安成侯，食邑萬户；庶弟譚等五人賜爵關内侯，食邑三千户。復益封鳳五千户，悉封譚等爲列侯，是爲五侯。”

[3]太子：即陳文帝嫡長子陳伯宗，永定二年（558）立爲臨川王世子，次年文帝即位，立爲皇太子。天嘉六年（565），陳伯宗年約十一歲，故謂冲幼。

[4]安成王頊：即陳頊（日後的陳宣帝），永定三年八月被陳武帝封爲安成王。

太建十二年六月壬戌，大風吹壞皋門中闈。[1]十二年九月，夜又風，發屋拔樹。始興王叔陵專恣之應。

[1]皋門：古時王宮的外門。皋，通“高”。　中闈：内門，小門。

至德中，大風吹倒朱雀門。

禎明三年六月丁巳，[1]大風，自西北，激濤水入石頭、淮。是時，後主任司馬申，誅戮忠諫。[2]沈客卿、施文慶，[3]專行邪僻。[4]江總、孔範等，崇長淫縱。杜塞聰明，瞀亂之咎。

　　[1]禎明三年六月：陳後主禎明三年（隋文帝開皇九年）正月，隋師攻建康，俘陳後主，陳亡。其事具載於《陳書》卷六《後主紀》、《南史》卷一〇《陳本紀下》、本書卷二《高祖紀下》。所以禎明三年並無六月。《陳書·後主紀》，禎明二年六月“丁巳，大風至自西北激濤水入石頭城，淮渚暴溢，漂没舟乘”。“三年”顯然是“二年”之誤。

　　[2]司馬申：人名。南朝梁、陳人，祖籍河内温縣（今河南温縣）。傳見《陳書》卷二九、《南史》卷七七。

　　[3]沈客卿：人名。南朝陳人，祖籍吴興武康（今浙江德清縣西）。後主時爲中書舍人。貪婪殘酷，刻剥百姓。傳見《南史》卷七七。　施文慶：人名。南朝陳人，有吏才，後主時爲中書舍人。傳見《南史》卷七七。

　　[4]專行邪僻：禎明三年隋軍大舉伐陳，四方州鎮相繼表奏告急，沈客卿、施文慶却以私心抑而不奏，以致陳無防備，隋軍順利平陳。

　　後齊河清二年，大風，三旬乃止。時帝初委政佞臣和士開，專恣日甚。天統三年五月，大風，晝晦，發屋拔樹。天變再見，而帝不悟。明年帝崩。後主詔内外表奏，皆先詣士開，然後聞徹。[1]趙郡王叡、馮翊王潤，[2]按士開驕恣，不宜仍居内職，反爲士開所譖，叡竟坐死。士開出入宫掖，生殺在口，尋爲琅邪王儼所誅。

　　[1]聞徹：聞達。

　　[2]趙郡王叡：即高叡。高歡侄，北齊初封趙郡王。後主時，與馮翊王高潤、安化王高延宗等上疏，建議驅逐幸臣和士開，被胡太后與和士開合謀殺害。《北齊書》卷一三、《北史》卷五一有附傳。　馮翊王潤：即高潤。高歡第十四子，齊天保初封馮翊王。傳

見《北齊書》卷一〇、《北史》卷五一。

七年三月，[1]大風起西北，發屋拔樹。五日乃止。時高阿那瓌、駱提婆等專恣之應。[2]

[1]七年三月：北齊後主天統年號共五年（565—569），無七年。《北齊書》卷八《後主紀》，武平七年“二月丙寅，風從西北起，發屋拔樹，五日乃止”。此條當繫於武平七年。又，《北齊書》本紀作“二月丙寅”，本志作“三月”。中華本《北齊書・後主紀》校勘記指出，上文已見“二月辛酉”，這裏不應重出二月。本書《五行志下》作“三月”，但這年三月又沒有丙寅。姑且存疑。

[2]高阿那瓌：人名。即高阿那肱。北齊善無（今山西右玉縣南）人。傳見《北齊書》卷五〇、《北史》卷九二。

開皇二十年十一月，京都大風，發屋拔樹，秦、隴壓死者千餘人。[1]地大震，鼓皆應。淨刹寺鐘三鳴，佛殿門鎖自開，銅像自出戶外。鐘鼓自鳴者，近鼓妖也。揚雄以爲人君不聰，爲衆所惑，空名得進，則鼓妖見。[2]時獨孤皇后干預政事，左僕射楊素權傾人主。帝聽二人之讒，而黜僕射高熲，廢太子勇爲庶人，晋王釣虛名而見立。思心督亂，陰氣盛之象也。鎖及銅像，並金也。金動木震之，水沴金之應。[3]《洪範五行傳》曰：“失衆心甚之所致也。”高熲、楊勇，無罪而咸廢黜，失衆心也。

[1]“開皇”至“千餘人”：本書卷二《高祖紀下》，開皇二十年“十一月戊子，天下地震，京師大風雪。以晋王廣爲皇太子”，

就是記載這一風災。隴，州名。北周、隋初治汧陰縣，開皇五年改汧源縣（今陝西隴縣）。

[2]揚雄：人名。西漢蜀郡成都（今屬四川）人。博覽群書，善辭賦。傳見《漢書》卷八七。"人君不聰"至"則鼓奴見"：此處引文出自《漢書·五行志中之下》。鼓妖本屬"聽之不聰"的灾異徵兆，但由地震引發，所以列舉於此。

[3]金動木震之，水沴金之應：本節主要討論思心不容導致木金水火諸氣對土氣的傷害。"金動木震之，水沴金"之說，不見於諸史《五行志》。《漢書·五行志中之上》："史記周威烈王二十三年，九鼎震。金震，木動之也。""九鼎之震，木沴金，失衆甚。"則"水沴金"或當作"木沴金"。

仁壽二年，西河有胡人，[1]乘騾在道，忽爲迴風所飄，[2]并一車上千餘尺，乃墜，皆碎焉。京房《易傳》曰："衆逆同志，至德乃潛，厥異風。"[3]後二載，漢王諒在并州，潛謀逆亂，車及騾騎之象也。[4]升空而墜，顛隕之應也。天戒若曰，無妄動車騎，終當覆敗，而諒不悟。及高祖崩，諒發兵反，州縣響應，衆至數十萬。月餘而敗。

[1]西河：縣名。隋開皇初改永安縣置，治所在今山西臨汾市北，屬晉州。大業初廢。　胡人：中國古代對北方邊地及西域各民族人民的稱呼。隋唐時亦特指中亞粟特人。

[2]迴風：迴旋之風，能將騎騾的人和大車席捲上天千餘尺，可能就是龍捲風。

[3]"衆逆同志"至"厥異風"：《漢書·五行志下之上》引京房《易傳》："潛龍勿用，衆逆同志，至德乃潛，厥異風。"

[4]車、騎：在古代象徵兵馬戰事。

夜妖

梁承聖二年十月丁卯，[1]大風，晝晦，天地昏暗。近夜妖也。京房《易飛候》曰："羽日風，天下昏，人大疾。不然，多寇盜。"[2]三年爲西魏所滅。

[1]丁卯：梁元帝承聖二年十月，庚寅朔。這個月並沒有丁卯日。

[2]"羽日風"至"多寇盜"：可能是《易飛候》佚文，僅見於本志。羽，宮商角徵羽五聲（音）之一。與五行相配，羽屬水。

陳禎明三年正月朔旦，[1]雲霧晦冥，入鼻辛酸。後主昏昧，近夜妖也。《洪範五行傳》曰："王失中，臣下強盛，以蔽君明，則雲陰。"[2]是時北軍臨江，柳莊、任蠻奴並進中款，[3]後主惑佞臣孔範之言，而昏闇不能用，以至覆敗。

[1]朔旦：每月初一。

[2]"王失中"至"則雲陰"：《漢書·五行志下之上》作："雲起於山，而彌於天；天氣亂，故其罰常陰也。一曰，上失中，則下強盛而蔽君明也。"可能引述的是劉向《洪範五行傳論》的説法。但這種異象，在洪範五行論述中屬於"皇之不極"，"人君貌言視聽思心五事皆失，不得其中"之罰。本志却據以解釋夜妖異象。

[3]柳莊：人名。南朝陳人，陳宣帝柳皇后從祖弟。事見《陳書》卷七《高宗柳皇后傳》。　中款：出於內心的真誠情意。亦指出於內心的懇摯之言。

東魏武定四年冬，大霧六日，晝夜不解。《洪範五行傳》曰："晝而晦冥若夜者，陰侵陽，臣將侵君之象也。"[1]明年，元瑾、劉思逸謀殺大將軍之應。

[1]"晝而晦冥"至"侵君之象也"：《漢書·五行志下之上》引劉向説，"正晝皆暝，陰爲陽，臣制君也"，"向又以爲此皆所謂夜妖者也"。應該就是這則引文的出處。

周大象二年，尉迥敗於相州。坑其黨與數萬人於游豫園。[1]其處每聞鬼夜哭聲。《洪範五行傳》曰："哭者死亡之表，近夜妖也。鬼而夜哭者，將有死亡之應。"[2]京房《易飛候》曰："鬼夜哭，國將亡。"[3]明年，周氏王公皆見殺，周室亦亡。

[1]游豫園：北齊文宣帝天保九年，在鄴城於曹操所筑銅雀等三臺舊址擴建重築三臺，又大起宮室及供皇家游樂的游豫園。北周末尉遲迥起兵反楊堅，韋孝寬奉命討伐，攻破鄴城，"兵士在小城中者，盡坑於游豫園"。（《周書》卷三一《韋孝寬傳》）
[2]"哭者死亡"至"死亡之應"：這則引文未見他書引述。
[3]鬼夜哭，國將亡：這則引文未見他書引述。

仁壽中，仁壽宮及長城之下，[1]數聞鬼哭。尋而獻后及帝，[2]相次而崩於仁壽宮。

[1]仁壽宮：隋開皇十三年修建的離宮，在今陝西麟游縣西。文帝於仁壽四年七月在此病故。
[2]獻后：即隋文獻皇后獨孤氏。獨孤后於仁壽二年（602）

八月在永安宮去世。傳見書卷三六、《北史》卷一四。

大業八年，楊玄感作亂於東都。[1]尚書樊子蓋，坑
其黨與於長夏門外，[2]前後數萬。洎于末年，[3]數聞其處
鬼哭，有呻吟之聲。與前同占。其後王世充害越王侗于
洛陽。

[1]大業八年：楊玄感作亂於東都，當在大業九年。
[2]長夏門：隋東都外郭城東南門。
[3]洎：至，到。

華孽

後齊武平元年，槐華而不結實。[1]槐，三公之位
也，[2]華而不實，萎落之象。至明年，錄尚書事和士開
伏誅。隴東王胡長仁，太保、琅邪王儼皆遇害。左丞相
段韶薨。[3]

[1]華而不結實：開花而不結果實或種子。
[2]槐：周代朝廷種三槐、九棘，公卿大夫分坐其下。後世以
槐喻三公等最高輔政大臣之位。
[3]段韶：即段孝先，見前注。

陳後主時，有張貴妃、孔貴嬪，[1]並有國色，稱爲
妖艷。後主惑之，寵冠宮掖，每充侍從，詩酒爲娛。一
入後庭，數旬不出，荒淫侈靡，莫知紀極。府庫空竭，
頭會箕斂，[2]天下怨叛，將士離心。敵人鼓行而進，莫
有死戰之士。女德之咎也。[3]及敗亡之際，後主與此姬

俱投於井，隋師執張貴妃而戮之，以謝江東。《洪範五行傳》曰：華者，猶榮華容色之象也。以色亂國，故謂華孽。[4]

[1]張貴妃：即張麗華，後主爲太子時，選入東宮，即位後拜貴妃。《陳書》卷七、《南史》卷一二有附傳。 孔貴嬪：史書無傳。

[2]頭會箕斂：按人數徵税，用畚箕裝取所徵的穀物。謂賦税苛刻繁重。

[3]女德：女色。

[4]“華者”至“故謂華孽”：此句未見《漢書·五行志》引述。《漢書·五行志下之上》引劉向説：“華者色也，土爲内事，爲女孽也。”

齊後主有寵姬馮小憐，[1]慧而有色，能彈琵琶，尤工歌儛。後主惑之，拜爲淑妃。選綵女數千，爲之羽從，一女之飾，動費千金。帝從禽於三堆，[2]而周師大至，邊吏告急，相望於道。帝欲班師，小憐意不已，更請合圍。帝從之。由是遲留，而晉州遂陷。後與周師相遇於晉州之下，坐小憐而失機者數矣，因而國滅。齊之士庶，至今咎之。

[1]馮小憐：即馮淑妃，見前注。
[2]從禽：狩獵。 三堆：地名。在今山西静樂縣。

牛禍
梁武陵王紀祭城隍神，[1]將烹牛，忽有赤蛇繞牛口。

牛禍也。象類言之，又爲龍蛇之孽。魯宣公三年，郊牛之口傷，時以爲天不享，棄宣公也。[2]《五行傳》曰：逆君道傷，故有龍蛇之孽。[3]是時紀雖以赴援爲名，而實妄自尊亢。思心之咎，神不享，君道傷之應。果爲元帝所敗。

[1]城隍神：守護城池的神祇。

[2]"魯宣公三年"至"棄宣公也"：《春秋》宣公三年："春王正月，郊牛之口傷，改卜牛，牛死。乃不郊。"《漢書·五行志下之上》引劉向説，以爲近牛禍也。

[3]逆君道傷，故有龍蛇之孽：此句未見《漢書·五行志》引述。在洪範五行論述中，龍蛇之孽屬於"皇之不極"，"人君貌言視聽思心五事皆失，不得其中"之罰。五事皆失時，君道傷、君氣毀，有篡弑之禍。（《漢書·五行志下之上》）

後齊武平二年，并州獻五足牛。牛禍也。《洪範五行傳》曰："牛事應，宮室之象也。"[1]帝尋大發卒，於仙都苑穿池築山，樓殿間起，窮華極麗。功始就而亡國。

[1]牛事應，宮室之象也：此句未見《漢書·五行志》引述。《漢書·五行志下之上》："秦孝文王五年，斿朐衍，有獻五足牛者。劉向以爲近牛禍也。先是文惠王初都咸陽，廣大宮室，南臨渭，北臨涇，思心失，逆土氣。足者止也，戒秦建止奢泰，將致危亡。"又引京房《易傳》："興繇役，奪民時，厥妖牛生五足。"意思相近。

後周建德六年，陽武有獸三，狀如水牛，一黃，一赤，一黑。與黑者鬭久之，[1]黃者自傍觸之，黑者死，黃赤俱入于河。近牛禍也。黑者，周之所尚色。死者，滅亡之象。後數載，周果滅而隋有天下，旗牲尚赤，戎服以黃。[2]

[1]與黑者鬭：從上下文看，與黑獸鬭的應該是赤獸。

[2]旗牲尚赤，戎服以黃：隋朝代周，按五德行序屬火德，所以朝會禮服、旗幟犧牲皆尚赤。但皇帝服飾和軍服則采用黃色。

大業初，恒山有牛，[1]四脚膝上，各生一蹄。其後建東都，築長城，開溝洫。[2]

[1]恒山：郡名。隋大業初改恒州置，治真定縣（今河北正定縣南）。

[2]溝洫：原指田間小道，借指農田水利。此處是指開鑿運河。

心腹之疴

陳禎明三年，隋師臨江，後主從容而言曰：“齊兵三來，周師再來，無復摧敗。彼何爲者？”都官尚書孔範曰：“長江天塹，古以爲限隔南北。今日北軍豈能飛度耶？臣每患官卑，彼若度來，臣爲太尉矣。”[1]後主大悅，因奏妓縱酒，賦詩不輟。心腹之疴也。[2]存亡之機，定之俄頃，君臣旰食不暇，後主已不知懼，孔範從而蕩之，天奪其心，曷能不敗。陳國遂亡，範亦遠徙。

[1]“齊兵三來”至“臣爲太尉矣”：陳後主與孔範的對話，分見於《南史》卷一〇《陳後主紀》、卷七七《孔範傳》。都官尚

書，官名。南北朝尚書省都官曹長官。南朝職掌軍事刑獄、徒隸囚犯、水利工程、庫藏、官吏考課等事務。

[2]心腹之疴：本意指人內臟器官所患疾病。這裏引申爲思心之患。

齊文宣帝，嘗宴於東山，[1] 投杯赫怒，下詔西伐，極陳甲兵之盛。既而泣謂群臣曰："黑衣非我所制。"[2] 卒不行。有識者，以帝精魄已亂，知帝祚之不永。帝後竟得心疾，耽荒酒色，性忽狂暴，數年而崩。

[1]東山：也稱東讜山，在北齊京師鄴城東（今河北臨漳縣西南）。東魏時高澄在此鑿池，後成爲北齊帝王游宴之所。

[2]黑衣：據《北齊書》卷一〇《上黨剛肅王渙傳》，東魏有術士預言"亡高者黑衣"，所以自高歡以下，北齊諸帝出行，都不願意見到僧人，忌諱黑衣者。北齊最終亡於北周，黑衣恰爲北周軍服之色。

武成帝丁太后憂，緋袍如故。[1] 未幾，登三臺，置酒作樂，侍者進白袍，[2] 帝大怒，投之臺下。未幾而崩。

[1]緋袍：紅色袍服。大寧二年（562）四月神武婁太后去世，其子武成帝高湛在丁憂（守喪）期間不遵禮儀，仍常服，不改喪服。據説婁太后去世前，有童謠流傳"九龍母死不作孝"。高湛在高歡諸子中，排行第九。童謠至此應驗。（《北齊書》卷九《神武婁后傳》）

[2]白袍：白色爲喪服的顏色。

黃眚黃祥

梁大同元年，天雨土。二年，天雨灰，其色黄。近黄祥也。京房《易飛候》曰："聞善不及，兹謂有知。厥異黄，厥咎龍，厥灾不嗣。蔽賢絕道之咎也。"[1]時帝自以爲聰明博達，惡人勝己。又篤信佛法，捨身爲奴，絕道蔽賢之罰也。

[1]"聞善不及"至"絕道之咎也"：《漢書・五行志下之上》引京房《易傳》："言大臣之義，當觀賢人，知其性行，推而貢之，否則爲聞善不與，兹謂不知，厥異黄，厥咎聾，厥灾不嗣。黄者，日上黄光不散如火然，有黄濁氣四塞天下。蔽賢絕道，故灾異至絕世也。"與本志所引，文字略有出入。

大寶元年正月，[1]天雨黄沙。二年，簡文帝夢丸土而吞之。[2]尋爲侯景所廢，以土囊壓之而斃，諸子遇害，不嗣之應也。

[1]大寶：梁簡文帝蕭綱年號（550—551）。
[2]簡文帝夢丸土而吞之：事見《南史》卷八《梁簡文帝紀》。

陳後主時，夢黄衣人圍城。後主惡之，遶城橘樹，盡伐去之。隋高祖受禪之後，上下通服黄衣。[1]未幾隋師攻圍之應也。

[1]黄衣：隋自承火德，但皇帝服飾和軍服則采用黄色，見前注。

後周大象二年正月，天雨黄土，移時乃息。與大同

元年同占。時帝昏狂滋甚，期年而崩，至于静帝，用遜
厥位。[1]絶道不嗣之應也。

[1]用遜厥位：遜位禪讓。

開皇二年，京師雨土。是時，帝懲周室諸侯微弱，
以亡天下，故分封諸子，並爲行臺，[1]專制方面。失土
之故，有土氣之祥，其後諸王各謀爲逆亂。京房《易飛
候》曰：“天雨土，百姓勞苦而無功。”[2]其時營都邑。
後起仁壽宮，頹山堙谷，[3]丁匠死者太半。

[1]行臺：魏晉以來尚書省臨時在外設置的分支機構，也稱行
尚書臺或行臺省，代表中央發號施令。北魏、北齊設置漸多，成爲
地方最高行政機構。北周改置總管府。隋初設行臺，非常制。
[2]天雨土，百姓勞苦而無功：可能是《易飛候》佚文，僅見
於本志。
[3]頹山堙谷：挖山填谷。

裸蟲之孽[1]

梁太清元年，丹陽有莫氏妻，生男，眼在頂上，大
如兩歲兒。墜地而言曰：“兒是旱疫鬼，[2]不得住。”母
曰：“汝當令我得過。”疫鬼曰：“有上官，何得自由。
母可急作絳帽，[3]故當無憂。”母不暇作帽，以絳繫髮。
自是旱疫者二年，揚、徐、兗、豫尤甚。莫氏鄉鄰，多
以絳免，他土効之無驗。

[1]裸蟲：於五行屬土，指包括人在内的身體表面無毛或短淺

毛髮的動物，如海豚、鯨類、河馬、海牛、海豹、青蛙、蚯蚓、大鯢（娃娃魚）等，因身體裸露而得名。《漢書·五行志下之上》指出，氣候溫暖而有風，就會有"裸（臝）蟲之孽"。裸，亦作臝。

[2]旱疫鬼：在大旱之季傳播瘟疫的鬼神。疫鬼，是古代傳説中傳播瘟疫的鬼神。《續漢書·禮儀志中》劉昭注引《漢舊儀》："顓頊氏有三子，生而亡去爲疫鬼。一居江水，是爲（虎）〔虐鬼〕；一居若水，是爲罔兩蜮鬼；一居人宮室區隅（漚庾），善驚人小兒。"

[3]絳：大紅色。

　　大寶二年，京口人於藏兒，[1]年五歲，登城西南角大樓，打鼓作長江榧。[2]鼓，兵象也。是時侯景亂江南。

[1]京口：地名。長江下游軍事重鎮，即今江蘇鎮江市。　於藏兒：人名。事迹不詳。

[2]榧：搖，擊。

　　陳永定三年，有人長三丈，見羅浮山，[1]通身潔白，衣服楚麗。京房占曰："長人見，亡。"[2]後二歲，帝崩。

[1]見：現身。　羅浮山：在今廣東中部、東江右側，跨博羅、增城、龍門三地。

[2]長人見，亡：本志之外，京房此占語未見他書引述。《宋書·五行志一》："案古長人見，爲國亡。"

　　後主爲太子時，有婦人突入東宮而大言曰："畢國主。"[1]後主立而祚終之應也。

[1]畢國主：終結國家的君主。《南史》卷一〇《陳後主紀》記其事，視爲陳亡的讖語。

至德三年八月，建康人家婢死，埋之九日而更生。有牧牛人聞而出之。

禎明二年，有船下，忽聞人言曰："明年亂。"視之，得死嬰兒，長二尺而無頭。明年陳滅。

齊天保中，臨漳有婦人產子，[1]二頭共體。是後政由姦佞，上下無別，兩頭之應也。

[1]臨漳：縣名。治所在今河北臨漳縣西南。

後主時，有桑門，[1]貌若狂人，見烏則向之作禮，見沙門則毆辱之。烏，周色也。未幾，齊爲周所吞，滅除佛法。

[1]桑門：佛教僧侶，沙門的異譯。

後周保定三年，有人產子男，陰在背上如尾，兩足指如獸爪。陰不當生於背而生於背者，陰陽反覆，君臣顛倒之象。人足不當有爪而有爪者，將致攫人之變也。是時，晉蕩公宇文護，專擅朝政，征伐自己，陰懷篡逆。天戒若曰，君臣之分已倒矣，將行攫噬之禍。帝見變而悟，遂誅晉公，親萬機，躬節儉，克平齊國，號爲高祖。轉禍爲福之効也。

武帝時，有強練者，[1]佯狂，持一瓠，[2]至晉蕩公護門，而擊破之，曰："身尚可，子苦矣。"時護專政，因朝太后，帝擊殺之。發兵捕其諸子，皆備楚毒而死。强練又行乞於市，人或遺之粟麥，輒以無底帒受之。[3]因大笑曰："盛空。"未幾，周滅，高祖移都，長安城爲墟矣。

[1]强練：人名。善作讖語，事後常能應驗，所以當時人頗敬信他。傳見《北史》卷八九，《周書》卷四七有附傳。

[2]瓠：葫蘆，與宇文護之名同音。

[3]帒：同"袋"。

開皇六年，霍州有老翁，[1]化爲猛獸。

[1]霍州：地名。南朝梁天監六年（507）置，治岳安縣（今安徽霍山縣）。北齊廢州，隋初廢郡，縣改名霍山。

七年，相州有桑門，變爲蛇，尾繞樹而自抽，長二丈許。

仁壽四年，有人長數丈，見於應門，[1]其迹長四尺五寸。其年帝崩。

[1]應門：中華本校勘記云："本書《高祖紀下》作'雁門'。"

大業元年，雁門人房回安，[1]母年百歲，額上生角，長二寸。《洪範五行傳》曰："婦人，陰象也。角，兵象也。下反上之應。"[2]是後天下果大亂，陰戎圍帝於雁門。

[1]房回安：人名。事迹不詳。

[2]"婦人"至"下反上之應"：這段文字未見《漢書·五行志》引述。但人或馬生角爲兵戎之象，預示將有以下犯上的武裝叛亂，在《漢書·五行志》中有數處論及。

四年，雁門宋谷村，有婦人生一肉卵，大如斗，埋之。後數日，所埋處雲霧盡合，從地雷震而上，視之洞穴，失卵所在。

六年，趙郡李來王家婢，[1]産一物，大如卵。

[1]趙郡：隋大業初改欒州置，治平棘縣（今河北趙縣）。

六年正月朔旦，有盜衣白練裙襦，[1]手持香花，自稱彌勒佛出世。[2]入建國門，[3]奪衛士仗，將爲亂。齊王暕遇而斬之。後三年，楊玄感作亂，引兵圍洛陽，戰敗伏誅。

[1]白練裙襦：白色熟絹縫製的裙裳和短襖。

[2]彌勒佛：大乘佛教八大菩薩之一。在佛教信仰中，是釋迦牟尼佛在未來的繼任者，佛典稱彌勒降世救苦救難，救度眾生。南北朝至隋，借彌勒下生信仰，發起動亂的歷史記載很多。如大業九年扶風人宋子賢、向海明自稱彌勒佛出世，起事作亂。

[3]建國門：隋東都洛陽外郭城正南門。

八年，有澄公者，[1]若狂人，於東都大叫唱賊。帝聞而惡之。明年，玄感舉兵，圍洛陽。

[1]澄公：此非十六國時期的澄公（佛圖澄），生平不詳。

十二年，澄公又叫賊。李密逼東都，孟讓燒豐都市而去。[1]

[1]孟讓：人名。隋齊郡（治所在今山東濟南市）人。大業九年起兵，與王薄聯合，轉戰山東諸郡，後移兵江淮，據都梁山。被王世充擊敗後，北投瓦崗軍。　豐都市：洛陽東市。

九年，帝在高陽。[1]唐縣人宋子賢，[2]善爲幻術。[3]每夜，樓上有光明，能變作佛形，自稱彌勒出世。又懸大鏡於堂上，紙素上畫爲蛇爲獸及人形。有人來禮謁者，轉側其鏡，遣觀來生形像。或映見紙上蛇形，子賢輒告云：“此罪業也，當更禮念。”又令禮謁，乃轉人形示之。遠近惑信，日數百千人。遂潛謀作亂，將爲無遮佛會，[4]因舉兵，欲襲擊乘輿。事泄，鷹揚郎將以兵捕之。[5]夜至其所，邀其所居，但見火坑，兵不敢進。郎將曰：“此地素無坑，止妖妄耳。”及進，無復火矣。遂擒斬之，并坐其黨與千餘家。其後復有桑門向海明，於扶風自稱彌勒佛出世，[6]潛謀逆亂。人有歸心者，輒獲吉夢。由是人皆惑之，三輔之士，[7]翕然稱爲大聖。因舉兵反，衆至數萬。官軍擊破之。京房《易飛候》曰：“妖言動衆者，兹謂不信。路無人行。不出三年，起兵。”[8]自是天下大亂，路無人行。

[1]高陽：縣名。治所在今河北高陽縣東舊城。

[2]唐縣：隋治左人城（今河北唐縣西）。　宋子賢：人名。事迹不詳。

[3]幻術：方士、術士的法術或魔術。

[4]無遮佛會：以布施供養爲主要内容的佛教齋會。無遮，指寬容一切，解脱諸惡，不分貴賤、僧俗、智愚、善惡。

[5]鷹揚郎將：官名。隋煬帝大業三年，改府兵制的軍府名稱，以驃騎府爲鷹揚府，長官驃騎將軍改名鷹揚郎將。正五品。

[6]扶風：郡名。隋治雍縣（今陝西鳳翔縣）。

[7]三輔：西漢治理京畿地區的三個職官的合稱。亦指其所轄地區。

[8]“妖言動衆”至“起兵”：《漢書·五行志下之上》引京房《易傳》作：“妖言動衆，茲謂不信，路將亡人，司馬死。”

木金水火沴土

梁天監五年十一月，京師地震，木金水火沴土也。《洪範五行傳》曰：“臣下盛，將動而爲害。”[1]京房《易飛候》曰：“地動以冬十一月者，其邑飢亡。”[2]時交州刺史李凱舉兵反。明年，霜，歲儉人飢。

[1]臣下盛，將動而爲害：《漢書·五行志下之上》解釋地震時引劉向説：“天戒若曰，臣下强盛者將動爲害。”

[2]地動以冬十一月者，其邑飢亡：可能是《易飛候》佚文，僅見於本志。

普通三年正月，建寧地震。是時，義州刺史文僧朗以州叛。[1]

[1]“普通三年”至“以州叛”：唐燮軍考證：“文僧朗之叛，

《梁書‧武帝紀下》《南史‧梁本紀中》及《資治通鑑》卷一百四十九皆稱時在普通二年六月丁卯,此云普通三年,誤。"(唐燮軍:《〈隋書‧天文志‧五代災變應〉勘誤》,《古籍整理研究學刊》2007 年第 6 期)

六年十二月,地震。京房《易飛候》曰:"地冬動有音,以十二月者,其邑有行兵。"[1] 是時,帝令豫章王琮,[2] 將兵北伐。

[1]"地冬動"至"有行兵":可能是《易飛候》佚文,僅見於本志。

[2]豫章王琮:即蕭琮,見前注。

中大通五年正月,建康地震。京房《易飛候》曰:"地以春動,歲不昌。"[1] 是歲,大水,百姓飢饉。

[1]地以春動,歲不昌:可能是《易飛候》佚文,僅見於本志。

大同三年十一月,建康地震。京房《易飛候》曰:"地震以十一月,邑有大喪及飢亡。"[1] 明年,霜爲災,百姓飢。三年十月,建康地震。是歲,會稽山賊起。[2]

[1]地震以十一月,邑有大喪及飢亡:前引京房《易飛候》作:"地動以冬十一月者,其邑饑亡。"意思相同。

[2]會稽:郡名。東漢至南朝治山陰縣(今浙江紹興市)。

七年二月，建康地震。是歲，交州人李賁舉兵，逐刺史蕭諮。[1]

[1]蕭諮：人名。南朝梁宗室，鄱陽王蕭恢子，封武林侯，官衞尉卿，爲侯景所殺。《南史》卷五二有附傳。

九年閏正月，地震。李賁自稱皇帝，署置百官。

太清三年四月，建康地再震。時侯景自爲大丞相、録尚書事，帝所須不給。是月，以憂憤崩。

陳永定二年五月，建康地震。時王琳立蕭莊於郢州。[1]

[1]王琳：人名。南朝會稽山陰（今浙江紹興市）人。傳見《北齊書》卷三二、《南史》卷六四。

太建四年十一月，地震。陳寶應反閩中。[1]

[1]陳寶應：人名。南朝陳晋安侯官（今福建福州市）人。傳見《陳書》卷三五、《南史》卷八〇。 閩中：泛指今福建中部地區。

禎明元年正月，地震。施文慶、沈客卿專恣之應也。

東魏武定二年十一月，西河地陷而且然。京房《易妖占》曰：“地自陷，其君亡。”[1]祖晒曰：[2]“火，陽精也。地者，陰主也。地然，越陰之道，行陽之政，臣下擅恣，終以自害。”[3]時後齊神武作宰，而侯景專擅河南。後二歲，神武果崩，景遂作亂，而自取敗亡之應。

[1]地自陷，其君亡：可能是《易妖占》佚文，僅見於本志。

[2]祖暅：人名。亦作祖暅之。南朝梁人，祖冲之之子。《南史》卷七二有附傳。

[3]"火，陽精也"至"終以自害"：北周庾季才撰、北宋王安禮重修《靈臺秘苑》卷六《地占》有類似陳述。

後齊河清二年，并州地震。和士開專恣之應。

後周建德二年，涼州地頻震。[1]城郭多壞，地裂出泉。京房《易妖占》曰："地分裂，羌夷叛。"[2]時吐谷渾頻寇河西。

[1]涼州：魏晉南北朝治姑臧縣（今甘肅武威市）。

[2]地分裂，羌夷叛：《續漢書·五行志四》引京房《易傳》作："地裂者，臣下分離，不肯相從也。""羌夷叛"占辭僅見於本志。

開皇十四年五月，京師地震。京房《易飛候》曰："地動以夏五月，人流亡。"[1]是歲關中飢，帝令百姓就糧於關東。[2]

[1]地動以夏五月，人流亡：可能是《易飛候》佚文，僅見於本志。

[2]關東：泛指函谷關或潼關以東地區。

仁壽二年四月，岐、雍地震。[1]京房《易飛候》曰：

“地動以夏四月，五穀不熟，人大飢。”[2]

[1]岐：岐州。北魏始置，隋沿置，治雍縣（今陝西鳳翔縣），大業三年廢。　雍：雍州。隋治長安（今陝西西安市西北）。

[2]“地動以”至“人大飢”：可能是《易飛候》佚文，僅見於本志。

三年，梁州就谷山崩。[1]《洪範五行傳》曰：“崩散落，背叛不事上之類也。”[2]梁州爲漢地。[3]明年，漢王諒舉兵反。

[1]梁州：隋初治南鄭縣（今陝西漢中市東），大業三年廢。就谷：地名。不詳。

[2]崩散落，背叛不事上之類也：《漢書·五行志下之上》解釋春秋時期山麓崩塌現象，引述“劉向以爲臣下背叛，散落不事上之象也”，應該就是這則引文的出處。

[3]梁州爲漢地：秦亡，項羽封劉邦爲漢王，都南鄭，其轄境曾包括隋梁州之地。楊諒封漢王，其封國範圍不詳。

大業七年，砥柱山崩，[1]壅河，逆流數十里。劉向《洪範五行傳》曰：“山者，君之象。水者，陰之表。人之類也。天戒若曰，君人擁威重，將崩壞，百姓不得其所。”[2]時帝興遼東之師，百姓不堪其役，四海怨叛。帝不能悟，卒以滅亡。

[1]砥柱山：也稱三門山，在今河南三門峽市東北黃河中。三門即神門、鬼門、人門。

　　[2]"山者"至"不得其所"：《漢書·五行志下之上》解釋春
秋時期梁山崩，壅河三日不流，引劉向説："山陽，君也，水陰，
民也，天戒若曰，君道崩壞，下亂，百姓將失其所矣。"應該就是
這段引文的出處。

　　《洪範五行傳》曰：[1]"皇之不極，是謂不建。[2]厥
咎瞀，厥罰常陰，厥極弱。[3]時則有射妖，[4]則有龍蛇之
孽，[5]則有馬禍。"[6]

　　[1]《漢書·五行志下之上》引伏勝《洪範五行傳》："皇之不
極，是謂不建，厥咎眊，厥罰恒陰，厥極弱。時則有射妖，時則有
龍蛇之孽，時則有馬禍，時則有下人伐上之痾，時則有日月亂行，
星辰逆行。"本段引文依據《洪範五行傳》，但省略了"下人伐上
之痾"和"日月亂行，星辰逆行"等異象。

　　[2]皇之不極，是謂不建：意指君主施政，須不偏不倚、中和
公正、恰如其分。皇即君主，極即中，建即立。皇極是五事的延
伸。君主在貌言視聽思五事中任何一事有失誤，都會導致程度不等
的五行失調，引發不同類型的自然與人事灾異。"皇之不極"，就意
味着五事皆失，會徹底喪失天命，受傷害的不是五行之氣，而是
"君道"和"天氣"，因而不但導致自然、人事的灾異，還會引發
下位者的篡弑之禍和"日月亂行，星辰逆行"的異變。本志撰者可
能因某些考慮，省略了"下人伐上之痾"和"日月亂行，星辰逆
行"，所以未能全面展示皇之不極的嚴重後果。

　　[3]瞀：昏昧愚蒙。《漢書·五行志》作"眊"，與"瞀"意思
相近。　厥罰常陰：班固在《漢書·五行志》中的解釋是："王者
自下承天理物。雲起於山，而彌於天；天氣亂，故其罰常陰也。"
也就是説，君主代天治民，負有理順人間和自然界終極秩序的責
任。"皇之不極"會導致天氣紊亂，於是有常陰的天罰。所謂常陰，

既指天久陰不雨，也指下位者將有陰謀。　厥極弱：班固的解釋是，"《易》曰'亢龍有悔，貴而亡位，高而亡民，賢人在下位而亡輔'，如此，則君有南面之尊，而亡一人之助，故其極弱也"。

[4]射妖：因射箭造成的事故或災異。班固解釋説，朝廷在春季要舉行大射禮儀，以順應陽氣。但"上微弱則下奮動，故有射妖"。鄭玄以射喻政，認爲射手要仔細觀察目標，然後瞄準，纔能一發中的；君主施政出令，也應該先經朝議，權衡量度，這樣纔能順應民心。否則就會出現射妖類災異。

[5]龍蛇之孽：班固的解釋是："《易》曰'雲從龍'，又曰'龍蛇之蟄，以存身也'。陰氣動，故有龍蛇之孽。"也就是説，涉及龍、蛇的妖孽異象，因"常陰"之罰而引發。

[6]馬禍：班固的解釋是："於《易》，乾爲君爲馬，馬任用而強力，君氣毀，故有馬禍。一曰，馬多死及爲怪，亦是也。"與馬有關的異象（如頭生角、怪胎、悲鳴等）都被視作凶兆，再附會人事，視爲馬禍。

雲陰

開皇二十年十月，久陰不雨。劉向曰："王者失中，臣下強盛而蔽君明，則雲陰。"[1]是時，獨孤后遂與楊素，陰譖太子勇，廢爲庶人。

[1]"王者失中"至"則雲陰"：可能是《洪範五行傳論》佚文，僅見於本志。

射妖

東魏武定四年，後齊神武作宰，親率諸軍，攻西魏於玉壁。其年十一月，帝不豫，班師。將士震懼，皆曰："韋孝寬以定功弩射殺丞相。"[1]西魏下令國中曰：

"勁弩一發,凶身自殞。"[2]神武聞而惡之,其疾暴增,近射妖也。《洪範五行傳》曰:"射者,兵戎禍亂之象,氣逆天則禍亂將起。"[3]神武行,殿中將軍曹魏祖諫曰:[4]"王以死氣逆生氣,爲客不利,主人則可。"[5]帝不從,頓軍五旬,頻戰沮衂。又聽孤虛之言,[6]於城北斷汾水,起土山。其處天險千餘尺,功竟不就,死者七萬。氣逆天之咎也。其年帝崩。明年,王思政擾河南。[7]

[1]韋孝寬:人名。西魏、北周名將,歷任南兗州、晉州、勳州刺史。傳見《周書》卷三一、《北史》卷六四。 定功弩:應該是弩的一種,不詳。弩射程遠、殺傷力大而發射緩慢,利於防守而不便於騎射,所以北朝軍隊較少使用。《北史》卷六《齊高祖神武帝紀》:"是時,西魏言神武中弩,神武聞之,乃勉坐見諸貴。使斛律金敕勒歌,神武自和之,哀感流涕。"《通鑑》卷一五九《梁紀》中大同元年十二月:"軍中訛言韋孝寬以定功弩射殺丞相。"可知這是西魏故意散布的一則謠言,而在東魏軍中流傳。

[2]勁弩一發,凶身自殞:這句話於本志外,僅見於《通鑑》。可能是西魏當時利用該則謠言擴大宣傳效應而在國內虛報的戰果。

[3]"射者"至"禍亂將起":此句未見他書引述,可能是《洪範五行傳論》佚文。

[4]曹魏祖:人名。西魏時任殿中將軍及員外司馬督臣,常在朝廷上作望氣、星象占語。中華本校勘記:"原作'曹魏'。錢大昕《廿二史考異》:'《北史·神武紀》作"曹魏祖",此脫"祖"字。'今據補。"

[5]"王以死氣"至"主人則可":曹魏祖的占語全文見《北齊書》卷二《神武帝紀下》:"今八月西方王,以死氣逆生氣,爲客不利,主人則可。兵果行,傷大將軍。"西方指西魏。

[6] 孤虚：運用計日、時的干支推算吉凶禍福的一種方術。古代常用於預測軍事行動的成敗。高歡圍攻玉壁時，曾用李業興孤虚術，集中主力於城北（《北齊書》卷二《神武帝紀下》）。

[7] 王思政：人名。北朝太原祁（今山西祁縣）人。傳見《周書》卷一八、《北史》卷六二。

武平，[1] 後主自并州還鄴，至八公嶺，[2] 夜與左右歌而行。有一人忽發狂，意後主以爲狐媚，[3] 伏草中彎弓而射之。傷數人，幾中後主。後主執而斬之。其人不自覺也。狐而能媚，獸之妖妄也。時帝不恤國政，專與內人闈豎酣歌爲樂。或衣繿縷衣，行乞爲娛。此妖妄之象。人又射之，兵戎禍亂之應也。未幾而國滅。

[1] 武平：中華本校勘記：“按：‘武平’下疑脱年份或‘中’字。”

[2] 八公嶺：不詳。

[3] 狐媚：狐狸作怪。《北齊書》卷八《後主紀》武平四年正月：“鄴都、并州並有狐媚，多截人髪。”

龍蛇之孽

梁天監二年，北梁州潭中有龍鬭濆霧數里。[1] 龍蛇之孽。《洪範五行傳》曰：“龍，獸之難害者也。天之類，君之象。天氣害，君道傷，則龍亦害。鬭者兵革之象也。”[2] 京房《易飛候》曰：“衆心不安，厥妖龍鬭。”[3] 是時帝初即位，而有陳伯之、劉季連之亂，國内危懼。

[1]漬：即噴。

[2]"龍，獸之難害"至"兵革之象也"：可能是《洪範五行傳論》佚文，僅見於本志。

[3]衆心不安，厥妖龍鬬：《漢書·五行志下之上》引京房《易傳》同。

普通五年六月，龍鬬于曲阿王陂，因西行，至建陵城，所經之處，樹木皆折開數十丈。與天監二年同占。經建陵而樹木折者，國有兵革之禍，園陵殘毀之象。時帝專以講論爲務，不崇耕戰，將輕而卒惰。君道既傷，故有龍孽之應。帝殊不悟。至太清元年，黎州水中又有龍鬬。[1]波浪涌起，雲霧四合，而見白龍南走，黑龍隨之。其年，侯景以兵來降，帝納之而無備，國人皆懼。俄而難作，帝以憂崩。

[1]黎州：梁大同年間改西益州置，治興安縣（今四川廣元市）。

大同十年夏，有龍，夜因雷而墮延陵人家井中。[1]明旦視之，大如驢。將以戟刺之，俄見庭中及室中各有大蛇，如數百斛船，家人奔走。《洪範五行傳》曰：龍，陽類，貴象也。上則在天，下則在地，不當見庶人邑里室家。井中，幽深之象也，諸侯且有幽執之禍，皇不建之咎也。[2]後侯景反，果幽殺簡文于酒庫，宗室王侯皆幽死。

[1]延陵：縣名。治今江蘇丹陽市西南延陵鎮。

[2]“龍，陽類”至“皇不建之咎也”：《漢書·五行志下之上》引劉向説：“龍貴象而困於庶人井中，象諸侯將有幽執之禍。”本志據以引申闡發。

　　陳太建十一年正月，龍見南兗州池中。[1]與梁大同十年同占。未幾，後主嗣位，驕淫荒怠，動不得中。其後竟以國亡，身被幽執。

　　[1]南兗州：陳朝治廣陵縣（今江蘇揚州市西北蜀崗）。

　　東魏武定元年，有大蛇見武牢城。[1]是時，北豫州刺史高仲密妻李氏，[2]慧而艷。世子澄悦之，[3]仲密内不自安，遂以武牢叛，陰引西魏，大戰於河陽。[4]神武爲西兵所窘，僅而獲免，死者數千。

　　[1]武牢：縣名。即虎牢縣（今河南滎陽市西北汜水西）。唐避李虎諱，改稱武牢。
　　[2]北豫州：南朝宋改司州置，治虎牢縣。北魏太和十九年（495）改東中府，東魏天平初復改北豫州。　高仲密：人名。名慎，字仲蜜。《北史》卷三一有附傳。
　　[3]世子澄：即高澄。
　　[4]河陽：縣名。治所在今河南孟州市西北。

　　後齊天保九年，有龍長七八丈，見齊州大堂。[1]占同大同十年。時常山、長廣二王權重，[2]帝不思抑損。明年帝崩，太子殷嗣立。常山王演，果廢帝爲濟南王，幽而害之。

　　[1]齊州：北魏皇興三年（469）改冀州置，治歷城縣（今山東濟南市）。

　　[2]長廣王：即後來的武成帝高湛。

　　河清元年，龍見濟州浴堂中。[1]占同天保九年。先是平秦王歸彥，[2]受昭帝遺詔，[3]立太子百年爲嗣。[4]而歸彥遂立長廣王湛，是爲武成帝。而廢百年爲樂陵王，竟以幽死。

　　[1]濟州：北魏泰常八年（423）置，治碻磝城（今山東茌平縣西南）。

　　[2]平秦王歸彥：即高歸彥，詳前注。

　　[3]昭帝：即北齊孝昭帝。

　　[4]百年：人名。高百年，孝昭帝高演次子。傳見《北齊書》卷一二、《北史》卷五二。

　　天統四年，貴鄉人伐枯木，[1]得一黄龍，折脚，死於孔中。齊稱木德。龍，君象。木枯龍死，不祥之甚。其年武成崩。

　　[1]貴鄉：縣名。東魏天平二年（535）置，治趙城（今河北大名縣西北）。

　　武平三年，龍見邯鄲井中，其氣五色屬天。又見汲郡佛寺涸井中。[1]占同河清元年。後主竟降周，後被誅。

[1]汲郡：西晉泰始二年（266）置，治汲縣（今河南衛輝市西南）。

武平七年，并州招遠樓下，有赤蛇與黑蛇鬭，數日，赤蛇死。赤，齊尚色。[1]黑，周尚色。鬭而死，滅亡之象也。後主任用邪佞，與周師連兵於晋州之下。委軍於孽臣高阿那肱，竟啓敵人，皇不建之咎也。後主遂爲周師所虜。

[1]赤，齊尚色：北齊禪魏，自承木德。稱齊色尚赤，不詳有何根據。據《北史》卷六、七《齊本紀》等，高氏家族屢有赤光、赤氣、赤蛇、赤雀之瑞，不知是否因此而尚赤。

琅邪王儼壞北宮中白馬浮圖，[1]石趙時澄公所建。[2]見白蛇長數丈，迴旋失所在。時儼專誅失中之咎也。見變不知戒，以及於難。

[1]北宮：一般作爲后妃、太后居所。北齊鄴城北宮，有時也成爲太子或諸皇子居所。武成帝死後，後主令其弟琅邪王高儼居北宮，“五日一朝，不復得每日見太后”。（《北齊書》卷一二《琅邪王儼傳》）　浮圖：通“浮屠”，梵語音譯，指佛塔。
[2]石趙：即十六國之一的後趙，由石勒所建，故稱石趙。澄公：即佛圖澄，一作竺佛圖澄。傳見《晋書》卷九五。

後周建德五年，黑龍墜於亳州而死。[1]龍，君之象。黑，周所尚色。墜而死，不祥之甚。時皇太子不才，[2]帝每以爲慮，直臣王軌、宇文孝伯等，[3]驟請廢立，帝不能用。後二歲，帝崩，太子立，虐殺齊王及孝伯等，因而國亡。

[1]亳州：北周改南兗州置，治小黃縣（今安徽亳州市）。

[2]皇太子：即宇文贇，後來的周宣帝。

[3]宇文孝伯：人名。西魏、北周代郡武川（今内蒙古武川縣西）人。傳見《周書》卷四〇，《北史》卷五七有附傳。

　　仁壽四年，龍見代州總管府井中。[1]其龍或變爲鐵馬甲士彎弓上射之象。變爲鐵馬，近馬禍也。彎弓上射，又近射妖。諸侯將有兵革之變，以致幽因也。[2]是時漢王諒潛謀逆亂，故變兵戒之。諒不悟，遂興兵反，事敗，廢爲庶人，幽囚數年而死。

[1]代州：隋開皇五年改肆州置，治廣武縣（今山西代縣）。大業中改爲雁門郡。　總管府：官署名。北周明帝武成元年（559）改行臺置，爲地方最高行政機構，管理所屬地區的軍事民政。轄區無常，一般數州，有時可達數十州。隋初沿置，分三等。

[2]幽囚：即前文所謂龍困於井中，預兆諸侯將有幽執之禍。

　　馬禍

　　侯景僭尊號於江南，每將戰，其所乘白馬，長鳴蹀足者輒勝，垂頭者輒不利。西州之役，[1]馬臥不起，景拜請，且箠之，竟不動。近馬禍也。《洪範五行傳》曰：馬者兵象。將有寇戎之事，故馬爲怪。[2]景因此大敗。

[1]西州：城名。東晉筑，爲揚州刺史治所。故址在今江蘇省南

京市朝天宫東南。侯景兵敗江陵、巴陵後，王僧辯、陳霸先等進攻建康，與侯景殘部在西州決戰。詳見《陳書》卷一《高祖紀上》。

［2］"馬者兵象"至"故馬爲怪"：《漢書·五行志下之上》解釋馬禍（馬生人、牝馬生子而死）引劉向説："其象將以兵革抗極成功，而還自害也。"《宋書·五行志五》解釋馬禍（馬生角）："按劉向説，此兵象也。"本志據以引申闡發。

陳太建五年，衡州馬生角。[1]《洪範五行傳》曰："馬生角，兵之象，敗亡之表也。"是時宣帝遣吳明徹出師呂梁，與周師拒。連兵數歲，衆軍覆没，明徹竟爲周師所虜。

［1］衡州：梁天監六年置，治含洭縣（今廣東英德市西北浛洸鎮）。

天保中，廣宗有馬，兩耳間生角，如羊尾。京房《易傳》曰："天子親伐，則馬生角。"[1]四年，契丹犯塞，[2]文宣帝親御六軍以擊之。

［1］天子親伐，則馬生角：《漢書·五行志下之上》引京房《易傳》："天子親伐，馬生角。"

［2］契丹：古族名。屬東胡系。初附宇文部，後分離獨立。北魏時有八部。

大業四年，太原厩馬死者太半，[1]帝怒，遣使案問。主者曰："每夜厩中馬無故自驚，因而致死。"帝令巫者視之。巫者知帝將有遼東之役，[2]因希旨言曰：[3]"先帝令楊素、史萬歲取之，將鬼兵以伐遼東也。"[4]帝大悦，因釋主者。《洪範五行傳》曰："逆天氣，故馬多死。"[5]是時，帝每歲巡幸，北事長城，西通且末，[6]國內虛耗，天戒若曰，除厩馬，無事巡幸。帝不悟，遂至亂。

[1]厩馬：朝廷在各地設置馬場所養之馬。

[2]遼東之役：見前"遼東之舉"注。

[3]希旨：迎合上意。

[4]"先帝令楊素"至"以伐遼東也"：巫者的這句話僅見本志記載。

[5]逆天氣，故馬多死：《南齊書》卷一九《五行志》引《洪範五行傳論》："《易》曰'乾爲馬'。逆天氣，馬多死，故曰有馬禍。"

[6]且末：古西域國名。漢時王治且末城（今新疆且末縣西南）。北魏時屬吐谷渾。隋大業五年平吐谷渾，置且末郡，隋末地入吐谷渾。

十一年，河南、扶風三郡，[1]並有馬生角，長數寸。與天保初同占。是時，帝頻歲親征高麗。

[1]三郡：中華本校勘記云："'三'疑應作'二'。"

義寧元年，帝在江都宮，龍厩馬無故而死，[1]旬日，死至數百匹。與大業四年同占。

[1]龍厩：隋太僕寺下有龍厩署，大業三年改名典厩署，置令、丞，管理皇家馬厩。

隋書　卷二四

志第十九

食貨

　　王者量地以制邑，度地以居人，總土地所生，料山澤之利，式遵行令，敬授人時，農商趣向，各本事業。《書》稱懋遷有無，[1]言穀貨流通，咸得其所者也。《周官》太府，[2]掌九貢九賦之法，[3]王之經用，各有等差。所謂取之有道，[4]用之有節，故能養百官之政，勵戰士之功，救天災，服方外，活國安人之大經也。爰自軒、頊，[5]至于堯、舜，皆因其所利而勸之，因其所欲而化之。不奪其時，不窮其力，輕其征，薄其賦，此五帝三皇不易之教也。古語曰："善爲人者，愛其力而成其財。"若使之不以道，斂之如不及，財盡則怨，力盡則叛。昔禹制九等而康歌興，[6]周人十一而頌聲作。[7]於是東周遷洛，[8]諸侯不軌，魯宣初稅畝，[9]鄭產爲丘賦，[10]先王之制，靡有孑遺。秦氏起自西戎，[11]力正天下，驅之以刑罰，棄之以仁恩，以太半之收，[12]長城絕於地脉，以頭會之斂，[13]屯戍窮於嶺外。[14]漢高祖承秦凋敝，[15]十五稅一，中元繼武，[16]府廩彌殷。世宗得之，[17]用成雄侈，開邊擊胡，蕭然咸罄。宮宇押於天漢，巡游跨於海表，旱歲除道，凶年嘗秣，户口以之减半，盜賊以之公行。[18]於是譎詭賦税，異端俱起，賦及童齔，算至船車。[19]光武中興，[20]聿遵前事，成賦單薄，足稱經遠。靈帝開鴻都之牓，[21]通賣官之路，公卿州郡，各有等差。漢之常科，[22]土貢方物，[23]帝又遣先輸中署，[24]名爲導行，[25]天下賄成，人受其敝。自魏、晋二十一帝，宋、齊十有五主，[26]雖用度有衆寡，租賦有重輕，大抵不能傾人産業，道闕政亂。[27]

　　[1]懋遷有無：語出《尚書·益稷》："懋遷有無化居。"孔安國傳："勉勸天下，徙有之無，魚鹽徙山，林木徙川澤，交易其所居積。"懋遷，即貿易。

　　[2]《周官》：《周禮》的别稱，儒家經典之一。　太府：官名。周時掌府藏會計。

　　[3]九貢：周代徵收貢物的九種類别。《周禮·天官·大宰》："以九貢致邦國之用：一曰祀貢，二曰嬪貢，三曰器貢，四曰幣貢，五曰材貢，六曰貨貢，七曰服貢，八曰斿貢，九曰物貢。"　九賦：周代的九類賦税。後泛指各類賦税。《周禮·天官·大宰》："以九賦斂財賄：一曰邦中之賦，二曰四郊之賦，三曰邦甸之賦，四曰家削之賦，五曰邦縣之賦，六曰邦都之賦，七曰關市之賦，八曰山澤之賦，九曰幣餘之賦。"鄭玄注："邦中在城郭者，四郊去國百里，邦甸二百里，家削三百里，邦縣四百里，邦都五百里，此平民也。關市、山澤謂占會百物，幣餘謂占賣國中之斥幣，皆末作當增賦者，若今賈人倍算矣。"按，前六種賦税皆以地區遠近爲區别，徵

土地産物；關市之賦徵商旅稅；山澤之稅徵礦、漁、林業稅；幣餘之賦指不屬以上各類的其他賦稅。

[4] 取之有道：底本、殿本、庫本皆同，宋刻遞修本、宋殘本、中華本"有"作"以"。

[5] 軒：指軒轅。傳説中的古帝名。 頊：指顓頊。傳説中的古帝名。

[6] 禹：又稱大禹、夏禹、戎禹。原爲夏后氏部落領袖，因治理洪水有功，被選爲虞舜的繼承人，建立夏朝。後世視之爲聖王。事見《尚書》之《舜典》《大禹謨》《皋陶謨》《益稷》《禹貢》等篇。 九等：此指徵收賦稅的九個等級。《周禮・地官・大司徒》："以土均之法，辨五物九等，制天下之地征。"鄭玄注："九等，騂剛、赤緹之屬；征，稅也。" 康歌："康哉之歌"的省稱。古歌謠名。歌詞出於《尚書・益稷》。後用以泛指頌太平之歌。

[7] 十一：亦作"什一"。指十分中取其一分的賦稅制度。《周禮・地官・載師》："凡任地，國宅無征，園廛二十而一，近郊十一。"賈公彦疏："云'近郊十一'者，即上經宅田、士田、賈田任在近郊者，同十一而稅也。" 頌聲：歌頌贊美之聲。《公羊傳》宣公十五年："什一者，天下之中正也。什一行而頌聲作矣。"何休注："頌聲者，太平歌頌之聲。帝王之高致也。"

[8] 東周遷洛：指公元前 770 年周平王把國都從鎬京（今陝西西安市西南）東遷至洛邑（今河南洛陽市），史稱東周。

[9] 魯宣：即魯宣公。春秋時魯國國君。事見《史記》卷三三《魯周公世家》。 初稅畝：指魯宣公十五年開始徵收田賦。稅畝即履畝而稅，是以土地面積爲根據向田主徵稅的一種稅制。《穀梁傳》宣公十五年："初稅畝，非正也。……初稅畝者，非公之去公田而履畝，十取一也。"

[10] 鄭産：指春秋時鄭國的卿大夫子産。傳見《史記》卷一一九。 丘賦：春秋時鄭國的一種軍賦制度。《左傳》昭公四年："鄭子産作丘賦。"杜預注："丘，十六井，當出馬一匹、牛三頭。

今子產別賦其田，如魯之田賦。"

[11]西戎：古代泛指西北各少數民族。

[12]太半之收：即按百分之五十以上的稅率徵收租賦。

[13]頭會之斂：即按人頭數徵稅。意指賦稅苛刻繁重。

[14]嶺外：地區名。亦稱"嶺南""嶺表"。指今南嶺以南地區。

[15]漢高祖：即劉邦。西漢開國皇帝。紀見《史記》卷八、《漢書》卷一。

[16]中元：漢景帝在位中期的紀年。此代指漢景帝。紀見《史記》卷一一、《漢書》卷五。　繼武：意謂足迹相接，比喻繼續前人的事業。武，即足迹。

[17]世宗：漢武帝的廟號。紀見《史記》卷一二、《漢書》卷六。

[18]盜賊以之公行："賊"字底本原作"賦"，據宋刻遞修本、宋殘本、殿本、庫本、中華本改。

[19]算至船車：指漢武帝時對車船徵收算緡錢。算，即徵稅。

[20]光武：即東漢光武帝劉秀。東漢開國皇帝。紀見《後漢書》卷一。

[21]靈帝：即東漢靈帝劉宏。紀見《後漢書》卷八。　鴻都之牓：漢靈帝光和元年（178），於鴻都門張榜公布賣官爵之令，規定自公卿州郡以下各官爵，皆可納錢買之，各有等差。"鴻都之牓"即指此賣官爵令。鴻都，即鴻都門。東漢宮門名。

[22]常科：此指經常徵收的賦稅科目。

[23]土貢：即"任土作貢"之意。指地方臣民或藩屬向君主進獻土產。

[24]中署：指宮廷內府。

[25]導行：即"導行費"的省稱。漢靈帝時，地方進貢朝廷，須先另送物品給中署，稱爲"導行費"，與後來的"門包"略同。參見《後漢書》卷七八《呂强傳》。

[26]宋：即南朝劉宋（420—479），都建康（今江蘇南京市）。

齊：即南朝蕭齊（479—502），都建康（今江蘇南京市）。

[27]道闕政亂：“闕”字底本、殿本、庫本皆同，宋刻遞修本、宋殘本、中華本作“關”。

隋文帝既平江表，[1]天下大同，躬先儉約，以事府帑。開皇十七年，[2]戶口滋盛，中外倉庫，無不盈積。所有賚給，不逾經費，京司帑屋既充，積於廊廡之下，高祖遂停此年正賦，[3]以賜黎元。煬皇嗣守鴻基，[4]國家殷富，雅愛宏玩，肆情方騁，初造東都，[5]窮諸巨麗。帝昔居藩翰，[6]親平江左，[7]兼以梁、陳曲折，[8]以就規摹。曾栰逾芒，[9]浮橋跨洛，[10]金門象闕，咸竦飛觀，頹巖塞川，構成雲綺，移嶺樹以爲林藪，包芒山以爲苑囿。長城御河，[11]不計於人力，運驢武馬，指期於百姓，天下死於役而家傷於財。既而一討渾庭，[12]三駕遼澤，[13]天子親伐，師兵大舉，飛糧輓秣，水陸交至。疆場之所傾敗，勞敝之所殂殞，雖復太半不歸，而每年興發，比屋良家之子，[14]多赴於邊陲，分離哭泣之聲，連響於州縣。老弱耕稼，不足以救飢餒，婦工紡績，不足以贍資裝。九區之內，[15]鸞和歲動，[16]從行宮掖，常十萬人，所有供須，皆仰州縣。租賦之外，一切徵斂，趣以周備，不顧元元，[17]吏因割剝，盜其太半。遐方珍膳，必登庖厨，翔禽毛羽，用爲玩飾，買以供官，千倍其價。人愁不堪，離棄室宇，長吏叩扉而達曙，猛犬迎吠而終夕。自燕、趙跨於齊、韓，[18]江、淮入於襄、鄧，[19]東周洛邑之地，西秦隴山之右，[20]僭僞交侵，[21]盜賊充斥。宮觀鞠爲茂草，[22]鄉亭絕其煙火，人相啖食，十而四五。關中癘疫，炎旱傷稼，代王開永豐之粟，[23]以振飢人，去倉數百里，老幼雲集。吏在貪殘，官無攸次，[24]咸資鑕貨，[25]動移旬月，頓卧墟野，欲返不能，死人如積，不可勝計。雖復皇王撫運，天禄有終，而隋氏之亡，亦由於此。

[1]隋文帝：即楊堅。紀見本書卷一、二及《北史》卷一一。江表：地區名。亦稱江南。指長江以南地區。此借指南朝陳。

[2]開皇：隋文帝楊堅年號（581—600）。

[3]高祖：隋文帝的廟號。　正賦：指正式的賦税。與“雜賦”對稱。

[4]煬皇：即隋煬帝楊廣。紀見本書卷三、四及《北史》卷一二。

[5]東都：即洛陽（今河南洛陽市東北）。隋煬帝即位初營建洛陽爲東京，大業五年（609）又改東京稱爲東都。

[6]藩翰：即藩國。此指隋煬帝即位前受封爲晋王爵。

[7]江左：地區名。指長江下游以東地區。此借指南朝陳。

[8]梁：即南朝梁（502—557），都建康（今江蘇南京市）。陳：即南朝陳（557—589），都建康（今江蘇南京市）。

[9]芒：指邙山。在今河南洛陽市北。

[10]洛：指洛水。即今河南洛河。

[11]御河：運河名。即隋煬帝時期所開鑿的通濟渠、永濟渠。因係皇帝開用，故稱御河。

[12]一討渾庭：指隋煬帝於大業五年征伐吐谷渾。渾庭，指吐谷渾所處之地。

[13]三駕遼澤：指隋煬帝於大業八年、九年、十年三次征伐高麗。遼澤，指高麗國所在的遼東地區。

[14]良家：指平民之家。

[15]九區：即古"九州"。此代指全國。

[16]鸞和：古代裝置在車上的兩種鈴子。此借指出行的車馬儀仗。

[17]元元：指庶民百姓。

[18]自燕、趙跨於齊、韓：燕、趙、齊、韓，皆爲戰國時的國名。此泛指這四國所在的地區。

[19]襄：州名。指襄州。治所在今湖北襄樊市。 鄧：州名。指鄧州。治所在今河南鄧州市。

[20]西秦：指古秦國之地。因其地處西方，故稱西秦。 隴山：六盤山南段的別稱。在今陝西隴縣西北，延伸於陝、甘邊境。

[21]僭僞：指割據一方的非正統的王朝政權。

[22]鞠爲茂草：意謂雜草塞道，形容衰敗荒蕪的景象。鞠，通"鞫"，窮盡之意。

[23]代王：即隋恭帝楊侑。紀見本書卷五、《北史》卷一二。 永豐：即永豐倉。原名廣通倉。隋文帝開皇三年置於華州華陰縣（治所在今陝西華陰市）東北渭水南岸廣通渠口。隋煬帝大業初改名永豐倉。

[24]攸次：即法度、規矩。

[25]鏹貨：指錢幣。

馬遷爲《平準書》，[1]班固述《食貨志》，[2]上下數千載，損益粗舉。自此史官曾無概見。夫厥初生人，[3]食貨爲本。聖王割廬井以業之，[4]通貨財以富之。富而教之，仁義以之興，貧而爲盜，刑罰不能止。故爲《食貨志》，用編前書之末云。

[1]馬遷：人名。即司馬遷的省稱。西漢史官，著有《史記》。傳見《漢書》卷六二，另事見《史記》卷一三〇《太史公自序》。

《平準書》：《史記》的篇名。見《史記》卷三〇。

[2]班固：人名。東漢史官，著有《漢書》。傳見《後漢書》卷四〇，另事見《漢書》卷一〇〇《叙傳》。　《食貨志》：《漢書》的篇名。見《漢書》卷二四。

[3]厥初生人：語出《詩·大雅·生民》：“厥初生民，時維姜嫄。”意指人類誕生。“人”當作“民”，唐人諱改。

[4]廬井：泛指房舍田園。

　　晋自中原喪亂，元帝寓居江左，[1]百姓之自拔南奔者，並謂之僑人。皆取舊壤之名，僑立郡縣，往往散居，無有土著。[2]而江南之俗，火耕水耨，土地卑濕，無有蓄積之資。諸蠻陬俚洞，[3]霑沐王化者，各隨輕重，收其賧物，[4]以裨國用。又嶺外酋帥，[5]因生口翡翠明珠犀象之饒，[6]雄於鄉曲者，朝廷多因而署之，[7]以收其利。歷宋、齊、梁、陳，皆因而不改。其軍國所須雜物，隨土所出，臨時折課市取，乃無恒法定令。列州郡縣，制其任土所出，以爲徵賦。

[1]元帝：即東晋元帝司馬睿。東晋開國皇帝，建都於建康（今江蘇南京市）。紀見《晋書》卷六。

[2]土著：此指世代定居之地。

[3]蠻陬（zōu）俚洞：泛指南方邊遠地區各少數民族的聚居處。

[4]賧（tàn）物：指南方少數民族向朝廷輸納的賦稅貨物。

[5]酋帥：古代對少數民族部落首領的統稱。

[6]生口：此指奴隸。

[7]署：任命爲官吏。

其無貫之人，不樂州縣編户者，謂之浮浪人，樂輸亦無定數，任量，准所輸，[1]終優於正課焉。[2]都下人多爲諸王公貴人左右、佃客、典計、衣食客之類，[3]皆無課役。[4]官品第一第二，佃客無過四十户。第三品三十五户。第四品三十户。第五品二十五户。第六品二十户。第七品十五户。第八品十户。第九品五户。其佃穀，皆與大家量分。[5]其典計，官品第一第二，置三人。第三第四，置二人。第五第六及公府參軍、殿中監、監軍、長史、司馬、部曲督、關外侯、材官、議郎已上，[6]一人。皆通在佃客數中。官品第六已上，并得衣食客三人。第七第八二人。第九品及翬輦、迹禽、前驅、由基、強弩司馬，[7]羽林郎，[8]殿中冗從武賁、殿中武賁、持椎斧武騎武賁、持鈒冗從武賁、命中武賁武騎，[9]一人。客皆注家籍。[10]其課，丁男調布絹各二丈，絲三兩，綿八兩，禄絹八尺，禄綿三兩二分，租米五石，禄米二石。丁女並半之。男女年十六已上至六十，爲丁。男年十六，亦半課，年十八正課，六十六免課。女以嫁者爲丁，若在室者，年二十乃爲丁。其男丁，每歲役不過二十日。又率十八人出一運丁役之。[11]其田，畝税米二斗。蓋大率如此。其度量，斗則三斗當今一斗，[12]稱則三兩當今一兩，尺則一尺二寸當今一尺。

　　[1]准所輸：“准”字各本皆同，但《通典》卷五《食貨》、《通志》卷六一《食貨略一》作“惟”，《文獻通考》卷二《田賦考二》作“唯”。
　　[2]正課：指正式的賦税。與“雜課”對稱。

[3]都下：即京都。此指東晋南朝都城建康地區。　左右：指主人身邊的侍從之人。　佃客：世族豪强蔭庇下的一種依附農民。　典計：指爲主人管理家計財物的管家。　衣食客：世族豪强蔭庇下的一種與奴僕相似的僕役之人。

[4]課役：指賦税和徭役。

[5]大家：依附民對其主人的稱呼。　量分：即按一定的比例分配。

[6]公府參軍：官名。晋時爲三公府的屬官，分掌公府庶務。六品。　殿中監：官名。晋時屬門下省，掌宫殿陳設及駕前奉引事務。七品。　監軍：官名。晋時亦稱軍司。凡諸軍皆置，掌監督軍中諸將，節量軍中各事宜。五品。　長史：官名。晋時凡公府、諸軍、州郡、王國皆置，掌所屬各官署的行政事務。官品視府主地位的高低而爲六品至八品不等。　司馬：官名。晋時凡公府、諸軍、州郡、王國皆置，掌所屬各官署的軍事事務。官品視府主地位的高低而爲六品至八品不等。　部曲督：官名。晋時掌領部曲兵衆。七品。　關外侯：爵名。晋時爲十五等爵的第十五等。七品。　材官：軍名號。此當指晋時掌領材官兵士的材官將軍、材官校尉、材官都尉，爲武官名。官品分别爲五品、六品、八品。　議郎：官名。晋時屬門下省，掌顧問應對。七品。

[7]翬輦、迹禽、前驅、由基、强弩司馬：官名。晋時翬輦、迹禽、前驅、由基、强弩皆爲左右二衛下屬的禁軍名號，各置别部司馬領其兵，掌宿衛侍從。九品。

[8]羽林郎：官名。晋時掌領羽林禁軍宿衛侍從。八品。

[9]殿中冗從武賁、殿中武賁、持椎斧武騎武賁、持鈒冗從武賁、命中武賁武騎：皆是晋代不同名號的禁軍步騎衛士，負責宿衛侍從。“武賁”當作“虎賁”，唐人諱改。

[10]客皆注家籍：客，指前文所述王公貴人的左右、佃客、典計、衣食客之類人。客户是王公貴族蔭庇下的依附人口，按晋制規定皆須注籍於其主人的户籍之下，其自身没有獨立的户籍。

[11]運丁：指從事漕糧搬運一類徭役的民丁。

[12]今：此指唐代。

其倉，京都有龍首倉，[1]即石頭津倉也，臺城內倉，[2]南塘倉，[3]常平倉，[4]東、西太倉，[5]東宮倉，[6]所貯總不過五十餘萬。在外有豫章倉、釣磯倉、錢塘倉，[7]並是大貯備之處。自餘諸州郡臺傳，[8]亦各有倉。大抵自侯景之亂，[9]國用常褊。[10]京官文武，月別唯得稟食，多遙帶一郡縣官而取其禄秩焉。揚、徐等大州，比令、僕班。[11]寧、桂等小州，[12]比參軍班。[13]丹楊、吳郡、會稽等郡，[14]同太子詹事、尚書班。[15]高凉、晉康等小郡，[16]三班而已。大縣六班，小縣兩轉方至一班。[17]品第既殊，不可委載。[18]州郡縣禄米絹布絲綿，當處輸臺傳倉庫。若給刺史守令等，先准其所部文武人物多少，由敕而裁。凡如此禄秩，既通所部兵士給之，其家所得蓋少。諸王諸主，出閣就第婚冠所須，及衣裳服飾，并酒米魚鮭香油紙燭等，並官給之。王及主婿外禄者，不給。解任還京，仍亦公給云。

[1]龍首倉：倉廩名。又名石頭津倉。其地當在今江蘇南京市清涼山下，南臨秦淮河口。

[2]臺城內倉：倉廩名。臺城是東晉南朝的臺省和宮殿所在地，故址在今江蘇南京市鷄鳴山南，乾河沿北。臺城內倉當在臺城之內。

[3]南塘倉：倉廩名。南塘是東晉南朝時石頭城外的一個地名，南塘倉即當在此地附近。

[4]常平倉：倉廩名。是東晉南朝時為調節糧價而設置的一種

倉廩。穀賤時用較高價糴入，穀貴時減價糶出，以平衡糧價。

〔5〕東、西太倉：倉廩名。是東晉南朝時京師儲穀的兩個大倉。

〔6〕東宮倉：倉廩名。是東晉南朝時東宮管轄的一個倉廩。

〔7〕豫章倉：倉廩名。其地當在豫章郡（治所在今江西南昌市）境內。　鈞磯倉：倉廩名。當因鈞磯山（在今江西都昌縣南）而得名。　錢塘倉：倉廩名。其地當在錢塘縣（治所在今浙江杭州市）境內。

〔8〕臺傳：官署名。是東晉南北朝時各州郡向中央輸送租調的一種專門機構。

〔9〕侯景之亂：南朝梁武帝末年東魏降將侯景發動的一場叛亂，歷時五年（548—552）。侯景，人名。傳見《梁書》卷五六、《南史》卷八〇。

〔10〕褊（biǎn）：匱乏之意。

〔11〕揚：州名。南朝梁時治所在今江蘇南京市。　徐：州名。南朝梁時爲僑州，又稱南徐州。治所在今江蘇鎮江市。　令：官名。指尚書令。南朝梁時爲尚書省的長官，總領尚書省政務。十六班。　僕：官名。指尚書僕射。南朝梁時爲尚書省的副長官，置左右二員，輔助尚書令掌尚書省政務；若尚書令缺，則由僕射總領省務。十五班。按，此句意謂揚、徐等大州的刺史，其官階比同於中央尚書令和尚書僕射的班階。下兩句之意與此句類同。

〔12〕寧：州名。東晉時治所在今雲南曲靖市，南朝齊梁時移治今雲南陸良縣東北。　桂：州名。南朝梁天監六年（507）置，治所在今廣西柳州市，大同六年（540）移治今廣西桂林市。

〔13〕參軍：官名。據《通典》卷五《食貨》、卷三五《職官》杜佑注，此指公府參軍。南朝梁時爲三公府的屬官，分掌公府庶務。六班。

〔14〕丹楊：亦作“丹陽”。郡名。南朝梁時治所在今江蘇南京市。　吳郡：南朝梁時治所在今江蘇蘇州市。　會稽：郡名。南朝梁時治所在今浙江紹興市。

[15]太子詹事：官名。南朝梁時爲東宮詹事府的長官，掌領東宮政務。十四班。　尚書：官名。南朝梁時爲尚書省六曹的長官，分掌六曹政務。其中吏部尚書爲十四班，其餘列曹尚書爲十三班。

[16]高涼：郡名。南朝梁時治所在今廣東陽江市西。　晉康：郡名。南朝梁時治所在今廣東德慶縣。

[17]轉：此指遷任官職。

[18]委：底本原作“妄”，宋刻遞修本、宋殘本、殿本、庫本與底本同，中華本據《通典》卷三五《職官》改作“委”（按《通典》卷五《食貨》亦作“委”），當是，故從改。

　　魏自永安之後，[1]政道陵夷，[2]寇亂實繁，農商失業。官有征伐，[3]皆權調於人，[4]猶不足以相資奉，乃令所在迭相糾發，百姓愁怨，無復聊生。尋而六鎮擾亂，[5]相率內徙，寓食於齊、晉之郊。[6]齊神武因之，[7]以成大業。魏武西遷，[8]連年戰爭，河、洛之間，[9]又並空竭。天平元年，[10]遷都於鄴，[11]出粟一百三十萬石，以振貧人。是時六坊之衆，[12]從武帝而西者，不能萬人，餘皆北徙，並給常廩，春秋二時賜帛，以供衣服之費。常調之外，[13]逐豐稔之處，折絹糴粟，以充國儲。於諸州緣河津濟，[14]皆官倉貯積，以擬漕運。於滄、瀛、幽、青四州之境，[15]傍海置鹽官，以煮鹽，每歲收錢，軍國之資，得以周贍。自是之後，倉廩充實，雖有水旱凶饉之處，皆仰開倉以振之。元象、興和之中，[16]頻歲大穰。[17]穀斛至九錢。是時法網寬弛，百姓多離舊居，闕於徭賦。神武乃命孫騰、高隆之，[18]分括無籍之戶，得六十餘萬。於是僑居者各勒還本屬，是後租調之入有加焉。及文襄嗣業，[19]侯景背叛，河南之地，困於兵革。尋而侯景亂梁，乃命行臺辛術，[20]略有淮南之地。其新附州郡，羈縻輕稅而已。[21]

[1]魏：即北魏（386—557）。初都平城（今山西大同市東北），公元494年遷都洛陽（今河南洛陽市東北白馬寺東）。公元534年分裂爲東魏和西魏兩個政權。東魏（534—550）都於鄴（今河北臨漳縣西南鄴鎮東），西魏（535—557）都於長安（今陝西西安市西北郊）。 永安：北魏孝莊帝元子攸年號（528—530）。

[2]陵夷：衰頹、衰落之意。

[3]伐：底本原作“代”，殿本、庫本與底本同，據宋刻遞修本、宋殘本、中華本改。

[4]權調：即加重徵斂租調。

[5]六鎮擾亂：北魏孝文帝遷都洛陽後，北邊六鎮的地位開始下降。至孝明帝正光四年（523），六鎮戍兵和各族邊民在破六韓拔陵等人的領導下起兵反魏，旋被北魏軍所鎮壓，六鎮兵民被遷徙於河北一帶，隨即又爆發杜洛周、葛榮等人領導的起兵反魏活動。六鎮，指北魏初年爲防禦柔然侵擾，在京都平城以北，陰山南北，自西而東所設置的沃野鎮（今内蒙古五原縣北）、懷朔鎮（今内蒙古固陽縣西南）、武川鎮（今内蒙古武川縣西土城）、撫冥鎮（今内蒙古四子王旗東南土城子）、柔玄鎮（今内蒙古興和縣臺基廟東北）、懷荒鎮（今河北張北縣境）六個軍鎮。

[6]齊、晋之郊：指春秋時的齊國和晋國所轄之地，約當今山東北部、河南西北部、河北中南部、山西南部及陝西東部地區。

[7]齊神武：即高歡。北魏末年至東魏時期的執政大臣，北齊的奠基者。紀見《北齊書》卷一、二及《北史》卷六。

[8]魏武西遷：北魏永熙三年（534），孝武帝在高歡的逼迫下西奔長安，投靠割據關中的宇文泰，高歡另立孝静帝，隨後北魏遂

分裂爲東魏和西魏兩個政權。魏武，即北魏末代皇帝孝武帝。紀見《魏書》卷一一、《北史》卷五。

[9]河、洛之間：指今河南洛陽一帶地區。

[10]天平：東魏孝静帝元善見年號（534—537）。

[11]鄴：都邑名。爲東魏、北齊的都城，在今河北臨漳縣西南。

[12]六坊之衆：《通鑑》卷一五六《梁紀》武帝中大通六年條胡三省注云：“魏蓋以宿衛之士分爲六坊。”又同書卷一六三《梁紀》簡文帝大寶元年條胡三省注云：“魏、齊之間，六軍宿衛之士，分爲六坊。”由此可知，六坊之衆是指北魏宿衛京師的禁軍兵衆，多由遷居洛陽的鮮卑族人充任。

[13]常調：指經常徵收的絹、綿等調賦。

[14]津濟：即渡口。

[15]滄：州名。東魏、北齊時治所在今河北鹽山縣西南。 瀛：州名。東魏、北齊時治所在今河北河間市。 幽：州名。東魏、北齊時治所在今北京市西南。 青：州名。東魏、北齊時治所在今山東青州市。

[16]元象：東魏孝静帝元善見年號（538—539）。 興和：東魏孝静帝元善見年號（539—542）。

[17]大穰：指農業大豐收。

[18]孫騰：人名。東魏大臣。武定年間奉命出使青州，檢括逃匿户口。傳見《北齊書》卷一八、《北史》卷五四。 高隆之：人名。東魏大臣。武定年間奉命出使河北，檢括逃匿户口。傳見《北齊書》卷一八、《北史》卷五四。

[19]文襄：高澄的謚號。高澄是高歡的長子，東魏後期的執政大臣。紀見《北齊書》卷三、《北史》卷六。

[20]行臺：官署名。即行臺尚書省的簡稱，是東魏、北齊時期中央尚書省派駐於地方軍政特區的機構，掌一道或數道軍政事務，隨宜設置有行臺尚書令、行臺尚書僕射、行臺諸曹尚書等官屬。據

《北齊書》卷三八《辛術傳》，此處的行臺乃是職官名的省稱，指東南道行臺尚書。　辛術：人名。東魏武定八年（550）出任東南道行臺尚書，率軍擊破侯景，乘勝攻略淮南之地。傳見《北齊書》卷三八，《北史》卷五〇有附傳。

[21]羈縻：以籠絡和懷柔之策實行較寬鬆的統治。

及文宣受禪，[1]多所創革。六坊之內徒者，更加簡練，每一人必當百人，任其臨陣必死，然後取之，謂之百保鮮卑。[2]又簡華人之勇力絕倫者，[3]謂之勇夫，[4]以備邊要。始立九等之戶，[5]富者稅其錢，貧者役其力。北興長城之役，[6]南有金陵之戰。[7]其後南征諸將，頻歲陷沒，士馬死者，以數十萬計。重以修創臺殿，所役甚廣。而帝刑罰酷濫，吏道因而成姦，豪黨兼并，戶口益多隱漏。舊制，未娶者輸半牀租調，[8]陽翟一郡，[9]戶至數萬，籍多無妻。有司劾之，帝以爲生事。由是姦欺尤甚。戶口租調，十亡六七。

[1]文宣：北齊開國皇帝高洋的諡號。紀見《北齊書》卷四、《北史》卷七。　受禪：中國古代王朝更迭時，新皇帝承受舊皇帝讓給的帝位，即稱受禪。此指高洋於公元550年廢東魏孝靜帝，自稱皇帝，正式建立北齊王朝。

[2]百保鮮卑：《通鑑》卷一六三《梁紀》簡文帝大寶元年條胡三省注云：“百保，言其勇可保一人當百人也。高氏以鮮卑創業，當時號爲健鬪，故衛士皆用鮮卑，猶今北人謂勇士爲霸都魯也。”由此可知，百保鮮卑是北齊文宣帝從徙居鄴城的六坊禁軍中簡選以一當百的勇士所組成的一支侍從禁衛部隊，其種族皆爲內遷的鮮卑族人，素號强勇。

[3]華人：即漢族人。

[4]夫：底本、殿本、庫本皆同，宋刻遞修本、宋殘本、中華本作"士"。

[5]九等之戶：北齊沿襲北魏前期的舊制而施行的一種戶等制度。其做法是由政府將民戶按資產多寡劃分爲上上、上中、上下、中上、中中、中下、下上、下中、下下九個等級，以分別徵調數量不等的賦稅和徭役。

[6]長城之役：北齊天保六年（555），文宣帝徵發民衆一百八十萬修築長城，自幽州夏口西至恒州達九百餘里，命定州刺史高叡將兵監役。參見《通鑑》卷一六六《梁紀》敬帝紹泰元年條。

[7]金陵之戰：北齊天保四年，文宣帝乘侯景亂梁後蕭梁勢衰之機，命大將郭元建等率水陸軍數萬進至合肥，謀襲梁都建康，結果爲梁將王僧辯等所敗。參見《通鑑》卷一六五《梁紀》元帝承聖二年條。金陵，即南朝都城建康的別稱。

[8]半床租調：北魏、北齊實行均田制和租調制，皆以一夫一婦的小家庭作爲受田和輸納租調的基本單位，稱作一床。因此，半床租調即爲一夫一婦所納租調的一半。

[9]陽翟：郡名。北齊時治所在今河南禹州市。

是時用度轉廣，賜與無節，府藏之積，不足以供。乃減百官之禄，撤軍人常廩，併省州郡縣鎮戍之職。又制刺史守宰行兼者，[1]並不給幹，[2]以節國之費用焉。

[1]守宰：指郡太守和縣令長。　行兼：以本官兼攝其他官職。

[2]幹（gàn）：即幹禄。南北朝時，官僚勳貴對在官府中服雜役的幹吏收取免役錢絹，以作爲一種額外的俸給，稱作幹禄。此處當指兼攝官所能獲得的幹禄。

天保八年，[1]議徙冀、定、瀛無田之人，[2]謂之樂遷，於幽州范陽寬鄉以處之。[3]百姓驚擾。屬以頻歲不熟，米糶踊貴矣。廢帝乾明中，[4]尚書左丞蘇玠芝，[5]議修石鼈等屯，[6]歲收數萬石。自是淮南軍防，糧廩充足。孝昭皇建中，[7]平州刺史嵇曄建議，[8]開幽州督亢舊陂，[9]長城左右營屯，歲收稻粟數十萬石，北境得以周贍。又於河內置懷義等屯，[10]以給河南之費。[11]自是稍止轉輸之勞。

[1]天保：北齊文宣帝高洋年號（550—559）。

[2]冀：州名。北齊時治所在今河北冀州市。　定：州名。北齊時治所在今河北定州市。

[3]范陽：郡名。北齊時治所在今河北涿州市。　寬鄉：指人少田多的地區。與“狹鄉”對稱。

[4]廢帝：即北齊第二代皇帝高殷。紀見《北齊書》卷五、《北史》卷七。　乾明：北齊廢帝高殷年號（560）。

[5]尚書左丞：官名。北齊時爲尚書省的屬官，與尚書右丞對置，分掌吏部、考功、主爵、殿中、儀曹、三公、祠部、主客、左右中兵、左右外兵、都官、二千石、度支、左右戶十七曹，糾彈見事；又主管臺中違失，並得糾駁之。從四品上。　蘇玠芝：人名。即蘇瓊。北齊乾明年間官任尚書左丞，建議在南邊石鼈等地修治屯田，獲利甚多。傳見《北齊書》卷四六、《北史》卷八六。按，《北齊書》《北史》本傳均載蘇瓊之字爲“珍（玠）之”，故此處“芝”字當是“之”字的音訛。（參見唐華全《〈隋書〉勘誤18則》，《南昌航空大學學報》2012年第2期）

[6]石鼈：屯田地名。據《通鑑》卷一六八《陳紀》文帝天嘉元年條胡三省注引杜佑曰：“石鼈，在楚州安宜縣西八十里，鄧艾

築城於此，作白水塘，北接連洪澤，屯田一萬三千頃。"可知北齊的石鱉屯當在今江蘇寶應縣西。

[7]孝昭：北齊第三代皇帝高演的謚號。紀見《北齊書》卷六、《北史》卷七。　皇建：北齊孝昭帝高演年號（560—561）。

[8]平州：北齊時治所在今河北盧龍縣北。　嵇曄：人名。北齊皇建年間官任平州刺史，建議在北邊幽州之地興修水利，開置屯田，獲利甚多。事見《北齊書》卷三〇《崔暹傳》、卷三一《王昕傳》及《北史》卷二四《王昕傳》、卷三二《崔暹傳》。

[9]督亢：水陂名。據《通鑑》卷一六八《陳紀》文帝天嘉元年條胡三省注，其地在唐涿州新城縣（今河北高碑店市東南）境内。

[10]河内：郡名。北齊時治所在今河南沁陽市。　懷義：屯田地名。其地當在北齊河内郡境内。

[11]河南：地區名。此指黃河中下游以南地區。

至河清三年定令，[1]乃命人居十家爲比鄰，五十家爲閭里，百家爲族黨。男子十八以上，六十五已下爲丁；十六已上，十七已下爲中；六十六已上爲老；十五已下爲小。率以十八受田，輸租調，二十充兵，六十免力役，六十六退田，免租調。

[1]河清：北齊武成帝高湛年號（562—565）。

京城四面，諸坊之外三十里内爲公田。受公田者，三縣代遷户執事官一品已下，[1]逮于羽林武賁，[2]各有差。其外畿郡，華人官第一品已下，羽林武賁已上，各有差。

[1]三縣代遷户：北魏孝文帝遷都洛陽後，次年詔令舊都平城的貴族官吏、軍士和部分民衆隨其遷居洛陽，因平城屬代郡，故這些遷居洛陽之人就被稱爲“代遷户”。代遷户大多是鮮卑族人，北魏、北齊時期一直享有特殊優待。三縣，當指代遷户著籍的洛陽附近三縣，但其具體地點不詳。　　執事官：亦作“職事官”。是對有實際職掌且有品階之官的統稱，與散官、勳官對稱。

[2]羽林武賁：即羽林禁軍衛士，負責宿衛侍從。“武賁”應作“虎賁”，唐人諱改。

職事及百姓請墾田者，名爲永業田。[1]奴婢受田者，親王止三百人；[2]嗣王止二百人；[3]第二品嗣王已下及庶姓王，[4]止一百五十人；正三品已上及皇宗，止一百人；七品已上，限止八十人；八品已下至庶人，限止六十人。奴婢限外不給田者，皆不輸。其方百里外及州人，一夫受露田八十畝，[5]婦四十畝。奴婢依良人，[6]限數與在京百官同。丁牛一頭，[7]受田六十畝，限止四牛。[8]又每丁給永業二十畝，爲桑田。其中種桑五十根，榆三根，棗五根。不在還受之限。非此田者，悉入還受之分。土不宜桑者，給麻田，如桑田法。

[1]永業田：北齊至隋唐均田令中，對於人户世業、身死不遷、子孫相承的土地，稱爲“永業田”，必須按規定種植一定數量的樹木。北魏均田令中稱作“桑田”，北齊均田令中則“桑田”和“永業田”並稱。按，“永業田”底本原作“永田”，宋刻遞修本、宋殘本與底本同，殿本、庫本作“受田”，中華本據《册府元龜》卷四九五《邦計部·田制》、《通典》卷二《食貨·田制下》改作“永業田”，當是，今從改。

［2］親王：爵名。北齊時爲六等爵的第一等。正一品。

［3］嗣王：爵名。北齊時爲諸王之子世襲王爵者，有嗣親王和
嗣郡王兩種，其品階須按例下降一階，分別爲從一品和正二品。

［4］庶姓王：指非北齊高氏宗室而被封爲王爵者，其品階比宗
室諸王略低。

［5］露田：北魏至隋代均田令中，對於按一定年限進行還受、
不得世襲和買賣的土地，稱爲"露田"，規定不准種樹。唐代均田
令中稱作"口分田"。

［6］良人：指平民百姓。

［7］丁牛：指成年的耕牛。

［8］牛：底本原作"年"，宋刻遞修本、宋殘本、殿本、庫本
與底本同，中華本據《通典》卷二《食貨·田制下》改作"牛"，
當是，今從改。

　　率人一床，[1]調絹一匹，綿八兩，凡十斤綿中，折
一斤作絲，墾租二石，[2]義租五斗。[3]奴婢各准良人之
半。牛調二尺，墾租一斗，義租五升。墾租送臺，[4]義
租納郡，以備水旱。墾租皆依貧富爲三梟。[5]其賦稅常
調，則少者直出上户，中者及中户，多者及下户。上梟
輸遠處，中梟輸次遠，下梟輸當州倉。三年一校焉。租
入臺者，五百里内輸粟，五百里外輸米。入州鎮者，輸
粟。人欲輸錢者，准上絹收錢。諸州郡皆别置富人
倉。[6]初立之日，准所領中下户口數，得支一年之糧，
逐當州穀價賤時，斟量割當年義租充入。穀貴，下價糶
之；賤則還用所糶之物，依價糴貯。

［1］一床：指一夫一妻。

　　[2]墾租：北齊均田農戶向國家繳納的一種地租。

　　[3]義租：北齊均田農戶向地方政府繳納的一種地租，以備水旱災害之用。

　　[4]臺：即臺傳。參見前注。

　　[5]三梟：北齊施行的一種收租制度。即把均田農戶按貧富劃分爲上、中、下三個等級，以分別徵收地租，且其輸送地租的路程遠近亦有等差。梟，即等級。

　　[6]富人倉：北齊各州郡劃割一部分義租而設置的一種糧倉，其作用是通過糴糶倉糧來調節穀價，以救濟貧弱民戶。“富人”當作“富民”，唐人諱改。

　　　每歲春月，各依鄉土早晚，課人農桑。[1]自春及秋，男十五已上，[2]皆布田畝。[3]桑蠶之月，婦女十五已上，皆營蠶桑。孟冬，刺史聽審邦教之優劣，定殿最之科品。[4]人有人力無牛，或有牛無力者，須令相便，[5]皆得納種。使地無遺利，人無游手焉。

　　[1]人：底本原作“入”，宋殘本、殿本、庫本與底本同，宋刻遞修本作“人”，中華本據《册府元龜》卷四九五《邦計部·田制》、《通典》卷二《食貨·田制下》改作“人”，當是，今從宋刻遞修本、中華本改。

　　[2]男十五：底本原作“男二十五”，宋殘本、殿本、庫本與底本同，宋刻遞修本作“男子十五”，中華本作“男十五”。檢《册府元龜》卷四九五《邦計部·田制》、《通典》卷二《食貨·田制下》、《文獻通考》卷二《田賦考二·歷代田賦之制》均作“男子十五”，故可斷“二”字或衍或當是“子”之訛。今從中華本刪“二”字。

　　[3]布：底本原作“有”，據宋刻遞修本、宋殘本、殿本、庫

本、中華本改。

　[4]殿最：古代考核政績或軍功，下等稱爲“殿”，上等稱爲“最”。此處泛指等級的高低上下。　科品：即等級。

　[5]相便：即互利。此處是指人力與牛力互相交換，以達到互助互利之效。

　　緣邊城守之地，堪墾食者，皆營屯田，置都使、子使以統之。[1]一子使當田五十頃，歲終考其所入，以論褒貶。

　[1]都使、子使：北齊所置管理屯田事務的兩級職官，屬臨時差遣之職，無固定品階。

　　是時頻歲大水，州郡多遇沉溺，穀價騰踊。朝廷遣使開倉，從貴價以糶之，而百姓無益，飢饉尤甚。重以疾疫相乘，死者十四五焉。

　　至天統中，[1]又毀東宫，[2]造修文、偃武、隆基嬪嬙諸院，[3]起玳瑁樓。[4]又於游豫園穿池，[5]周以列館，中起三山，構臺，以象滄海，[6]并大修佛寺，勞役巨萬計。財用不給，乃減朝士之禄，斷諸曹糧膳，及九州軍人常賜以供之。武平之後，[7]權幸並進，[8]賜與無限，加之旱蝗，國用轉屈。乃料境内六等富人，調令出錢。而給事黃門侍郎顔之推奏請立關市邸店之税，[9]開府鄧長顒贊成之，[10]後主大悦。[11]於是以其所入，以供御府聲色之費，[12]軍國之用不豫焉。未幾而亡。

[1]天統：北齊後主高緯年號（565—569）。按，"天"字底本原作"大"，宋刻遞修本、宋殘本、殿本、庫本與底本同，中華本據《通典》卷五《食貨》改作"天"，當是，今從改。

[2]東宮：古代太子所居住的宮殿。

[3]修文、偃武、隆基：均是北齊武成帝、後主時的後宮宮院之名，爲後宮嬪妃所居之處。

[4]玳瑁樓：北齊武成帝、後主時修建的一座後宮門樓，位於聖壽宮北，因用玳瑁爲龜甲文加以裝飾，故名"玳瑁樓"。

[5]游豫園：北齊宮苑名。據顧炎武《歷代宅京記》卷一三《鄴》記載，此園建於北齊天保七年，位於鄴都銅雀臺西、漳水之南，周圍十二里，内包葛屨山，山上築有臺閣，爲北齊帝王游獵之所。

[6]滄海：此爲古代神話傳説中的海島名。

[7]武平：北齊後主高緯年號（570—576）。

[8]權幸：亦作"權倖"。指有權勢而得到帝王寵信的奸佞之人。

[9]給事黄門侍郎：官名。北齊時爲門下省的副長官，置六員，協助長官侍中參議政令的制定。正四品上。　顔之推：人名。北齊後主時官任給事黄門侍郎，其間曾奏請徵收關市邸店之税，以足國用。傳見《北齊書》卷四五、《北史》卷八三。

[10]開府：官名。全稱是開府儀同三司。北齊時屬加官名號，位次三公。從一品。　鄧長顒：人名。北齊後主時官居侍中、開府儀同三司，是後主最寵信的宦官之一。事見《北齊書》卷五〇、《北史》卷九二《恩倖傳》。

[11]後主：即北齊末代皇帝高緯。紀見《北齊書》卷八、《北史》卷八。

[12]御府：指帝王的内宮府庫。

　　後周太祖作相，[1]創制六官。[2]載師掌任土之法，[3]辨夫家田里之數，會六畜車乘之稽，審賦役斂弛之節，制畿疆修廣之域，頒施惠之要，審牧產之政。司均掌田里之政令。[4]凡人口十已上，宅五畝；口九已上，[5]宅四畝；口五已下，[6]宅三畝。[7]有室者，[8]田百四十畝，丁者田百畝。司賦掌功賦之政令。[9]凡人自十八以至六十有四，與輕癃者，[10]皆賦之。其賦之法，有室者，歲不過絹一匹，綿八兩，粟五斛；丁者半之。其非桑土，有室者，布一匹，麻十斤；丁者又半之。豐年則全賦，中年半之，下年三之，[11]皆以時徵焉。若艱凶札，[12]則不徵其賦。司役掌力役之政令。[13]凡人自十八以至五十有九，皆任於役。豐年不過三旬，中年則二旬，下年則一旬。凡起徒役，無過家一人。其人有年八十者，一子不從役，百年者，家不從役。廢疾非人不養者，[14]一人不從役。若凶札，[15]又無力征。掌鹽掌四鹽之政令。[16]一曰散鹽，[17]煮海以成之；二曰鹽鹽，[18]引池以化之；三曰形鹽，[19]物地以出之；四曰飴鹽，[20]於戎以取之。凡鹽鹽形鹽，每地爲之禁，百姓取之，皆稅焉。司倉掌辨九穀之物，[21]以量國用。國用足，即蓄其餘，以待凶荒；不足則止。餘用足，則以粟貸人。春頒之，秋斂之。

　　[1]後周太祖：即宇文泰。西魏的執政大臣，北周的奠基者。紀見《周書》卷一、二及《北史》卷九。
　　[2]六官：西魏恭帝三年（556），宇文泰命盧辯依《周禮》建置天官冢宰、地官司徒、春官宗伯、夏官司馬、秋官司寇、冬官司

空，分掌邦國之政，總稱爲"六官"。

[3]載師：官名。全稱是載師中大夫。西魏、北周時爲地官府的屬官，掌土地、畜牧、賦役等政令。正五命。

[4]司均：官名。西魏、北周時爲地官府的屬官，掌土地戶口之政令。置有司均上士和司均中士兩級，官品分別爲正三命和正二命。

[5]口九已上：底本、宋刻遞修本、宋殘本、殿本、中華本皆同，庫本作"口七以上"，但中華本校勘記云："應作'口九已下'，才能和下文'口五已下'相銜接。"所言當是，應從之。

[6]口五已下：底本、宋刻遞修本、宋殘本、中華本皆同，殿本作"五口已下"，庫本作"五口以下"。

[7]宅三畝：底本、宋刻遞修本、宋殘本、中華本皆同，但殿本、庫本作"宅二畝"，疑訛。

[8]有室者：指已婚的丁男，包括一夫一妻。下文與之對稱的"丁者"，則指未婚的丁男。

[9]司賦：官名。西魏、北周時爲地官府的屬官，掌租調賦稅之政令。置有司賦上士和司賦中士兩級，官品分別爲正三命和正二命。

[10]輕癃（lóng）：指不太嚴重的衰老病弱之人。癃，即衰老病弱之人。

[11]三：底本、殿本、庫本皆同，但宋刻遞修本、宋殘本、中華本作"一"。

[12]艱凶札：概指發生灾害、饑荒和疫病的年份。艱，即灾難；凶，即五穀歉收而饑荒；札，即疫病流行而死亡。

[13]司役：官名。西魏、北周時爲地官府的屬官，掌勞役之政令。置有司役上士和司役中士兩級，官品分別爲正三命和正二命。

[14]廢疾：指有殘疾而不能做事之人。

[15]札：底本原作"扎"，據宋刻遞修本、宋殘本、殿本、庫本、中華本改。

[16]掌鹽：官名。西魏、北周時爲地官府的屬官，掌鹽業之政令。置有掌鹽中士和掌鹽下士兩級，官品分別爲正二命和正一命。

[17]散鹽：亦稱"末鹽"。是用海水煮成的一種粉狀鹽。

[18]鹽（gǔ）鹽：亦稱"顆鹽"。即産自鹽池的池鹽。

[19]形鹽：特製成虎形的鹽，供祭祀之用。

[20]飴鹽：是一種帶有甜味的岩鹽。古代多來自境外少數民族地區。

[21]司倉：官名。全稱是司倉下大夫。西魏、北周時爲地官府的屬官，掌倉廩出納之政令。正四命。

閔帝元年，[1]初除市門稅。[2]及宣帝即位，[3]復興入市之稅。武帝保定元年，[4]改八丁兵爲十二丁兵，[5]率歲一月役。建德二年，[6]改軍士爲侍官，[7]募百姓充之，除其縣籍。[8]是後夏人半爲兵矣。[9]宣帝時，發山東諸州，[10]增一月功爲四十五日役，[11]以起洛陽宮。并移相州六府於洛陽，[12]稱東京六府。[13]

[1]閔帝：即北周開國皇帝孝閔帝宇文覺。紀見《周書》卷三、《北史》卷九。

[2]市門稅：是對出入市門的商品貨物所徵收的商業稅。

[3]宣帝：即北周第四代皇帝宇文贇。紀見《周書》卷七、《北史》卷一〇。

[4]武帝：即北周第三代皇帝宇文邕。紀見《周書》卷五、六及《北史》卷一〇。　保定：北周武帝宇文邕年號（561—565）。

[5]八丁兵：北周武帝即位之前實行的一種兵徭制度。據《通鑑》卷一六八《陳紀》文帝天嘉二年條胡三省注云："八丁兵者，凡境内民丁分爲八番，遞上就役。"可知其做法是把境内民丁分爲八番輪換服役，每番民丁一年服役四十五天。　十二丁兵：北周武

帝即位後施行的一種兵徭制度。其做法是把境内民丁分爲十二番輪換服役，每番民丁一年服役一個月。

[6]建德：北周武帝宇文邕年號（572—578）。　二年：各本皆同，但《周書·武帝紀上》和《北史·周武帝紀》均載爲"三年"。

[7]侍官：北周武帝建德年間，把輪番宿衛的府兵軍士改稱爲"侍官"。其意義是強調府兵須隸屬於皇帝，作皇帝的侍從。

[8]縣籍：指各縣官府所掌管的民户户籍。按，北周實行府兵制，府兵有獨立的軍籍，與民户户籍嚴格區分開來，故民户凡被徵募爲府兵，就必須除去其縣籍而加入軍籍。

[9]夏人：指漢族人民。

[10]山東：地區名。戰國秦漢時期稱崤山或華山以東地區爲山東；魏晋南北朝隋唐時期亦稱太行山以東地區爲山東。此處當指後者。

[11]一月功：指一個月（三十天）的勞役。

[12]相州：北周武帝建德六年滅北齊後，改北齊司州置。治所在北齊舊都鄴城（今河北臨漳縣西南）。　六府：北周武帝滅北齊後，仿北周六官之制，在相州建置六府官，以取代舊有的北齊諸省機構。

[13]東京：北周宣帝大成元年（579），詔改洛陽爲東京。

武帝保定二年正月，初於蒲州開河渠，[1]同州開龍首渠，[2]以廣溉灌。

[1]蒲州：北周明帝二年（558）改泰州置。治所在今山西永濟市西蒲州鎮。　河渠：水渠名。北周武帝時自蒲坂引黃河水而開鑿的一條水渠，用以灌溉蒲州境内農田。

[2]同州：西魏廢帝三年（554）改華州置。治所在今陝西大

荔縣。　龍首渠：水渠名。始鑿於漢武帝時，相傳開鑿時掘得龍骨，故名"龍首渠"。此渠從今陝西澄城縣西南引北洛水東南流，至今大荔縣西回流入洛，可灌溉北洛水下游東岸萬餘頃農田。北周武帝時又重加開浚。

　　高祖登庸，[1] 罷東京之役，除入市之稅。是時尉迥、王謙、司馬消難，[2] 相次叛逆，興師誅討，賞費巨萬。及受禪，又遷都，[3] 發山東丁，毀造宮室。仍依周制，役丁爲十二番，匠則六番。[4] 及頒新令，制人五家爲保，保有長。保五爲閭，閭四爲族，皆有正。畿外置里正，[5] 比閭正，[6] 黨長比族正，[7] 以相檢察焉。男女三歲已下爲黃，十歲已下爲小，十七已下爲中，十八已上爲丁。丁從課役，六十爲老，乃免。自諸王已下，至于都督，[8] 皆給永業田，各有差。多者至一百頃，少者至四十畝。[9] 其丁男、中男永業露田，皆遵後齊之制。[10] 並課樹以桑榆及棗。其園宅，率三口給一畝，奴婢則五口給一畝。丁男一床，租粟三石。桑土調以絹絁，麻土以布。絹絁以匹，[11] 加綿三兩。布以端，[12] 加麻三斤。單丁及僕隸各半之。未受地者皆不課。有品爵及孝子順孫義夫節婦，並免課役。京官又給職分田。[13] 一品者給田五頃。每品以五十畝爲差，至五品，則爲田三頃，六品二頃五十畝。其下每品以五十畝爲差，至九品爲一頃。外官亦各有職分田。又給公廨田，[14] 以供公用。

　　[1]登庸：意謂登上帝位或王位。文中是指楊堅登上隋王之位。
　　[2]尉迥：人名。即尉遲迥。北周末年官任相州總管，起兵反

對楊堅篡周，旋被討滅。傳見《周書》卷二一、《北史》卷六二。

王謙：人名。北周末年官任益州總管，起兵反對楊堅篡周，旋被討滅。傳見《周書》卷二一，《北史》卷六○有附傳。　司馬消難：人名。北周末年官任鄖州總管，起兵反對楊堅篡周，旋被討滅，逃奔南朝陳。傳見《周書》卷二一，《北史》卷五四有附傳。

[3]遷都：此指隋文帝開皇三年將都城從北周舊都長安（今陝西西安市西北郊）遷至大興城（今陝西西安市及其南郊）。

[4]六番：隋初工匠服徭役之制。其做法是把境內工匠分爲六番輪換服役，每番工匠一年服役兩個月。

[5]里正：隋朝在京畿以外地區設置的基層鄉吏。其職責是協助官府維持一里（二十五家）之內的社會治安，檢查户口，催徵賦役。

[6]閭正：隋朝在畿內地區設置的基層鄉吏。其職責與畿外里正相同。

[7]黨長：隋朝在京畿以外地區設置的基層鄉吏。其職責是協助官府維持一黨（百家）之內的社會治安，檢查户口，催徵賦役。

族正：隋朝在畿內地區設置的基層鄉吏。其職責與畿外黨長相同。

[8]都督：官名。按，隋文帝時期主要有三種都督：一爲在府兵系統中實際領兵、有固定職掌的隊級軍官，隋煬帝大業三年改稱隊正。其官品爲正七品下。二爲第十一等散實官，用以酬勤勞，無實際職掌。其官品亦爲正七品下。三爲臨時差遣之職，即在戰事發生時，由皇帝臨時任命朝臣軍將爲都督，領兵出征，戰事結束即撤罷，無常設官品，其地位視本官而定。文中當指前兩種都督。

[9]四十畝：各本皆同，但《册府元龜》卷四九五《邦計部·田制》、《通典》卷二《食貨·田制下》、《文獻通考》卷六五《職官考十九·職田》均作“三十頃”，疑誤。

[10]後齊：即北齊（550—577），都於鄴（今河北臨漳縣西南）。

[11]絹絁以匹：中華本把“絹”字斷屬上句，顯誤，今據文意斷屬本句。(參見唐華全《中華書局點校本〈隋書〉質疑二十九則》，《河北師範大學學報》2012年第1期)

[12]端：古代計量布帛長度的單位名稱。漢以前以二丈爲端，漢以後多以六丈爲端，亦有以八丈爲端者。

[13]職分田：北朝至隋唐均田令中，對職事官按品階高低授予數量不等的公田，使其收取公田地租作爲額外俸禄，這種土地就稱爲“職分田”。北魏太和九年（485）均田令中，已對地方官按品級分授公田，此爲職分田之始。以後歷代相沿，唯授田數量各有增減，至隋時遂正式稱爲職分田。職分田按規定祇有現任職事官纔能享有，職官更代時必須如數移交給繼任官，不得買賣。

[14]公廨田：隋唐均田令中，對內外各官署按等級高低授予數量不等的公田，使其收取公田地租充作官署的辦公費用，這種土地就稱爲“公廨田”。隋代給公廨田的具體數目不詳，唐代則規定在京各官署給公廨田自二十六頃至二頃，在外各官署給公廨田自四十頃至一頃。公廨田按規定不得買賣，長官更代時必須如數移交給繼任者。

開皇三年正月，帝入新宮。[1]初令軍人以二十一成丁。減十二番每歲爲二十日役，減調絹一匹爲二丈。先是尚依周末之弊，[2]官置酒坊收利，鹽池鹽井，皆禁百姓採用。至是罷酒坊，通鹽池鹽井與百姓共之。遠近大悅。

[1]新宮：此指隋文帝新建的大興城，在今陝西西安市及其南郊。

[2]周：即北周（557—581），都於長安（今陝西西安市西北郊）。

　　是時突厥犯塞，[1]吐谷渾寇邊，[2]軍旅數起，轉輸勞敝。帝乃令朔州總管趙仲卿，[3]於長城以北，大興屯田，以實塞下。又於河西，[4]勒百姓立堡，營田積穀。京師置常平監。[5]

　　[1]突厥：古族名、國名。公元六世紀初興起於今阿爾泰山西南麓，552年在今鄂爾渾河流域建立突厥汗國，此後其勢力擴展至大漠南北，橫跨蒙古高原，隋開皇二年分裂爲東、西兩部。傳見本書卷八四、《周書》卷五〇、《北史》卷九九、《舊唐書》卷一九四、《新唐書》卷二一五。

　　[2]吐谷（yù）渾：古族名。本遼東鮮卑之種，姓慕容氏，西晋時西遷至群羌故地，北朝至隋唐時期游牧於今青海北部和新疆東南部地區。傳見本書卷八三、《晋書》卷九七、《魏書》卷一〇一、《周書》卷五〇、《北史》卷九六、《舊唐書》卷一九八、《新唐書》卷二二一上。

　　[3]朔州：治所在今山西朔州市。　總管：官名。全稱是總管刺史加使持節。北周始置諸州總管，隋承繼，又有增置。總管的統轄範圍可達數州至十餘州，實爲一軍政轄區的最高長官。隋文帝在并、益、荆、揚四州置大總管，其餘州置總管。總管分上、中、下三等，品秩分別爲流内視從二品、視正三品、視從三品。　趙仲卿：人名。傳見本書卷七四，《北史》卷六九有附傳。

　　[4]河西：地區名。指今甘肅、青海兩省黃河以西地區，即河西走廊和湟水流域一帶。

　　[5]常平監：官署名。主管常平倉糧。穀賤時增價而糴，穀貴時減價而糶，以平衡穀價。

　　是時山東尚承齊俗，機巧姦僞，避役惰游者十六七。四方疲人，或詐老詐小，規免租賦。高祖令州縣大索貌閱，[1] 户口不實者，正長遠配，而又開相糾之科。大功已下，[2] 兼令析籍，各爲户頭，以防容隱。於是計帳進四十四萬三千丁，新附一百六十四萬一千五百口。

[1]大索貌閱：隋文帝開皇五年令各州縣搜括隱漏户口、核實人口年齡，以防民户逃避賦役的一種措施。大索，即嚴屬搜括隱匿户口；貌閱，即閱其貌以驗老小之實。規定凡查得户口不實者，其主管里正、黨長皆坐罪流配遠方。

[2]大功：古代喪服名。爲“五服”之一，服期爲九個月。其服叙包括堂兄弟、未婚的堂姊妹等親屬。

高頻又以人間課輸，[1] 雖有定分，年常徵納，除注恒多，長吏肆情，文帳出没，復無定簿，難以推校，乃爲輸籍定樣，[2] 請遍下諸州。每年正月五日，縣令巡人，各隨便近，五黨三黨，共爲一團，依樣定户上下。帝從之。自是姦無所容矣。

[1]高頻：人名。傳見本書卷四一、《北史》卷七二。　課輸：即徵調賦役。

[2]輸籍定樣：又稱輸籍法。是隋文帝開皇五年采納高頻的建議而實施的一種劃分户等的辦法。其做法是由中央將劃分户等的標準即“定樣”頒發各地，規定每年正月五日縣令出查户口，令民户各隨近便，五黨或三黨爲一團，依定樣確定户等上下，並定出納税服役的數額。其目的是爲了防止地方官吏與豪强相勾結，利用户籍、户等營私舞弊，逃避賦役。

時百姓承平日久，雖數遭水旱，而户口歲增。諸州調物，每歲河南自潼關，[1]河北自蒲坂，[2]達于京師，相屬於路，晝夜不絶者數月。帝既躬履儉約，六宮咸服澣濯之衣。[3]乘輿供御有故敝者，隨令補用，皆不改作。非享燕之事，所食不過一肉而已。有司嘗進乾薑，以布袋貯之，帝用爲傷費，大加譴責。後進香，復以氈袋，因答所司，以爲後誡焉。由是内外率職，[4]府帑充實，百官禄賜及賞功臣，皆出於豐厚焉。九年陳平，帝親御朱雀門勞凱旋師，[5]因行慶賞。自門外，夾道列牛帛之積，[6]達于南郭，以次頒給，所費三百餘萬段。帝以江表初定，給復十年。[7]自餘諸州，並免當年租賦。十年五月，又以宇内無事，益寬徭賦。百姓年五十者，輸庸停防。[8]十一年，江南又反，越國公楊素討平之，[9]師還，賜物甚廣。其餘出師命賞，亦莫不優隆。十二年，有司上言，庫藏皆滿。帝曰：“朕既薄賦於人，又大經賜用，何得爾也？”對曰：“用處常出，納處常入。略計每年賜用，至數百萬段，曾無減損。”於是乃更闢左藏之院，[10]構屋以受之。下詔曰：“既富而教，方知廉耻，寧積於人，無藏府庫。河北、河東今年田租，[11]三分減一，兵減半，功調全免。”[12]

[1]潼關：關隘名。故址在今陝西潼關縣東南，地處今陝西、山西、河南三省之要衝，素稱險要。

[2]河北：地區名。指黄河中下游以北地區。　蒲坂：此指蒲坂津。古黄河津渡名。因其東岸在蒲坂縣而得名。故址在今山西永濟市西蒲州鎮。自古爲河東通往關中的咽喉要衝。

[3]六宫：古代皇后的寝宫，因有正寝一、燕寝五，合稱六宫。後泛指后妃所居之地，亦代指后妃。　澣（huàn）濯之衣：指洗過多次的舊衣服。

[4]率職：奉行職事，盡忠職守。

[5]朱雀門：隋唐都城長安皇城的正南門。開皇二年建。其北與宫城廣陽門，南與郭城明德門相對。隋唐兩代，皇帝多在此門勞師賞軍。按，"朱雀門"各本皆同，但本書卷二《高祖紀下》載爲"廣陽門"。

[6]夾道列牛帛之積："牛"字底本、宋殘本、殿本、庫本皆同，宋刻遞修本、中華本作"布"。按，《册府元龜》卷五○四《邦計部·絲帛》、《通鑑》卷一七七《隋紀》文帝開皇九年條、《文獻通考》卷二三《國用考一·歷代國用》"牛"均作"布"，中華本似當據此及宋刻遞修本而改。然此處"牛帛"可釋作"帛馱於牛背之上"，這既能保持絲帛乾净，又便於馱運，文意甚明，故底本並無訛誤。中華本雖改之有據，但却有損文意，故不從之。

[7]給復：即免除賦稅徭役。

[8]輸庸停防：隋唐時期實行的一種納絹代役制度。按隋唐賦役法規定丁男每年戍邊服役二十日，若不服役則須按日繳納絹數尺，以代替其力役，這種代役絹謂之"庸"。隋代輸庸停防者尚有一定年齡限制，唐代則無年齡限制。

[9]越國公：爵名。爲隋九等爵的第三等。從一品。　楊素：人名。傳見本書卷四八，《北史》卷四一有附傳。

[10]左藏（zàng）：古代儲藏錢帛的國庫之一，因其位於禁宫左方，故稱左藏。隋時左藏置有令，以掌錢帛出納，上屬太府寺。

[11]河東：地區名。指黄河以東、太行山以西地區。

[12]功調：此指徭役和户調。

時天下户口歲增，京輔及三河，[1]地少而人衆，衣食不給。議者咸欲徙就寬鄉。其年冬，帝命諸州考使議之。[2]又令尚書，[3]以其事策問四方貢士，[4]竟無長筭。帝乃發使四出，均天下之田。其狹鄉，[5]每丁纔至二十畝，老小又少焉。[6]

[1]京輔：亦稱京畿。指京城及其附近地區。　三河：地區名。漢代稱河東、河内、河南三郡爲“三河”，包括今山西省西南部和河南省中北部。此泛指這一帶地區。

[2]考使：每年冬季各州派到中央彙報政績以待朝廷考核的使者，一般由州長官或州上佐官充任。

[3]尚書：官名。爲尚書省所屬六部的長官，分掌六部政務。正三品。

[4]貢士：此指各地方向朝廷薦舉的人才。

[5]狹鄉：指人多田少的地區。與“寬鄉”對稱。

[6]老小：此指家中沒有丁男而惟有老小的民户。

十三年，帝命楊素出，於岐州北造仁壽宮。[1]素遂夷山堙谷，營構觀宇，崇臺累榭，宛轉相屬。役使嚴急，丁夫多死，疲敝顛仆者，推填坑坎，覆以土石，因而築爲平地。死者以萬數。宮成，帝行幸焉。時方暑月，而死人相次於道，素乃一切焚除之。帝頗知其事，甚不悦。及入新宮游觀，乃喜，又謂素爲忠。後帝以歲暮晚日，登仁壽殿，[2]周望原隰，見宮外燐火彌漫，又聞哭聲。令左右觀之，報曰：“鬼火。”帝曰：“此等工役而死，既屬年暮，魂魄思歸耶？”乃令灑酒宣敕，以咒遣之。自是乃息。

[1]岐州：治所在今陝西鳳翔縣。按，“岐”底本原作“歧”，宋殘本與底本同，今據宋刻遞修本、殿本、庫本、中華本改。 仁壽宮：隋離宮名。始建於開皇十三年。位於今陝西麟游縣西天臺山上。因其涼爽宜人，且離京城不遠，故爲隋代帝王消夏避暑之所。

[2]仁壽殿：仁壽宮中的主殿。

開皇三年，朝廷以京師倉廩尚虛，議爲水旱之備，於是詔於蒲、陝、虢、熊、伊、洛、鄭、懷、邵、衛、汴、許、汝等水次十三州，[1]置募運米丁。又於衛州置黎陽倉，[2]洛州置河陽倉，[3]陝州置常平倉，[4]華州置廣通倉，[5]轉相灌注。漕關東及汾、晉之粟，[6]以給京師。又遣倉部侍郎韋瓚，[7]向蒲、陝以東，募人能於洛陽運米四十石，經砥柱之險，[8]達于常平者，免其征戍。[9]其後以渭水多沙，流有深淺，漕者苦之。四年，詔曰：

[1]蒲：州名。治所在今山西永濟市西蒲州鎮。 陝：州名。治所在今河南三門峽市西陝縣大營鎮。 虢：州名。隋開皇三年改東義州置。治所在今河南盧氏縣。 熊：州名。治所在今河南宜陽縣西。 伊：州名。治所在今河南嵩縣東北。 洛：州名。治所在今河南洛陽市東北。 鄭：州名。隋開皇元年改滎州置。治所在今河南滎陽市西北汜水鎮，煬帝大業初移治今河南鄭州市。 懷：州名。治所在今河南沁陽市。 邵：州名。治所在今山西垣曲縣東南。 衛：州名。治所在今河南淇縣。 汴：州名。治所在今河南開封市。 許：州名。治所在今河南許昌市。 汝：州名。治所在今河南汝州市。 水次：靠近河流之意。此指靠近黃河。

[2]黎陽倉：倉廩名。隋開皇三年置於衛州黎陽縣（治所在今河南浚縣東南）黃河西岸，設有倉督管理之。

〔3〕河陽倉：倉廩名。隋開皇三年置於洛州河陽縣（治所在今河南孟州市南）黃河北岸，設有倉監管理之。

〔4〕常平倉：倉廩名。隋開皇三年置於陝州陝縣（治所在今河南陝縣大營鎮）黃河南岸，屬京師常平監管轄，具有轉運漕糧和調節穀價的雙重功用。

〔5〕華州：治所在今陝西華縣。　廣通倉：倉廩名。參見前注"永豐倉"。

〔6〕關東：地區名。指潼關或函谷關以東地區。　汾、晋：均爲古水名。此指汾水和晋水流域一帶地區，約當今山西省。

〔7〕倉部侍郎：官名。爲尚書省民部所轄四曹之一倉部曹的長官，置一員，掌倉廩之政務。隋初爲正六品上，開皇三年升爲從五品。隋煬帝大業三年改諸曹侍郎爲郎，倉部侍郎遂改稱倉部郎。韋瓚：人名。隋開皇三年官任倉部侍郎，負責經營關東漕運事務。事見《舊唐書》卷一○一《韋湊傳》。

〔8〕砥柱：山名。又稱"底柱山""三門山"。在今河南三門峽市東北黃河之中。以山在黃河激流中矗立如柱，故名。

〔9〕征戍：指戍守邊疆的兵役。

京邑所居，五方輻湊，重關四塞，水陸艱難。大河之流，波瀾東注，百川海瀆，萬里交通。雖三門之下，[1]或有危慮，但發自小平，[2]陸運至陝，還從河水，入於渭川，[3]兼及上流，控引汾、晋，舟車來去，爲益殊廣。而渭川水力，大小無常，流淺沙深，即成阻閡。計其途路，數百而已，動移氣序，[4]不能往復，泛舟之役，人亦勞止。朕君臨區宇，[5]興利除害，公私之弊，情實愍之。故東發潼關，西引渭水，因藉人力，開通漕渠，量事計功，易可成就。已令工匠，巡歷渠道，觀地理之宜，審終久之義，一得開鑿，萬代無毀。可使官及私家，方舟巨舫，晨昏漕運，沿泝不停，旬日之功，堪省億萬。誠知時當炎暑，動致疲勤，然不有暫勞，安能永逸。宣告人庶，知朕意焉。

[1]三門：即三門山。以山有中神門、南鬼門、北人門三門，故名。參見前注"砥柱"。

[2]小平：即小平津。古黃河津渡名。在今河南孟津縣東北黃河南岸。

[3]渭川：即渭水，今陝西渭河。

[4]氣序：即季節、節氣。

[5]區宇：即天下、境域。

於是命宇文愷率水工鑿渠，[1]引渭水，自大興城東至潼關，三百餘里，名曰廣通渠。[2]轉運通利，關內賴之。[3]諸州水旱凶飢之處，亦便開倉振給。

[1]宇文愷：人名。傳見本書卷六八，《北史》卷六〇有附傳。

[2]廣通渠：運河名。隋開皇四年開鑿。起自隋都大興城西北，引渭水東絕灞水，略循漢漕渠故道，東至潼關達於黃河，全長三百餘里。因渠經渭水入黃口廣通倉下，故名"廣通渠"。又因渠成後轉運漕糧便利，關中賴之，故亦稱"富民渠"。仁壽四年（604）改名"永通渠"。

[3]關內：地區名。亦稱"關中"。秦至唐時稱函谷關或潼關以西、隴坂以東、終南山以北地區為關內、關中。

五年五月，工部尚書、襄陽縣公長孫平奏曰：[1]

"古者三年耕而餘一年之積，九年作而有三年之儲，雖水旱爲災，而人無菜色，皆由勸導有方，蓄積先備故也。去年亢陽，[2]關内不熟，陛下哀愍黎元，甚於赤子。運山東之粟，置常平之官，開發倉廩，普加賑賜。少食之人，莫不豐足。鴻恩大德，前古未比。其强宗富室，家道有餘者，皆競出私財，遞相賙贍。此乃風行草偃，從化而然。但經國之理，須存定式。"於是奏令諸州百姓及軍人，勸課當社，[3]共立義倉。[4]收穫之日，隨其所得，勸課出粟及麥，於當社造倉窖貯之。即委社司，執帳檢校，每年收積，勿使損敗。若時或不熟，當社有飢饉者，即以此穀振給。自是諸州儲峙委積。[5]其後關中連年大旱，而青、兗、汴、許、曹、亳、陳、仁、譙、豫、鄭、洛、伊、潁、邳等州大水，[6]百姓飢饉。高祖乃命蘇威等，[7]分道開倉振給。又命司農丞王亶，[8]發廣通之粟三百餘萬石，以拯關中。又發故城中周代舊粟，[9]賤糶與人。買牛驢六千餘頭，分給尤貧者，令往關東就食。其遭水旱之州，皆免其年租賦。

[1]工部尚書：官名。爲尚書省所轄六部之一工部的長官，掌全國百工、屯田、山澤之政令，統工部、屯田、虞部、水部四曹。置一員，正三品。　襄陽縣公：爵名。爲隋九等爵的第五等。從一品。　長孫平：人名。傳見本書卷四六，《北史》卷二二有附傳。按，本書《長孫平傳》和《北史・長孫平傳》記載長孫平上奏令立義倉的時間爲"開皇三年"，時官"度支尚書"，與此處所記載的時間和職官有所不同。

[2]亢陽：指旱災。

[3]社：古代一種鄉村社會組織。或以地方六里爲一社，或以民戶二十五家爲一社。每社擇年高曉事者爲之長，以管理社内事務。

[4]義倉：古代民間爲備水旱荒災而設置的一種公共糧倉。因其設於鄉社，並由社長管理其事，故又名"社倉"。隋以後各地設置義倉逐漸成爲一種固定的制度，且多由地方官府管理其事。

[5]儲峙：亦作"儲偫""儲跱"。指物資儲備。

[6]青：州名。北周置總管府，隋初沿之，開皇十四年府廢。治所在今山東青州市。　兗：州名。治所在今山東兗州市。　曹：州名。治所在今山東曹縣西北。　亳：州名。治所在今安徽亳州市。　陳：州名。隋初治所在今河南沈丘縣，開皇十六年移治今河南淮陽縣。　仁：州名。治所在今安徽宿州市南。　譙：州名。治所在今安徽蒙城縣。　豫：州名。隋時有兩個豫州：一是隋初沿襲北周所置的豫州，治所在今河南汝南縣，至煬帝大業元年（605）改爲溱州，又改稱蔡州，後改爲汝南郡；二是大業元年改洛州所置的豫州，治所在今河南洛陽市東北，大業三年改爲河南郡。文中當指前者。　潁：州名。治所在今安徽阜陽市。按，"潁"底本原作"穎"，據宋刻遞修本、宋殘本、殿本、庫本、中華本改。　邳：州名。治所在今江蘇睢寧縣北。

[7]蘇威：人名。傳見本書卷四一，《北史》卷六三有附傳。

[8]司農丞：官名。爲司農寺的屬官，置五員，掌判本寺内部日常公務。隋初爲正七品下，煬帝時改爲從五品。　王亶：人名。隋開皇五年官任司農丞，奉命發廣通倉糧於關中賑災。其事除見於本志外，未見其他記載。

[9]故城：此指北周舊都長安城，在今陝西西安市西北郊。

十四年，關中大旱，人饑。上幸洛陽，因令百姓就食。從官並准見口賑給，不以官位爲限。明年，東巡狩，[1]因祠泰山。[2]是時義倉貯在人間，多有費損。十五年二月，詔曰："本置義倉，止防水旱，百姓之徒，不思久計，輕爾費損，於後乏絶。又北境諸州，異於餘處，雲、夏、長、靈、鹽、蘭、豐、鄯、涼、甘、瓜等州，[3]所有義倉雜種，[4]並納本州。若人有旱儉少糧，先給雜種及遠年粟。"[5]十六年正月，又詔秦、疊、成、康、武、文、芳、宕、旭、洮、岷、渭、紀、河、廓、幽、隴、涇、寧、原、敷、丹、延、綏、銀、扶等州社倉，[6]並於當縣安置。二月，又詔社倉，准上中下三等稅，上户不過一石，中户不過七斗，下户不過四斗。其後山東頻年霖雨，杞、宋、陳、亳、曹、戴、譙、潁等諸州，[7]達于滄海，[8]皆困水災，所在沉溺。十八年，天子遣使，將水工，巡行川源，相視高下，發隨近丁以疏導之。困乏者，開倉賑給，前後用穀五百餘石。[9]遭水之處，租調皆免。自是頻有年矣。

[1]巡狩：指天子出行，去視察邦國州郡。

[2]祠泰山：指古代帝王在泰山舉行祭祀天地的封禪大典。

[3]雲：州名。隋開皇五年改榆關總管府置雲州總管府。治所在今内蒙古托克托縣東，開皇二十年移治今内蒙古和林格爾縣西北。　夏：州名。北周置夏州總管府，隋初沿之。治所在今陝西靖邊縣東北白城子。　長：州名。治所在今内蒙古鄂托克旗東南城川古城。　靈：州名。北周置靈州總管府，隋初沿之。治所在今寧夏靈武市西南。　鹽：州名。治所在今陝西定邊縣。　蘭：州名。隋初置蘭州總管府。治所在今甘肅蘭州市。　豐：州名。隋開皇五年升永豐鎮置，仁壽元年（601）置總管府。治所在今内蒙古五原縣西南。　鄯：州名。治所在今青海樂都縣。　涼：州名。北周置涼

州總管府，隋初沿之。治所在今甘肅武威市。　甘：州名。治所在今甘肅張掖市。　瓜：州名。治所在今甘肅敦煌市西。

[4]雜種：此指雜糧。

[5]遠年粟：指多年的陳舊粟糧。

[6]秦：州名。北周置秦州總管府，隋初沿之。治所在今甘肅天水市。　疊：州名。北周置，隋開皇四年置總管府。治所在今甘肅迭部縣。　成：州名。治所在今甘肅禮縣南。　康：州名。治所在今甘肅成縣。　武：州名。治所在今甘肅隴南市東南。　文：州名。治所在今甘肅文縣西。　芳：州名。治所在今甘肅迭部縣東南。　宕：州名。治所在今甘肅宕昌縣東南。　旭：州名。治所在今甘肅碌曲縣境。　洮：州名。治所在今甘肅臨潭縣。　岷：州名。治所在今甘肅岷縣。　渭：州名。治所在今甘肅隴西縣東南。

紀：州名。治所在今甘肅秦安縣北。按，據本書《地理志上》載，開皇十八年始改交州曰紀州，故文中開皇十六年詔不當有紀州，而當爲交州；亦或此詔不誤，而《地理志》有誤。　河：州名。治所在今甘肅臨夏市。　廓：州名。治所在今青海貴德縣。豳：州名。治所在今陝西彬縣。　隴：州名。治所在今陝西隴縣。

涇：州名。治所在今甘肅涇川縣西北。　寧：州名。治所在今甘肅寧縣。　原：州名。北周置原州總管府，隋初沿之。治所在今寧夏固原市。　敷：州名。治所在今陝西黃陵縣東南。　丹：州名。治所在今陝西宜川縣東北。　延：州名。治所在今陝西延安市東北。　綏：州名。治所在今陝西綏德縣。　銀：州名。治所在今陝西榆林市東南。　扶：州名。隋文帝時有兩個扶州：一是開皇元年改北周扶州總管府所置的扶州，治所在今四川松潘縣，開皇七年州廢；二是開皇七年改鄧州所置的扶州，治所在今甘肅舟曲縣南，煬帝時廢入同昌郡。文中當指後者。

[7]杞：州名。隋文帝時有兩個杞州：一是開皇九年改東郡所置的杞州，治所在今河南滑縣，開皇十六年改爲滑州，煬帝大業二年改爲兗州，大業三年復爲東郡；二是開皇十六年始置的杞州，治

所在今河南杞縣，大業初廢入梁郡。文中當指後者。　宋：州名。隋文帝時有兩個宋州：一是北周改潼州所置的宋州，隋初沿之，治所在今安徽泗縣，開皇十八年廢爲夏丘縣，屬泗州；二是開皇十六年始置的宋州，治所在今河南商丘市南，煬帝大業初改爲梁郡。文中當指後者。　戴：州名。開皇十六年置。治所在今山東成武縣。

　潁：底本原作"潁"，據宋刻遞修本、宋殘本、殿本、庫本、中華本改。

　[8]滄海：古代或泛指大海，或專指東海。

　[9]五百餘石：各本皆同，但中華本校勘記引陸錫熊《炳燭偶鈔》云："按文當作'五百餘萬石'，疑脱'萬'字。"所言當是，應從之。

　　開皇八年五月，高潁奏諸州無課調處，及課州管户數少者，官人禄力，[1]乘前已來，恒出隨近之州。但判官本爲牧人，[2]役力理出所部。請於所管户内，計户徵税。帝從之。先是京官及諸州，並給公廨錢，[3]迴易生利，[4]以給公用。至十四年六月，工部尚書、安平郡公蘇孝慈等，[5]以爲所在官司，因循往昔，以公廨錢物，出舉興生，[6]唯利是求，煩擾百姓，敗損風俗，莫斯之甚。於是奏皆給地以營農，[7]迴易取利，一皆禁止。十七年十一月，詔在京及在外諸司公廨，在市迴易，及諸處興生，並聽之。唯禁出舉收利云。

　[1]官人禄力：此指地方官吏的俸給。

　[2]判官：即輔助地方長官理政的僚屬。此泛指地方僚佐官吏。牧人：此指管理民事的地方官吏。

　[3]公廨錢：全稱爲公廨本錢。指官府經營的商業資本和高利

貸資本。北朝至隋唐時期，官府常用公款或賦稅錢物充作本錢，投入商業貿易或貸放市肆，收取利息以給公用。朝廷對此屢罷屢禁，但總未徹底消除。

[4]迴易：即貿易、交易。

[5]安平郡公：爵名。爲隋九等爵的第四等。從一品。 蘇孝慈：人名。傳見本書卷四六、《北史》卷七五。

[6]出舉：即放貸。 興生：指經商求利。

[7]給地：此指給公廨田以代替公廨錢。

煬帝即位，是時户口益多，府庫盈溢，乃除婦人及奴婢部曲之課。[1]男子以二十二成丁。始建東都，以尚書令楊素爲營作大監，[2]每月役丁二百萬人。徙洛州郭内人及天下諸州富商大賈數萬家，以實之。新置興洛及迴洛倉。[3]又於皂澗營顯仁宫，[4]苑囿連接，北至新安，[5]南及飛山，[6]西至澠池，[7]周圍數百里。課天下諸州，各貢草木花果，奇禽異獸於其中。開渠，引穀、洛水，[8]自苑西入，而東注于洛。又自板渚引河，[9]達于淮海，謂之御河。河畔築御道，樹以柳。又命黄門侍郎王弘、上儀同於士澄，[10]往江南諸州採大木，引至東都。所經州縣，遞送往返，首尾相屬，不絶者千里。而東都役使促迫，僵仆而斃者，十四五焉。每月載死丁，東至城皋，[11]北至河陽，[12]車相望於道。時帝將事遼、碣，[13]增置軍府，掃地爲兵。自是租賦之入益減矣。

[1]部曲：古代人身依附性較强的農民。部和曲本爲兩漢以來的軍隊建制，後變成士卒的代稱。魏晋南北朝時期，部曲泛指豪强大族的私家兵卒，具有且耕且戰的性質，對主人有較强的依附性。

隋代的部曲由南北朝發展而來，主要從事農業生産。其身份屬私家所有，無人身自由，未經主人允許不得擅自離開土地。部曲死後，其家屬亦歸主人處置。

〔2〕尚書令：官名。爲尚書省的長官，置一員，總領尚書省政務，是宰相之職。正二品。但隋代因其位高權重，故不常置。　營作大監：即執掌某項工程營造的大總管。屬臨時差遣之職，工程結束即罷。

〔3〕興洛：倉廩名。即興洛倉。隋煬帝大業二年置於洛陽城東的鞏縣（治所在今河南鞏義市東）。因其地處洛水入黃口，故又稱"洛口倉"。倉城周圍二十餘里，有窖三千個，每窖儲糧八百石。迴洛倉：倉廩名。隋煬帝大業二年置於洛陽城北。倉城周圍十餘里，有窖三百個，每窖儲糧八百石。

〔4〕皂澗：古水名。又名"黑澗"。即今河南宜陽縣西南洛河南岸的支流澗河。　顯仁宮：隋離宮名。隋煬帝大業元年建，在壽安縣（治所在今河南宜陽縣東南）境内。

〔5〕新安：縣名。治所在今河南新安縣。

〔6〕飛山：其地當在今河南嵩縣或宜陽縣境内。

〔7〕澠池：縣名。治所在今河南澠池縣東南。

〔8〕榖：古水名。指榖水。即今河南澠池縣南澠水及其下游澗水，東流至洛陽市西注入洛河。

〔9〕板渚：全稱爲板城渚口。是古黃河中段的一個重要渡口。故址在今河南滎陽市西北牛口峪附近黃河南岸。

〔10〕黄門侍郎：官名。隋初在門下省置給事黃門侍郎四員，爲門下省的副長官，協助長官納言參議政令的制定。正四品上。隋煬帝大業三年改革官制，始改稱給事黃門侍郎爲黃門侍郎，並減置二員。正四品。按，文中所述事在大業元年，此時給事黃門侍郎尚未改稱，故此處稱王弘的官銜爲黃門侍郎，有欠準確。　王弘：人名。隋大業元年官任給事黃門侍郎，奉煬帝之命前往江南各地采集大樹木，用以營建東都，甚傷民力。事見本書卷四一《蘇威傳》、

卷四四《楊綸傳》、卷七三《辛公義傳》以及《北史》卷六三《蘇威傳》、卷八六《辛公義傳》等。　　上儀同：官名。全稱是上儀同三司。爲十一等散實官的第七等，可開府置僚佐。從四品上。　　於士澄：人名。隋大業元年官居上儀同三司，奉煬帝之命前往江南各地采集大樹木，用以營建東都，甚傷民力。事見本書卷三《煬帝紀上》、卷八〇《南陽公主傳》及《北史》卷一二《隋煬帝紀》。

[11]城皋：亦作"成皋"。縣名。治所在今河南滎陽市西北汜水鎮。按，據本書《地理志中》，隋文帝開皇十八年已改成皋縣爲汜水縣，而文中所述事在隋煬帝大業元年，故此處所稱"城皋"當是沿用舊縣名，有欠準確。

[12]河陽：縣名。治所在今河南孟州市南。

[13]遼、碣：遼，指今遼河；碣，指碣石山（今河北昌黎縣北）。因兩地都臨近渤海，故常並稱，用以泛指渤海北部和東部地區。文中借指遼東地區的高麗國。

又造龍舟鳳䴏，[1]黃龍赤艦，[2]樓船篾舫。[3]募諸水工，謂之殿脚，[4]衣錦行縢，[5]執青絲纜挽船，[6]以幸江都。[7]帝御龍舟，文武官五品已上給樓船，九品已上給黃篾舫，舳艫相接，二百餘里。所經州縣，並令供頓，[8]獻食豐辦者，[9]加官爵，[10]闕乏者，譴至死。又盛修車輿輦輅，旌旗羽儀之飾。課天下州縣，凡骨角齒牙，皮革毛羽，可飾器用，堪爲氅毦者，[11]皆責焉。徵發倉卒，[12]朝命夕辦，百姓求捕，網罟遍野，[13]水陸禽獸殆盡，猶不能給，而買於豪富蓄積之家，其價騰踊。是歲，翟雉尾一，[14]直十縑，[15]白鷺鮮半之。[16]

[1]龍舟：裝飾成龍形的大船。隋煬帝巡游江都時，專供皇帝

乘御。　鳳艒（tà）：裝飾成鳳形的大船。隋煬帝巡游江都時，專供皇后乘坐。

〔2〕黃龍赤艦：隋煬帝巡游江都時，專供嬪妃、諸王、公主等乘坐的彩色大船。

〔3〕樓船：造有層樓的大船。隋煬帝巡游江都時，專供五品以上官員乘坐。　篾舫：隋煬帝巡游江都時，專供六品以下官員及其他隨行者乘坐的船隻。

〔4〕殿脚：此指牽挽大船的船工。據《通鑑》卷一八〇《隋紀》煬帝大業元年條記載，隋煬帝沿運河往江都巡游時，其所專乘者爲“龍舟”，另有“翔螭”“浮景”“漾彩”“朱鳥”“蒼螭”等各種形制的船隻數千艘隨行，挽船者共達八萬餘人。又因“漾彩”以上諸船均巨大無比，形制如同水殿，故挽“漾彩”以上大船的船工九千餘人，即被稱爲“殿脚”。殿脚皆以錦彩爲袍，與其他船工穿着不同。

〔5〕行縢（téng）：亦作“行縢”。即用布綁腿，以便於行走跳躍。

〔6〕纜：底本原作“攬”，據宋刻遞修本、宋殘本、殿本、庫本、中華本改。

〔7〕江都：郡名。隋大業初改揚州置。治所在今江蘇揚州市。煬帝在此建宮苑，定爲行都。

〔8〕供頓：指供給行旅宴飲所需之物。

〔9〕辦：底本原作“辨”，乃古今字之別，據宋刻遞修本、宋殘本、殿本、庫本、中華本改。下文“朝命夕辦”之“辦”同此。

〔10〕爵：底本、殿本、庫本、中華本皆同，宋刻遞修本、宋殘本作“賞”。

〔11〕氅毦（ěr）：即羽毛裝飾之物。按，“毦”底本原作“眊”，據宋刻遞修本、宋殘本、殿本、庫本、中華本改。

〔12〕倉卒（cù）：同“倉猝”。

〔13〕網罟（gǔ）：捕魚、捕鳥獸的工具。

　　[14]翟（dí）雉尾：一種長尾野鷄的尾羽。古代取來用以裝飾輿服器物。

　　[15]縑：用雙絲織成的淺黃色細絹。古代可作貨幣之用。

　　[16]白鷺鮮：指白鷺生殖期間所長出的兩根長翎和蓬鬆蓑羽，生殖期後即消失。古代取來用以裝飾衣帽。

　　　　乃使屯田主事常駿使赤土國，[1]致羅刹。[2]又使朝請大夫張鎮州擊流求，[3]俘虜數萬。士卒深入，蒙犯瘴癘，餒疾而死者十八九。又以西域多諸寶物，[4]令裴矩往張掖，[5]監諸商胡互市，[6]啖之以利，勸令入朝。自是西域諸蕃，往來相繼，所經州郡，疲於送迎，糜費以萬萬計。

　　[1]屯田主事：吏名。隋初於尚書省工部所轄四曹之一屯田曹置屯田主事令史，掌管本曹署覆文書案牘之事。爲流外吏職，無品階。隋煬帝大業三年改革官制，乃去“令史”之名，但稱“屯田主事”，而於其下另置屯田令史若干人歸其掌領。　常駿：人名。隋大業年間任屯田主事，曾奉命出使赤土、羅刹等國。事見本書卷八二、《北史》卷九五《赤土傳》。　赤土國：古國名。其故地有在今巨港、馬六甲或宋卡等說，而當以在今馬來半島之說較妥，或以爲即羯荼國的異譯。傳見本書卷八二、《北史》卷九五。

　　[2]羅刹：古國名。其地在婆利國（故地在今印度尼西亞加里曼丹島或巴厘島）東。參見《新唐書》卷二二二下《南蠻下·婆利傳》。

　　[3]朝請大夫：官名。隋煬帝大業三年置，爲散實官。正五品。張鎮州：人名。隋大業六年官居朝請大夫，奉煬帝之命率軍攻打流求，俘獲甚衆，死傷亦多。事見本書卷三《煬帝紀上》、卷四《煬帝紀下》、卷八一《流求國傳》，《北史》卷一二《隋煬帝紀》、

卷九四《流求傳》，《舊唐書》卷五六《蕭銑傳》、卷六〇《河間王孝恭傳》，《新唐書》卷七八《河間王孝恭傳》、卷八七《蕭銑傳》。

　　流求：古國名。即今臺灣島。傳見本書卷八一、《北史》卷九四。

　　[4]西域：地區名。漢以來對玉門關、陽關以西地區的總稱。狹義專指蔥嶺以東而言；廣義則指凡通過狹義西域所能到達的地區，包括亞洲中西部、印度半島、歐洲東部和非洲北部在内。

　　[5]裴矩：人名。傳見本書卷六七、《北史》卷三八、《舊唐書》卷六三、《新唐書》卷一〇〇。　　張掖：郡名。隋大業三年改甘州置。治所在今甘肅張掖市。

　　[6]商胡：古稱到中國經商的胡人。多指西域的粟特、大食等國商人。　　互市：指不同民族或國家之間的商業貿易活動。

　　明年，帝北巡狩。又興衆百萬，北築長城，西距榆林，[1]東至紫河，[2]綿亘千餘里，死者太半。四年，發河北諸郡百餘萬衆，引沁水，[3]南達于河，北通涿郡。[4]自是以丁男不供，始以婦人從役。五年，西巡河右。[5]西域諸胡，佩金玉，被錦罽，[6]焚香奏樂，迎候道左。帝乃令武威、張掖士女，[7]盛飾縱觀。衣服車馬不鮮者，州縣督課，以誇示之。其年，帝親征吐谷渾，破之於赤水。[8]慕容佛允，[9]委其家屬，西奔青海。[10]帝駐兵不出，遇天霖雨，經大斗拔谷，[11]士卒死者十二三焉，馬驢十八九。於是置河源郡、積石鎮。[12]又於西域之地，置西海、鄯善、且末等郡。[13]謫天下罪人，配爲戍卒，大開屯田，發西方諸郡運糧以給之。道里懸遠，兼遇寇抄，死亡相續。

　　[1]榆林：郡、縣名。治所均在今内蒙古托克托縣西南。

[2]紫河：古水名。亦作“紫乾河”。即今内蒙古和林格爾縣南渾河，蒙古語名“烏蘭穆倫河”。

[3]沁水：古水名。即今沁河。源出今山西沁源縣北太岳山東麓，南流至河南武陟縣注入黄河。

[4]涿郡：隋大業初改幽州置。治所在今北京市西南。

[5]河右：地區名。乃“河西”的别稱。指今甘肅、青海兩省黄河以西地區，即河西走廊和湟水流域一帶。

[6]罽（jì）：毛織物。

[7]武威：郡名。隋大業三年改涼州置。治所在今甘肅武威市。

[8]赤水：古城名。即赤水城。故址在今青海興海縣東南。

[9]慕容佛允：人名。隋末唐初吐谷渾的君王。事見本書卷八三、《北史》卷九六、《舊唐書》卷一九八、《新唐書》卷二二一上《吐谷渾傳》。按，“佛”上列各書《吐谷渾傳》皆作“伏”，中華本校勘記認爲是“音譯異字”，當是。

[10]青海：湖名。即今青海省境内的青海湖。

[11]大斗拔谷：地名。亦作“達斗拔谷”“大斗谷”。即今甘肅民樂縣東南扁都口。因地處祁連山東端，自古爲青海湟中和甘肅河西走廊之間的交通捷徑。

[12]河源郡：治所在今青海興海縣東南。　積石鎮：隋煬帝大業五年在河源郡赤水縣積石山附近設置的軍鎮，位於今青海興海縣南。鎮，是隋唐時期設置的邊防軍事機構之一。

[13]西海：郡名。治所在今青海剛察縣西南青海湖西岸。　鄯善：郡名。治所在今新疆若羌縣。　且末：郡名。治所一説在今新疆且末縣城西南附近，一説即今且末縣城。

六年，將征高麗，[1]有司奏兵馬已多損耗。詔又課天下富人，量其資産，出錢市武馬，[2]填元數。限令取足。復點兵具器仗，皆令精新，濫惡則使人便斬。於是馬匹至十萬。七年冬，大會涿郡。分江淮南兵，配驍衛大將軍來護兒，[3]別以舟師濟滄海，舳艫數百里。並載軍糧，期與大兵會平壤。[4]是歲山東、河南大水，漂没四十餘郡，重以遼東覆敗，[5]死者數十萬。因屬疫疾，山東尤甚。所在皆以徵斂供帳軍旅所資爲務，百姓雖困，而弗之恤也。每急徭卒賦，有所徵求，長吏必先賤買之，然後宣下，乃貴賣與人，旦暮之間，價盈數倍，寡刻徵斂，[6]取辦一時。彊者聚而爲盜，弱者自賣爲奴婢。九年，詔又課關中富人，計其資產出驢，往伊吾、河源、且末運糧，[7]多者至數百頭，每頭價至萬餘。又發諸州丁，分爲四番，於遼西柳城營屯，[8]往來艱苦，生業盡罄。盜賊四起，道路南絶，隴右牧馬，[9]盡爲奴賊所掠，楊玄感乘虛爲亂。[10]時帝在遼東，聞之，遽歸于高陽郡。[11]及玄感平，帝謂侍臣曰："玄感一呼而從者如市，益知天下人不欲多，多則爲賊。不盡誅，後無以示勸。"乃令裴蘊窮其黨與，[12]詔郡縣坑殺之，死者不可勝數。所在驚駭。舉天下之人十分，九爲盜賊，皆盜武馬，始作長槍，攻陷城邑。帝又命郡縣置督捕以討賊。[13]益遣募人征遼，馬少不充八馱，[14]而許爲六馱。又不足，聽半以驢充。在路逃者相繼，執獲皆斬之，而莫能止。帝不懌。遇高麗執送叛臣斛斯政，[15]遣使求降，發詔赦之。因政至于京師，於開遠門外，[16]磔而射殺之。[17]遂幸太原，[18]爲突厥圍於雁門。[19]突厥尋散，遽還洛陽，募益驍果，[20]以充舊數。

[1]高麗：古國名。亦稱"高句麗"。南北朝至隋唐時期位於今朝鮮半島北部及遼河以東地區。傳見本書卷八一、《魏書》卷一〇〇、《周書》卷四九、《北史》卷九四、《舊唐書》卷一九九上、《新唐書》卷二二〇。

[2]武馬：即軍馬。

[3]驍衛大將軍：官名。按，據本書《百官志下》和《通典》卷二八《職官·左右驍衛》載，隋文帝開皇十八年置左右備身府，煬帝大業三年改爲左右驍騎衛，而又另改左右領左右府置爲左右備身府。唐初始改左右驍騎衛爲左右驍衛府，唐高宗龍朔二年（662）徑稱左右驍衛。由此可知，隋時尚無"驍衛"之稱，而有其前身"驍騎衛"之名。故此處"驍衛大將軍"當是"驍騎衛大將軍"之脫文，亦或是史臣徑用唐官名之誤。隋時左右驍騎衛各置大將軍一員，爲本府最高長官，掌領本府兵宿衛宮禁，外出征伐。正三品。

來護兒：人名。傳見本書卷六四、《北史》卷七六。

[4]平壤：古城名。即今朝鮮首都平壤。

[5]遼東：地區名。指今遼河以東地區。因高麗在遼東，故文中借指隋煬帝征高麗之事。

[6]裒（póu）刻：即苛刻斂財。

[7]伊吾：郡名。治所在今新疆哈密市。

[8]遼西：郡名。治所在今遼寧朝陽市。　柳城：縣名。治所在今遼寧朝陽市。

[9]隴右牧：官署名。統轄隴右地區諸牧，掌管諸牧馬牛等畜繁育之政務，置有總監、副監、丞等官職。

[10]楊玄感：人名。傳見本書卷七〇，《北史》卷四一有附傳。

[11]高陽郡：隋煬帝大業九年改博陵郡爲高陽郡。治所在今河北定州市。

[12]裴蘊：人名。傳見本書卷六七、《北史》卷七四。

[13]督捕：隋煬帝大業末年在地方郡縣設置的職官，負責鎮壓

轄境内叛亂之事。屬臨時差遣之職，無固定品階。

[14]八馱：即由八匹馱馬組成的一個運輸單位。此爲隋時運送軍需物資的常規編制。

[15]斛斯政：人名。傳見本書卷七〇，《北史》卷四九有附傳。

[16]開遠門：隋都大興城西面三門之北門。按，本書卷四《煬帝紀下》和卷七〇《斛斯政傳》、《北史》卷一二《隋煬帝紀》和卷四九《斛斯政傳》、《通鑑》卷一八二《隋紀》煬帝大業十年十一月條均載爲“金光門”（隋都大興城西面三門之中門）。考言處決斛斯政於金光門外者見於多處記載，而言處決斛斯政於開遠門外者僅見於本志，故頗疑此處“開遠門”當是“金光門”之誤。（參見唐華全《〈隋書〉勘誤18則》）

[17]磔（zhé）：古代一種肢解人體的酷刑。

[18]太原：郡名。隋大業初改并州置。治所在今山西太原市西南古城營。

[19]雁門：郡名。隋大業三年改代州置。治所在今山西代縣。

[20]驍果：軍士名。隋煬帝大業八年始募民爲驍果，以折衝郎將、果毅郎將掌領之。驍果分置爲左右雄武府，各設雄武郎將、武勇郎將爲正副長官，上統於左右備身府。

是時百姓廢業，屯集城堡，無以自給。然所在倉庫，猶大充牣，[1]吏皆懼法，莫肯振救，由是益困。初皆剝樹皮以食之，漸及於葉，皮葉皆盡，乃煮土或搗藁爲末而食之。其後人乃相食。十二年，帝幸江都。是時李密據洛口倉，[2]聚衆百萬。越王侗與段達等守東都。[3]東都城内糧盡，布帛山積，乃以絹爲汲綆，[4]然布以爨。[5]代王侑與衛玄守京師，[6]百姓飢饉，亦不能救。義師入長安，[7]發永豐倉以振之，百姓方蘇息矣。

　[1] 充牣：亦作 “充仞”。充滿、豐足之意。
　[2] 李密：人名。傳見本書卷七〇、《舊唐書》卷五三、《新唐書》卷八四，《北史》卷六〇有附傳。　洛口倉：倉廩名。參見前注 “興洛倉”。
　[3] 越王侗：即楊侗。傳見本書卷五九、《北史》卷七一。段達：人名。傳見本書卷八五、《北史》卷七九。
　[4] 汲綆：汲水用的繩子。
　[5] 然：同 “燃”。
　[6] 代王侑：即隋恭帝楊侑。紀見本書卷五、《北史》卷一二。衛玄：人名。傳見本書卷六三、《北史》卷七六。
　[7] 義師：此指唐高祖李淵所統領的反隋軍隊。

　　晉自過江，凡貨賣奴婢馬牛田宅，有文券，[1] 率錢一萬，輸估四百入官，[2] 賣者三百，買者一百。無文券者，隨物所堪，亦百分收四，名爲散估。[3] 歷宋齊梁陳，如此以爲常。以此人競商販，不爲田業，故使均輸，[4] 欲爲懲勵。雖以此爲辭，其實利在侵削。又都西有石頭津，[5] 東有方山津，[6] 各置津主一人，[7] 賊曹一人，[8] 直水五人，[9] 以檢察禁物及亡叛者。其荻炭魚薪之類過津者，並十分稅一以入官。其東路無禁貨，故方山津檢察甚簡。淮水北有大市百餘，小市十餘所。大市備置官司，稅斂既重，時甚苦之。

　[1] 文券：即契約、文契。
　[2] 輸估：東晉南朝時對立有契約的大宗買賣行爲所徵收的交易稅。類似後代的契稅和營業稅。

　　[3]散估：東晉南朝時對無契約的小買賣行爲所徵收的交易雜税。

　　[4]均輸：漢武帝實行的一項國家官營商業措施。其做法是在大司農屬下置均輸令、丞，統一徵收各地租賦貨物，經易地買賣，輾轉交易，最後纔把關中所需貨物運達京師。其目的是要由官府盡籠天下貨物，平抑物價，防止民間商人囤積居奇，牟取暴利。漢武帝以後，均輸法時廢時興。東晉南朝時復興均輸法，名義上是爲了抑制民間商業貿易，促商歸農，但實質上是與商人爭利，以增加國家財政收入。

　　[5]石頭津：津渡名。是東晉南朝都城建康西面石頭城外的一個重要渡口。故址在今江蘇南京市清凉山下，南臨秦淮河口。

　　[6]方山津：津渡名。是東晉南朝都城建康東面的一個重要渡口。故址在今江蘇南京市東長江沿岸。

　　[7]津主：東晉南朝在石頭津和方山津所置的職官，總領津渡事務。

　　[8]賊曹：東晉南朝在石頭津和方山津所置的職官，負責稽查過往津渡的亡叛之人，位在津主之下。

　　[9]直水：東晉南朝在石頭津和方山津所置的職官，負責檢察過往津渡的違禁之物，位在賊曹之下。

　　梁初，唯京師及三吴、荆、郢、江、湘、梁、益用錢。[1]其餘州郡，則雜以穀帛交易。交、廣之域，[2]全以金銀爲貨。武帝乃鑄錢，[3]肉好周郭，[4]文曰“五銖”，[5]重如其文。而又別鑄，除其肉郭，謂之女錢。[6]二品並行。百姓或私以古錢交易，有直百五銖、五銖、女錢、太平百錢、定平一百、五銖雉錢、五銖對文等號。[7]輕重不一。天子頻下詔書，非新鑄二種之錢，並不許用。而趣利之徒，私用轉甚。至普通中，[8]乃議盡罷銅錢，更鑄鐵錢。人以鐵賤易得，並皆私鑄。及大同已後，[9]所在鐵錢，遂如丘山，物價騰貴。交易者以車載錢，不復計數，而唯論貫。[10]商旅姦詐，因之以求利。自破嶺以東，[11]八十爲百，名曰東錢。[12]江、郢已上，七十爲百，名曰西錢。[13]京師以九十爲百，名曰長錢。[14]中大同元年，[15]天子乃詔通用足陌。[16]詔下而人不從，錢陌益少。[17]至于末年，遂以三十五爲百云。

[1]三吳：地區名。東晉南朝時所指説法不一：一説指吳郡（治所在今江蘇蘇州市）、吳興（治所在今浙江湖州市）、會稽（治所在今浙江紹興市）三郡；一説指吳郡、丹陽（治所在今江蘇南京市）、吳興三郡；一説指吳郡、吳興、義興（治所在今江蘇宜興市）三郡。　荆：州名。指荆州。南朝梁時治所在今湖北荆州市。　郢：州名。指郢州。南朝梁時治所在今湖北武漢市武昌區。江：州名。指江州。南朝梁時治所在今江西九江市。　湘：州名。指湘州。南朝梁時治所在今安徽廬江縣。　梁：州名。指梁州。南朝梁時治所在今陝西安康市。　益：州名。指益州。南朝梁時治所在今四川成都市。

[2]交：州名。指交州。南朝梁時治所在今越南河内市東北。廣：州名。指廣州。南朝梁時治所在今廣東廣州市。

[3]武帝：即南朝梁開國皇帝蕭衍。紀見《梁書》卷一至三及《南史》卷六、七。

[4]肉好周郭：此言外圓内方的古錢形制。肉，指古錢的圓形實體部分；好，指古錢中心的方孔；周郭，指古錢的外圓邊和内方孔邊上凸起的輪廓。

[5]五銖：五銖錢上所鑄的文字，亦用作此錢之名。五銖錢始鑄於漢武帝元狩五年（前118），其徑一寸，重五銖（一銖等於二十四分之一兩），上篆有"五銖"二字，故名"五銖錢"。自漢歷

魏晉南北朝至隋皆續有鑄造，惟形制大小不一，唐武德四年（621）廢。按，據《通典》卷九《食貨·錢幣下》載，梁武帝時所鑄的五銖錢重四銖三絫二黍，而非文中所言"重如其文"。

　　[6]女錢：又名"公式女錢"。梁武帝時所鑄的一種錢幣。其形制大小輕重與當時新鑄的五銖錢略同，唯外圓邊上沒有凸起的輪廓。

　　[7]直百五銖：三國蜀漢時所鑄的一種錢幣。其徑一寸一分，重八銖，鑄有"五銖直百"四字。　太平百錢：古錢名。始鑄年代不詳。據明人胡我琨《錢通》卷七《雜品》記載，此錢有三種形制，分別以大篆、小篆、隸書鑄有"太平百錢"四字，大小輕重各不同。　定平一百：古錢名。始鑄年代不詳。據《錢通·雜品》記載，此錢徑六分，重一銖半，鑄有"定平一百"四字。　五銖雉錢：古錢名。亦作"五銖稚錢"。始鑄年代不詳。據《錢通·雜品》記載，此錢大者徑八分半、重四銖，小者徑六分、重二銖半，皆鑄有"五銖"二字。因有世人用此錢射雉爲戲，故稱"五銖雉錢"。　五銖對文：古錢名。據《錢通·雜品》記載，此是梁武帝時民間剪鑿舊五銖錢的輪郭後所形成的一種輕小五銖錢。

　　[8]普通：南朝梁武帝蕭衍年號（520—527）。

　　[9]大同：南朝梁武帝蕭衍年號（535—546）。

　　[10]貫：本爲古代串錢用的繩索，後亦用作制錢的計量單位，即一千錢爲一貫。

　　[11]破嶺：山名。亦稱"破岡"。在今江蘇丹陽市境内。

　　[12]東錢：南朝梁武帝後期私鑄鐵錢的一種。因其流通於破嶺以東地區，以錢八十枚充作一陌（百枚），故稱"東錢"。

　　[13]西錢：南朝梁武帝後期私鑄鐵錢的一種。因其流通於江州、郢州以西地區，以錢七十枚充作一陌，故稱"西錢"。

　　[14]長錢：南朝梁武帝後期私鑄鐵錢的一種。因其流通於京師建康一帶地區，以錢九十枚充作一陌，已接近百數，故稱"長錢"。

　　[15]中大同：南朝梁武帝蕭衍年號（546—547）。

[16]足陌：即足陌錢。古代制錢每貫十陌均足够百枚，稱
"足陌錢"。陌，通"百"。

[17]錢陌：本爲一百枚制錢的錢串，後成爲制錢的計量單位，
名爲一陌而實際多不足百枚。

    陳初，承梁喪亂之後，鐵錢不行。始梁末又有兩柱
錢及鵝眼錢，[1] 于時人雜用，其價同，但兩柱重而鵝眼
輕。私家多鎔錢，又間以錫鐵，兼以粟帛爲貨。至文帝
天嘉五年，[2] 改鑄五銖。初出，一當鵝眼之十。宣帝太
建十一年，[3] 又鑄大貨六銖，[4] 以一當五銖之十，與五銖
並行。後還當一，人皆不便。乃相與訛言曰："六銖錢
有不利縣官之象。"[5] 未幾而帝崩，遂廢六銖而行五銖。
竟至陳亡。其嶺南諸州，多以鹽米布交易，俱不用
錢云。

    [1]兩柱錢：南朝梁末流通的一種錢幣。因錢孔上下各鑄有一
顆凸起的小星，故稱"兩柱錢"。 鵝眼錢：古代一種劣質的錢幣。
始鑄於南朝宋廢帝景和元年（465）。因其薄而小，每千錢長不過三
寸，重不過三四斤，形制如同鵝眼，故稱"鵝眼錢"。

    [2]文帝：即陳文帝陳蒨。紀見《陳書》卷三、《南史》卷九。
天嘉：陳文帝陳蒨年號（560—566）。

    [3]宣帝：即陳宣帝陳頊。紀見《陳書》卷五、《南史》卷一
○。 太建：陳宣帝陳頊年號（569—582）。

    [4]大貨六銖：南朝陳宣帝太建十一年始鑄的一種錢幣。其實
體内外皆有周郭，徑一寸，鑄有篆書"大貨六銖"四字，重如
其文。

    [5]縣官：此爲天子的別稱。按，據清人倪濤《六藝之一録》

卷一九《金器款識》云，因篆書“六”字類似“人”字之义（刘）腰，故大貨六銖錢通行後，當時即有謠言：“大貨六銖錢，义腰哭天子。”此説似可解釋六銖錢何以有“不利縣官之象”。

　　齊神武霸政之初，[1]承魏猶用永安五銖。[2]遷鄴已後，百姓私鑄，體制漸別，遂各以爲名。有雍州青赤，[3]梁州生厚、緊錢、吉錢，[4]河陽生澀、天柱、赤牽之稱。[5]冀州之北，錢皆不行，交貿者皆以絹布。神武帝乃收境内之銅及錢，仍依舊文更鑄，流之四境。未幾之間，漸復細薄，姦僞競起。文宣受禪，除永安之錢，改鑄常平五銖，[6]重如其文。其錢甚貴，且制造甚精。至乾明、皇建之間，往往私鑄。鄴中用錢，有赤熟、青熟、細眉、赤生之異。[7]河南所用，有青薄鉛錫之別。青、齊、徐、兗、梁、豫州，[8]輩類各殊。武平已後，私鑄轉甚，或以生鐵和銅。至于齊亡，卒不能禁。

　　[1]霸政：指以武力權勢實現的統治。此指高歡在北魏孝武帝和東魏孝靜帝時實際執掌國政的史實。

　　[2]永安五銖：北魏孝莊帝永安二年（529）始鑄的一種五銖錢。其徑九分，鑄有“永安五銖”四字，重如其文。

　　[3]雍州：此指東雍州。東魏、北齊時治所在今山西新絳縣。
青赤：東魏時期東雍州境内民間私鑄的一種錢幣名號。

　　[4]梁州：東魏、北齊時治所在今河南開封市。　生厚、緊錢、吉錢：均爲東魏時期梁州境内民間私鑄的錢幣名號。

　　[5]河陽：縣名。東魏時治所在今河南孟州市西。北齊時縣廢。
生澀、天柱、赤牽：均爲東魏時期河陽縣境内民間私鑄的錢幣名號。

[6]常平五銖：北齊文宣帝即位後所鑄的一種五銖錢。其徑一寸，鑄有"常平五銖"四字，重如其文。

[7]赤熟、青熟、細眉、赤生：均爲北齊時期民間私鑄的錢幣名號，流通於鄴都地區。

[8]齊：州名。北齊時治所在今山東濟南市。　徐：州名。北齊時治所在今江蘇徐州市。　兗：州名。北齊時治所在今山東兗州市。　豫：州名。北齊時治所在今河南汝南縣。

　　後周之初，[1]尚用魏錢。及武帝保定元年七月，乃更鑄布泉之錢，[2]以一當五，與五銖並行。時梁、益之境，[3]又雜用古錢交易。河西諸郡，或用西域金銀之錢，而官不禁。建德三年六月，更鑄五行大布錢，[4]以一當十，大收商估之利，與布泉錢並行。四年七月，又以邊境之上，人多盜鑄，乃禁五行大布，不得出入四關，布泉之錢，聽入而不聽出。五年正月，以布泉漸賤而人不用，遂廢之。初令私鑄者絞，[5]從者遠配爲户。[6]齊平已後，山東之人，猶雜用齊氏舊錢。至宣帝大象元年十一月，[7]又鑄永通萬國錢，[8]以一當十，與五行大布及五銖，凡三品並用。

　　[1]後周：即北周（557—581），都長安（今陝西西安市西北郊）。

　　[2]布泉：北周武帝保定元年（561）始鑄的一種錢幣。其徑一寸，左鑄篆書"布"字，右鑄篆書"泉"字，故名"布泉錢"。

　　[3]梁：州名。指梁州。北周時治所在今陝西漢中市。　益：州名。指益州。北周時治所在今四川成都市。

　　[4]五行大布錢：北周武帝建德三年始鑄的一種錢幣。其大者

徑一寸一分，小者徑六分，所鑄篆文上“五”、下“行”、左
“大”、右“布”，亦有“大布”二字分鑄在上下者。

　　[5]絞：指絞刑。即對被判死刑的人用繩勒死或用絞架絞死。

　　[6]戶：此指罰充官戶。即將犯罪者及其家屬沒入官府服役或
遠流戍邊，並編入特殊戶籍，其身份低於普通平民。

　　[7]大象：北周宣帝宇文贇和靜帝宇文闡年號（579—580）。

　　[8]永通萬國錢：北周宣帝大象元年始鑄的一種錢幣。其徑一
寸三分，重十二銖，背面肉好皆有周郭，鑄有“永通萬國”四字；
又有徑一寸二分半，重八銖以下者；還有徑一寸五分，重十八
銖者。

　　高祖既受周禪，以天下錢貨輕重不等，乃更鑄新
錢。背面肉好，皆有周郭，文曰“五銖”，而重如其文。
每錢一千，重四斤二兩。是時錢既新出，百姓或私有鎔
鑄。三年四月，詔四面諸關，各付百錢爲樣。從關外
來，勘樣相似，然後得過。樣不同者，即壞以爲銅，入
官。詔行新錢已後，前代舊錢，有五行大布、永通萬國
及齊常平，所在用以貿易不止。四年，詔仍依舊不禁
者，縣令奪半年祿。然百姓習用既久，尚猶不絕。五年
正月，詔又嚴其制。自是錢貨始一，所在流布，百姓便
之。是時見用之錢，皆須和以錫鑞。[1]錫鑞既賤，求利
者多，私鑄之錢，不可禁約。其年，詔乃禁出錫鑞之
處，並不得私有採取。十年，詔晉王廣，[2]聽於揚州立
五鑪鑄錢。[3]其後姦狡稍漸，磨鑢錢郭，取銅私鑄，又
雜以錫錢，遞相放效，錢遂輕薄。乃下惡錢之禁。[4]京
師及諸州邸肆之上，[5]皆令立榜，置樣爲准。不中樣者，
不入於市。十八年，詔漢王諒，[6]聽於并州立五鑪鑄

錢。[7]是時江南人間錢少，晋王廣又聽於鄂州白紵山有銅礦處，[8]錮銅鑄錢。於是詔聽置十鑪鑄錢。又詔蜀王秀，[9]聽於益州立五鑪鑄錢。[10]是時錢益濫惡，乃令有司，括天下邸肆見錢，非官鑄者，皆毀之，其銅入官。而京師以惡錢貿易，爲吏所執，有死者。數年之間，私鑄頗息。大業已後，[11]王綱弛紊，巨姦大猾，遂多私鑄，錢轉薄惡。[12]初每千猶重二斤，後漸輕至一斤。或翦鐵鍱，[13]裁皮糊紙以爲錢，相雜用之。貨賤物貴，以至於亡。

[1]鑞（là）：錫和鉛的合金。

[2]晋王廣：即楊廣。紀見本書卷三、四及《北史》卷一二。

[3]揚州：隋開皇九年改吳州置，設大總管府。治所在今江蘇揚州市。

[4]惡錢：泛指質料低劣、不合規格的錢幣。

[5]邸肆：即邸店。

[6]漢王諒：即楊諒。傳見本書卷四五、《北史》卷七一。

[7]并州：隋開皇二年置河北道行臺，九年改置大總管府。治所在今山西太原市西南古城營。　鑪：底本、宋刻遞修本、宋殘本、殿本、庫本皆同，但中華本作“鑪”，顯訛，故不從之（參見唐華全《中華書局點校本〈隋書〉質疑二十九則》）。

[8]鄂州：隋開皇九年改郢州置。治所在今湖北武漢市武昌區。

白紵山：在今湖北鄂州市南。

[9]蜀王秀：即楊秀。傳見本書卷四五、《北史》卷七一。

[10]益州：北周置總管府，隋開皇二年置西南道行臺，三年改置大總管府。治所在今四川成都市。

[11]大業：隋煬帝楊廣年號（605—618）。

〔12〕錢轉薄惡："薄"字底本原作"簿"，據宋刻遞修本、宋殘本、殿本、庫本、中華本改。又，"惡"字底本、宋刻遞修本、殿本、庫本、中華本皆同，但宋殘本作"亞"，顯訛。

〔13〕鐵鍱（yè）：即薄鐵片。